시대의
디자이너들

시대의
디자이너들
우리의 역사를 설계한 5명의 영웅들

초판 1쇄 펴낸날 2010년 4월 15일

지은이 | 강문식 고지훈 박은숙 우경섭 최종석
펴낸이 | 이건복
펴낸곳 | 도서출판동녘

전무 | 정락윤
편집 | 이상희 박재영 구형민 이정미 이다희 김지향 윤현아 이슬기
영업 | 이재호 이상현
관리 | 서숙희 장하나

디자인 | DesignBoom
인쇄·제본 | 영신사
라미네이팅 | 북웨어
종이 | 한서지업사

등록 | 제 311-1980-01호 1980년 3월 25일
주소 | (413-756) 경기도 파주시 교하읍 문발리 파주출판도시 532-5
전화 | 영업 (031)955-3000 편집 (031)955-3005
전송 | (031)955-3009
블로그 | www.dongnyok.com
전자우편 | editor@dongnyok.com

ISBN 978-89-7297-617-2 04900
     978-89-7297-536-6 (세트)

∗ 잘못 만들어진 책은 바꿔 드립니다.
∗ 책값은 뒤표지에 쓰여 있습니다.
∗ 책에 실린 모든 자료의 저작권 문제를 해결하려고 노력을 다했습니다. 혹시 누락된 것이 있을 경우 알려주시면 해당 저작권자와 적법한 계약을 맺겠습니다.
∗ 이 도서의 국립중앙도서관 출판시도서목록(CIP)은 e-CIP 홈페이지(Http://www.nl.go.kr/ecip)에서 이용하실 수 있습니다. (CIP제어번호: CIP2010001228)

사람으로 읽는
한국사
0 4

시대의
디자이너들

우리의 역사를 설계한
5명의 영웅들

사람으로 읽는 한국사 기획위원회 펴냄

지하
물이지하

들어가는 말

세상을 변화시키려는 '디자이너들'이
새겨들어야 할 말

한 명의 탁월한 천재 지도자의 역할과 평범하지만 다수의 민중들 중 누가 더 역사의 진보에 기여했는가라는 질문은 역사학자들이 속시원하게 답해 주지 못하는 어려운 질문 중 하나다. 물론 일반적으로는 "대다수 민중의 힘이 역사라는 거대한 수레바퀴를 굴리는 원동력입니다"라고 말하지만, 우리가 아는 역사는 온통 위대한 인물들의 이야기로 뒤덮여 있고, 정작 인구의 99.9퍼센트를 차지했을 일반 민초들, 혹은 민중들의 이야기는 별로 많지 않다. 기록을 남길 수 있는 능력을 가졌거나 혹은 기록될 만한 위대한 업적을 남긴 역사 속의 인물들은 이 책에도 소개되는 것처럼 대부분 '특출한 능력'을 가진 영웅들이게 마련이다. 이 책에서 살펴볼 다섯 명의 인물들도 제각기 특정한 역사적 시점에서 중요한 발자취를 남긴 '영웅'에 속하는 사람들이다. '시대의 디자이너들'이라는 제목으로 한데 묶은 것은 바로 이들이 활동한 시대의 특수성 때문이었다.

이들이 활동한 시기는 국가의 초석이 다져지는 건국의 신새벽이었거나 혹은 나아갈 길을 잃고 헤매던, 국가와 국민들 모두에게 비전이 제시될 필요가 있던 혼돈의 시기였다. 위기와 기회가 공존했던 이 특수한 역사적 무대 위에서 이들은 제각기 자신들의 두뇌를 발휘해, 헤겔이 말한 '시대 의지'를 표현하려고 최선을 다했다. 이들 중에는 성공한 경우도 있지만 비참한 최후를 맞이한 경우도 있었다. 물론 이들 말고도 유난히 굴곡이 많은 우리 역사에서 이런 역할을 맡은 영웅들은 많았다. 여기에서 우리가 다루려고 하는 인물들을 시대순으로 열거하면 최승로, 정도전, 송시열, 김옥균 그리고 박헌영이 될 것이다.

그러나 맨 첫머리에 소개되는 박헌영은 아직 우리 역사에서 복원되거나 제대로 기억되지 못하는 사람이다. 역사가 기피하는 대상은 대체로 두 종류다. 기록을 제대로 남기지 못한 무명씨거나 기억이 금지된 불온한 인물이거나. 박헌영은 후자에 해당한다. 그는 사회주의자였다. 박헌영은 '시대의 디자이너들'이라는 제목으로 엮인 나머지 네 사람들과 현재를 이어주는, 일종의 과도기적 존재에 해당한다. 이 책에서 소개되는 나머지 네 명의 인물들은 자신들의 아이디어를 실현하기 위해서 단 한 사람만을 설득하면 되었다. 바로 주권자였던 국왕(혹은 새로운 국왕)이다. 이 글은 해방은 되었지만 아직 조선인들의 국가가 수립되기 이전 시기의 박헌영을 중점적으로 다룬다. 따라서 박헌영에게는 자신의 구상을 현실화시키기 위해 설득해야 할 대상, 즉 주권자가 존재하지 않았다. 그래서 자신의 정부 수립 구상과 사회주의 혁명 전략을 현실화시키기 위해 당과 국제 정세에 의존했다. 현실에서 이것은 조선공산당을 따르는 많은 좌파대중과 미국과 소련을 의미했다. 오늘날처럼 정강과 정책을 토대로 유권자들의 선택을 받을 필요가 없었다는 점에서 그는 지금의 개혁가들하고는 다르며, 그럼에도 불구하고 피억압 대중의 요구와 지지를 내세웠기 때문에 단 한 사람, 국왕의 선택만 받으면 가능했던 전근대의 이데올로그들과도 다를 수밖에 없었다. 따라서 박헌영에게는 전근대성과 근대성이 공존하고 있다. 그가 구사하는 레토릭과 이념의 본질이 다수 노동대중의 이익을 대변하고 있다는 사실에도 불구하고, 일반에 알려진 그의 정치 활동은 '궁정정치'하고 크게 다르지 않았다. 이런 점이 박헌영을 좌익과 우익 모두에게 비난의 대상이 되게 하는 데에 일조했다. 하지만 이 책에서는 당대의 국제 정세 아래서 박헌영의 구상과 활동이 불가피했던 점에 주목하고 있다.

우리 역사에서 가장 안타까우면서도 또 미련이 많이 남는 시기를 산 김옥균은 어쩌면 지금 우리의 삶을 완전히 뒤바꾸어 놓았을 수도 있는 혁명가였다. 가장 혼란스러운 시기였던 만큼 미래를 향한 가능성은 여러 방향으로 열려 있었다. 황혼에 접어든 조선의 나아갈 길을 가장 선명하면서도 급진적인 방식으로 인도하고자 한 김옥균은 끝내 '반역자'라는 낙인과 함께 생을 마감했다. 김옥균에게서는 여러 가지 면에서 근대적 개혁가로서의 자질이 드러난다. 다혈질이었고 논쟁과 언변에 능했다. 주변 사람을 끌어당기는 카리스마가 있었으며, 그렇게 모여든 인물들을 자재삼아 '조직'하는 능력도 갖추고 있었다. 단지 갑신정변을 계획하고 결단한 혁명가였을 뿐 아니라 잡기에도 능한 '한량'이기도 했다. 그의 이름은 한국과 일본의 바둑사에서도 발견된다고 한다. 또 도박에도 일가견이 있었으며, 이토 히로부미가 치른 찻값보다 두 배나 많은 돈을 낼 만큼 호기를 부린 인물이기도 하다. 이 책이 소개하는 인물들 중 인간적 면모로 보자면 아마 가장 흥미로운 사람일 것이다. 물론 이런 에피소드 속에서도 우리는 김옥균이 그리고자 한 근대적 국가로서의 조선을 그려볼 수 있게 될 것이다.

'시대의 디자이너들'이라는 제목으로 묶인 책에 송시열의 이름을 확인한 많은 독자들은 다소 의아하게 생각할지도 모른다. 아직도 그 흔적이 남아 있는 '유교망국론'의 원흉이자, 조선 후기 성리학의 대가이며 소위 '당쟁'의 상징처럼 남아 있는 인물이 바로 송시열이기 때문이다. 그러나 우경섭 선생은 17세기 조선 성리학계에 우뚝 솟은 송시열에 대한 기존의 평가가 오해와 잘못된 역사관에 기반한 것이며, 우리가 끼고 있는 색안경을 제거하면 송시열의 새로운 면모가 드러날 것이라고 진단한다. 그것은 바로 임진왜란과 병자호란이라는 국가적 위기를 겪으면서 위기와 정체에 빠진 조선사회를 새롭게 재정비하고 또 재건하려 했던 또 다른 면모다. 아울러 17세기 동아시아라는 특수한 조건에서 출현한 독특한 사고 체계인 '조선중화주의'가, 조선 후기 역사 서술과 제도 정비에 어떤 영향을 미쳤는지 엿보는 것도 매우 흥미진진한 일이 될 것이다. 이데올로기가 어떻게 현실의 제도·문화와 접합하는지에 대한 가장 선명한 사례 중 하나라 불러도 좋겠다.

조선왕조 개창에서 이성계나 이방원 못지않게 많은 사람들이 기억하고 있는 정도전은 전형적인 '혁명적 개혁가'로 분류할 수 있을 듯하다. 자신이 낡은 정치 체제를 전복하고 새로운 국가를 수립하는 데에 적극 참여했으며, 왕조 교체 이후에 진행된 일련의 개혁에 거의 손대지 않은 곳이 없을 만큼 핵심적인 인물이었다. 맨 마지막에 소개될 최승로가 이미 태어난 국가를 위해 나아갈 길을 제시했다면, 정도전은 가고자 하는 길을 위해 새로운 국가를 만들었다는 것에 차이가 있다. 고려사회에 대한 정도전의 비판적 입장은 비단 현실에 대한 객관적 분석 작업, 즉 철저한 이성의 작용에만 있던 것 같지는 않다. 그에게 새로운 세상이 필요했던 데에는 개인적인 이유도 약간 작용했을 것이다. 정도전의 외할머니가 노비출신이었다는 점은 정도전 개인에게는 커다란 장애물이었다. 비록 열등감이 혁명가를 키우는 최고의 비료는 아니겠지만 상당한 자극이 되었음은 분명할 것이다. 강문식 선생님의 글을 통해, 조선을 특징지운 굵직굵직한 제도들이 어떻게 이 한 사람의 '이데올로그' 머릿속에서 나올 수 있었을까라는 경이로움을 느낄 수 있을 것이다. 아울러 최승로와 달리 정도전에 대한 상세한 기록이 전하지만, 역성혁명의 과정에서 그가 느꼈을 수많은 번민과 인간적 고뇌를 엿볼 수 있는 것도 이 글의 미덕이라고 하겠다.

　혁명 자체를 낳고 또 혁명으로 탄생한 새로운 국가를 위해 밑그림을 그리면서 겪어야 했던 정도전의 모험과 위험이 최승로에게는 상대적으로 적었다. 정도전은 결국 그런 위기 상황에서 목숨을 내놓아야만 했다. 시대를 뒤흔드는 이데올로그의 운명은 항상 백척간두에 놓여 있게 마련이다. 최승로 역시 신라가 무너지기 직전 후삼국의 혼란 속에서 태어났지만, 다행히도 혼란은 이내 수습되었다. 6두품 출신 집안 출생이었지만, 성장기를 거치면서 총명함을 뽐낸 그는 새로운 왕국의 기틀을 다지는 데에 중요한 역할을 할 수 있었다. 고려의 국가 기틀이 확립되던 성종대에 이루어진 문물제도의 정비는 이후 고려 통치 체제의 기반이 되기도 했는데, 이 과정에서 최승로는 결정적인 디딤돌 구실을 했다. 최승로 개인에 대한 기록이 그리 자세하게 남아 있지는 않지만, 그가 남긴 시무 28조(22조만 전해진다)의 방대한 기록을 통해 그의 정치관과 세계관, 그리고 그가 생각했던 고려사회의 나아갈 방향 등에 대해 음미하는 데에 충분하다. 그리고 교과서에서 피상적으로만 접했던 '시무 28조'가 과연 어떤 내용이며, 또 그것이 새롭게 출발한 고려라는 국가에 어떤 특징을 부여했는지 알 수 있게 된다. 최종석 선생님은 비단 최승로의 이런 개혁 구상을 그리면서, 삼국시대와 조선 사이에 끼어 있으면서도 그다지 구체적으로 알려져 있지 않은 고려라는 국가의 성격을 선명하게 설명해 주고 있다.

애초 이 책을 기획하는 과정에서 편집위원들은 여러 인물들을 제안했다. 불교가 지배한 고려시대의 특성상 지눌 같은 승려는 어떨까, 아니면 광종이나 성종처럼 제도 개혁을 추진한 군주들은 어떨까. 또 묘청 같은 혁명가도 제안되었다. 신돈, 조광조, 최제우, 전봉준, 정약용 등 많은 인물들이 회의 탁상을 오갔지만 선명한 기준이 있었다. "현실의 재구성을 위한 이념적 구상을 머릿속에 그리고 있으면서, 그런 구상을 현실에서 실현하려고 시도했던 인물"이 그것이었다. 더 적합한 다른 테마로 묶이면서 이 책에서는 제외된 경우도 있다. 아울러 집필 가능한 필자도 고려하지 않을 수 없었다. 그 결과 우리가 최종 선택한 인물은 이 다섯 명이었다. 세종이나 정조 같은 개혁군주들이 빠진 것이 아쉽지만 우리는 가능한 군주들을 제외 하기로 했다. 사례가 희귀한 반정反正이나 왕조 교체가 일어나지 않는 한, 군주들은 자신의 개혁 구상이 실패했다고 해서 목숨을 내놓아야 할 필요는 없는 존재였다. 그들은 국가와 백성의 운명을 좌우하는 결정을 내리는 최종 결정권자로서의 정체성이 더욱 중요했다. 물론 어떤 경우라도 실패한 정책에는 책임이 따르고, 왕권 체제에서도 예외는 없었다. 대개의 경우 이럴 때는 신하들이 뒤집어쓰게 마련이다. 정도전이 바로 그런 운명이었고, 송시열, 김옥균 그리고 박헌영도 어떤 의미에서는 그랬다. 명석한 두뇌로 '시대 의지'를 구현하고 또 그것의 실현을 위해서는 목숨까지 담보로 내놓을 수밖에 없는 운명. 이런 사람들을 우리는 '시대의 디자이너'라 부르고자 했다.

실패의 담보물로 목숨을 내놓아야 했던 그들은 결국 '머리'를 통해서 국가와 역사에 기여하고자 했던 사람들이다. 그것이 과연 '옳은 것'이었는지 여부는 논할 것이 못된다. 어떤 획기적인 '기획'이건 시간의 흐름 앞에서는 결국 다 '낡은 것'이 되고 그런 의미에서 모든 기획은 '그른 것'이 되게 마련이니까. 중요한 것은 그런 기획과 전새싱이 딩대의 사람들의 삶을, 혹은 지금 우리의 인생을 행복하게 만들었는지의 문제다. 지도자와 이데올로그들에게 백성들이 실패의 책임을 직접 물을 수 없던 전근대와 달리, 오늘을 사는 우리들은 이것을 진지하게 고민해 보아야 한다.

이 책이 다룬 다섯 명의 이데올로그들의 사고와 계획을 엿볼 수 있는 사람들은 극소수에 불과했고, 그것에 불만과 이의를 제기할 수 있는 기회는 아예 없었거나 제한적이었다. 고려와 조선을 살던 민초들은 그저 "우리 같은 아랫것들이"라면서 넘어갈 수 있었을 것이다. 또 "혁명의 지도자에게 오류는 없다"는 도그마가 지배하던 '사회주의의 시대'에는 감히 비판을 내놓기도 어려웠다. 하지만 민주주의를 사는 오늘날의 우리는 다르다. 지도자를 자처하거나 이데올로그를 자임한 사람들의 구상과 정책은 무엇보다 먼저 주권자 국민들의 동의를 받아야 한다. 간혹 국민의 반대에 부딪혀 하고 싶은 일을 마음대로 못하겠다고 툴툴거리는 지도자들을 우리는 많이 보아 왔다. 미사여구로 속이고 싶은 생각도 들 것이고, 비밀리에 일을 추진하고픈 유혹도 느낄지 모른다. 그리고 답답해 할 것이다. '이 우둔한 국민들은 왜 내 머릿속에 그려져 있는 이 멋지고 빛나는 기획안을 이해하지 못하는 걸까?'라고. 그래서 민주정치에서 반드시 필요한 국민의 동의 혹은 설득과정을 생략한 채 자신만의 계획을 불도저식으로 밀어붙인 지도자들과 그런 정책을 우리는 많이 보아 왔고, 또 앞으로도 보게 될 것이다. 어떤 이들은 이것이 민주주의 체제의 효율성을 높이기 위해 불가피한 "기능적 무관심" 혹은 "합리적 무시"라며 미화하기까지 한다. 이런 세계관은 주권자인 국민의 절대다수를 '멍청한 집단'으로 간주하지 않으면 불가능한 표현이다. 이 '우둔한' 국민들이 답답할지 몰라도 지금까지의 역사가 증명한 바에 따르면, 그래도 국민의 다수를 따르는 것이 가장 현명한 결정이었다. 그의 생각에 전반적으로 동의하는 것은 아니지만 에드먼드 버크의 말은 지금 현재 대한민국의 풍경에 잘 어울리는 충고다. 특히 다수의 사람들의 마음을 거슬러 세상을 변화시키려는 '디자이너들'이 새겨들어야 할 말이다.

"개인은 어리석으며, 다중은 신중하게 행동하지 않을 경우 일시적으로는 어리석을 수 있다. 하지만 일정한 시간이 주어지면 하나의 종으로서의 인류는 항상 올바르게 행동하게 된다."

동녘의 '사람으로 읽는 한국사' 기획에 참여했기 때문에 서문을 쓰면서 느끼는 각별한 감정을 덧붙이지 않을 수 없다. 오랜 기획과 숙고의 시간에 비해 출간이 다소 더뎌진 점에 대해 필자인 동시에 기획자의 한 사람으로 여러 필자분들께 너그러운 양해와 이해를 구한다. 또 앞서 출간된 세 권의 시리즈 후속편을 기대하고 있는 독자들께도 죄송한 마음을 전하고 싶다. 시간적 지체에도 불구하고 여러 원고를 다듬고 또 편집해 주신 분들께 감사드리고, 원고를 작성해 주신 많은 선생님들께도 다시 한 번 감사의 인사를 드린다.

《시대의 디자이너들》 여러 집필자들을 대신하여, 고지훈

차례

들어가는 말
세상을 변화시키려는 '디자이너들'이 새겨들어야 할 말 5

1 박헌영_왜 공산주의는 안 되는가? 17
조선 최고의 공산주의자, 진보적 민주주의를 실험하다 :: 고지훈

박헌영의 기록 혹은 기억 .....19 | 조선 최고의 공산주의자로 명망을 높이다 .....22 | 10년보다 긴 1년—김일성의 등장 .....36 | 찬탁·반탁 논쟁—왜곡과 모함의 시간 .....39 | 미군정의 탄압과 내부 균열 .....45 | 새로운 세계사의 흐름—진보적 민주주의와 미·소 협조 .....55 | 월북 그리고 종말 67

2 김옥균_조선의 근대는 어디로 가야 하는가? 75
조선의 근대를 설계한 혁명가, 조선의 나아갈 길을 찾다 :: 박은숙

김옥균의 만능 엔터테이너로서의 자질 .....77 | 김옥균은 과연 유교를 부정하고 파괴하려 했는가 .....83 | 김옥균의 개혁 .....87 | 김옥균과 고종 .....95 | 닻을 올린 정변, '공공의 적'이 되다 .....101 | 죽을 때까지 조선의 근대화와 독립을 꿈꾼 개혁 운동가 118

3 송시열_조선이 세상의 중심입니다 ·····127
임진왜란·병자호란으로 위기에 빠진 조선을 재정비하다 :: 우경섭

당쟁과 사대주의의 화신으로 떠오르기까지 ·····129 | 병자호란의 쓰라린 경험 ·····133 | 효종의 조정에 나아감 ·····144 | 조선중화주의—중화문화의 적통을 이은 문화국가로 ·····155 | 환장암의 건립—조선중화주의의 징표 ·····168

4 정도전_한 혁명가가 세상을 바꾸는 방법 ·····179
지배 질서와 전쟁을 벌이며 조선을 만들다 :: 강문식

알고 보면 너무나 특이한 나라, 조선 ·····181 | 혁명을 꿈꾸다 ·····184 | 지배 질서와 전쟁을 벌이다 ·····195 | 새 나라 조선의 건국과 정도전의 최후 ·····203 | 새로운 제도와 재상 중심의 중앙집권화 ·····207 | 수도 이전과 사병 혁파 ·····213 | 잠들지 않는 정신, 500년을 살다 ·····220

5 최승로_국가는 어떻게 만들어지는가? ·····223
'시무28조'로 고려의 나아갈 길을 밝히다 :: 최종석

고려 사회를 디자인 하다 ·····225 | 골품제를 극복하고 새로운 사회 질서를 만들다 ·····230 | 호족과 지역자위공동체 ·····235 | 새로운 국가의 출현—후고구려와 후백제 ·····240 | 지역자위공동체, 어떻게 통제할 것인가 ·····244 | 무장 공신 세력, 어떻게 다룰 것인가 ·····247 | 과거사를 평가하다 ·····254 | 국가 개혁 프로그램—'시무28조' ·····257

이책 속의 사람들 ·····272
이책 속의 책들 ·····277

1

박헌영 _ 왜 공산주의는 안 되는가?

조선 최고의 공산주의자, 진보적 민주주의를 실험하다

박헌영의 소련에 대한 태도가 '가슴에서' 나온 것이라면, 미국에 대한 태도는 철저하게 '머리에서' 나온 것이다. 그의 대미관은 '진보적 민주주의와 미·소 협조'라는 서내안 세계사적 흐름에 기초를 둔, 철저한 전략적 사고에서 도출된 것이었다. 이것은 해방 후 조선을 어떤 국가로 만들어야 할지에 대한 박헌영의 대전략과도 일치하는 부분이었다. 그리고 이것은 박헌영의 해방 직후 주목할 만한 세 가지 행보를 설명하는 열쇠이기도 하다.

고지훈 : : 국사편찬위원회 편사연구사

박헌영
1900~1955

박헌영은 1900년에 태어났다. 가난하지도 부유하지도 않은 집안의 서자로 태어난 박헌영은 경성제일고보라는 명문 중등학교를 졸업했다. 1920년 11월, 박헌영은 일본을 거쳐 상하이로 향했다. 박헌영은 이르쿠츠크파 고려공산당에 입당함과 동시에 '고려공산청년회'에 가입해 활동했는데, 이 단체는 1922년 3월경 국제공산청년동맹의 승인을 얻는다. 당시 조선인 공산주의 단체들 중 국제 조직의 승인을 받은 거의 유일한 단체였다. 박헌영은 공산주의자로서 첫걸음을 디딜 때부터 '국제 조직'과 관련돼 있었다. 세 번의 수감 생활, 모스크바 유학, 그리고 코민테른 산하 기구 활동을 거치면서 그는 조선 최고의 공산주의 활동가로 명망을 높이게 되었다.

남조선노동당 부위원장이자 조선민주주의인민공화국 부수상 겸 외무상이었던 박헌영의 정확한 사망 시점이 아직도 확인되지 않고 있다. 박헌영은 한때 남한에서 가장 강력한 정당으로 군림한 조선공산당의 지도자였다. 식민지 시기 동안 항일 투쟁에 참가한 경력이 있지만, 북한 정권에 참여했기 때문에 남한의 역사 교과서가 다루는 독립 운동에서는 박헌영의 모습을 찾아볼 수 없다. 또 박헌영을 숙청해야 했던 북한의 역사도 '죄인'으로만 기록하고 있다. 이것은 해방 이후부터 죽을 때까지 박헌영이 한 활동 때문이었다.

박헌영의 기록 혹은 기억

박헌영의 마지막 모습을 담은 두 기록이 있다. 세상사가 그렇게 입체적인가 보다. 보는 사람에 따라서 동일한 사건이나 사물이 다양하게 기록되고 또 기억된다. 여기 두 '기록과 기억'은 동일한 장면, 즉 '박헌영 미제 간첩 사건 공판'의 마지막 장면을 전혀 다르게 전한다.

저의 마수에 걸려 수많은 사람들이 추악한 범죄를 범하였으며 불행하게 되었습니다. 따라서 이 모든 불행에 대하여서와 일제 범죄 행위에 대하여서는 저에게 전적으로 책임이 있다고 생각하기 때문에 검사 총장이 론고한 바와 같이 저의 죄악의 엄중성으로 보아 사형은 마땅한 것입니다. 제가 미국 간첩들의 두목이고 그들을 나 자신이 희망하는 범죄를 감행하게끔 보는 것을 비호 보장하여 온 장본인인 까닭에 전적으로 저에게 책임이 있습니다. 끝으로 제가 과거에 감행하여 온 추악한 반국가적, 반당적, 반인민적,

매국 역적 죄악이 오늘 공판에서 낱낱이 폭로된 바이지만 여기 오신 방청인들뿐만 아니라 더 널리 인민들 속에 알리여 매국 역적의 말로를 경고하여 주시기 바랍니다.

— 〈피소자 박헌영 최후진술〉,
《조선민주주의 인민공화국 최고재판소 '간첩사건' 공판문헌》, 1955년 12월 15일

박헌영의 태도가 심상치 않다고 판단한 최용건 재판장이 경어를 써 가며 충분한 최후의 진술을 허락했다.

나는 이 자리에 오기 훨씬 전부터 살아 나갈 수 없는 신세임을 느끼고 있었다. 이 재판은 말 그대로 요식일 뿐, 어떠한 최후 진술도 너희들의 각본을 뒤집을 수 없다는 사실을 잘 알고 있다. 그렇다면 결론부터 말하겠다. 너희들의 주장대로 나는 미제 간첩이었다. 그러나 너희들이 주장하는 미제 간첩과 내가 주장하는 미제 간첩은 엄격히 다르다. 나는 남조선에서 있을 때, 아니 그 훨씬 전부터 미국 사람들과 교분이 있었다. 그 교분은 조국의 해방과 독립 통일을 위한 차원이지 결코 간첩 행위가 아니다. 남조선에서 나는 미 군정 고위 장성들을 만나 내가 통일 조국의 최고 책임자가 되면 미국과도 국가정책을 협의할 수 있다고 분명히 밝혔다. 내가 약속한 그 협의는 현재 소련과 미국의 두 지도자가 서로 얼굴을 맞대고 국제 문제를 협의하고 있는 것과 같은 맥락의 뜻이다.

— 강상호, 〈내가 치른 북한숙청〉, 《박헌영 전집》

북한 정부 수립 직후(1948년 9월경)에 찍은 것
으로 추정되는 박헌영의 모습.

    역사학자들은 기억보다는 기록을 신뢰하는 편이다. 기록에 비해 사적이게 마련인 기억은 뒤틀림이 있거나 주관적인 취사선택이 불가피한 것이라고 믿기 때문이다. 그러나 간혹 기억이 기록보다 더 정확한 경우도 있으며, 기록되지 않은 역사의 유일한 자료 구실을 하는 경우도 많다. 학살 같은 것이 그렇다. 한국전쟁이건 광주민주화항쟁이건 민간인을 학살하라는 공식 명령서는 찾기 힘들다.

    이렇게 기억과 기록은 상호 보완적이기도 하고, 인용한 것처럼 서로 모순되기도 한다. 기억과 기록의 이 미묘한 관계는 현대사에서도 골치 아픈 문제를 발생시킨다. 박헌영의 사건도 마찬가지다. 간첩죄를 수긍하는 박헌영과 간첩죄는 누명이라고 주장하는 박헌영. 이중 어떤 모습을 진실로 택하느냐에 따라 해방 직후의 역사 서술은 판연히 달라진다. 무엇이 진실일까.

    남조선노동당(남로당) 부위원장이자 조선민주주의인민공화국 부수상 겸 외무상이던 박헌영의 정확한 사망 시점이 아직도 확인되지 않고 있다. 박헌영은 한때 남한에서 가장 강력한 정당으로 군림한 조선공산당의 지도자였다. 식민지 시기 동안 항일 투쟁에 참가한 경력이 있지만, 북한 정권에 참여했기 때문에 남한의 역사 교과서가 다루는 독립 운동사에서는 박헌영의 모습을 찾아볼 수 없다. 또 박헌영을 숙청해야 했던 북한의 역사도 '죄인'으로만 기록하고 있다. 이것은 해방 이후부터 죽을 때까지 박헌영이 한 활동 때문이었다. 해방 후 1년. 그 1년은 쉰다섯(추정치일 뿐이다) 살로 마감한 박헌영의 삶을 어떻게 담고 있을까. 이 시기에 대한 '기억과 기록'의 충돌은 그런 궁금증을 어느 정도 해소해 줄 것이다.

조선 최고의 공산주의자로 명망을 높이다

태평양전쟁의 정확한 내막을 전혀 알 수 없던 조선인들에게 해방은 함석헌의 말대로 "한밤의 도둑처럼" 찾아왔다. 너무 느닷없고 그래서 마냥 반가워할 수만은 없다는 뜻이다. 박헌영도 1946년 한 잡지 기자와의 인터뷰에서 해방을 "한밤에 시루떡 받는 격"이었다고 술회했다. 그러나 이것에는 과장이 섞여 있는 것이 분명하다. 자신을 쫓는 총독부 경찰의 끈질긴 추격에도 귀신처럼 몸을 숨기면서 지내던 박헌영이었지만, 머릿속에는 '해방 후 어떤 일을 해야 할 것인가' 하는 생각으로 가득 차 있었다. 그렇지 않다면 해방 직후 박헌영의 주저 없는 행동들을 설명하기 곤란하다. 소련 영사관과의 연락을 통해서 박헌영은 일본의 열세를 어느 정도 짐작했을 것이다. 일본이 패전한다면 조선의 독립은 필연적일 수밖에 없으니, 머릿속은 이런 구상으로 복잡했으리라. 도피와 새로운 세상을 위한 구상. 이것은 지난 수십 년간 박헌영에게는 매우 익숙한 일상이었다.

박헌영은 1900년에 태어났다. 가난하지도 부유하지도 않은 집안의 서자로 태어난 박헌영은 경성제일고보라는 명문 중등학교를 졸업했다는 점에서 당시의 십대들에 비해 더 많은 교육의 기회를 누렸다고 할 수 있으니, 그저 평범하다고만은 할 수 없을 것이다. 그러나 20세기 초반, 구한말과 식민지 시대 엘리트들이 대부분 일본과 미국을 비롯한 외국의 유수 대학으로 유학을 간 것에 비하면, 훨씬 모자란 교육을 받은 셈이다. 그의 학창 생활은 경성제일고보가 마지막이었다. 그런 박헌영이 다른 젊은이들하고는 다르게 특별함을 느낀 것이 있었는데, 바로 사회주의였다.

1920년 11월, 박헌영은 일본을 거쳐 상하이로 향했다. 상하이. 그곳에는 사회주의가 넘쳐 났다. 1910년대 후반 연해주와 일본 등지에서 싹을 틔우기 시작한 사회주의 운동은 박헌영이 망명하던 1920년을 전후로 많은 동조자를 획득해 상하이 지역에 두 개(상해파와 이르쿠츠크파)의 고려공산당이 결성된다. 박헌영은 이르쿠츠크파 고려공산당에 입당함과 동시에 '고려공산청년회'에 가입해 활동했다. 이 단체는 1922년 3월경 국제공산청년동맹(콤소몰)의 승인을 얻는데, 당시 조선인 공산주의 단체들 중에서 국제 조직(모스크바)의 승인을 받은 거의 유일한 단체였

1918년 세계의 공산주의 운동을 지원하려고 창립된 코민테른 창립식 때의 레닌과 코민테른 지도자들.

다. 이런 '국제 공인' 때문이었을까? 박헌영과 고려공산청년회는 그 뒤로는 양 파의 분쟁에서 어느 편에도 서지 않는 독립적인 입장을 취한다. 박헌영이 공산주의자로서 첫걸음을 디딜 때부터 '국제 조직'과 관련돼 있었다는 점은 기억해 둘 만하다. 세 차례의 체포(1922년 4월, 1926년 11월, 1933년 7월)와 모스크바 유학(1929~1931), 그리고 코민테른 산하 기구 활동을 거치면서 박헌영은 조선 최고의 공산주의 활동가로 명망을 높이게 되었다.

세 번째 복역을 마치고 1939년 9월 출소한 박헌영을 기다리는 사람들이 있었다. '경성 콤그룹'이라는 이름으로 지하에서 활동 중이던 일군의 공산주의자들이었다. 조직의 리더 이재유가 체포된 뒤 임시로 조직을 이끌던 이관술은, 이재유를 대신해서 자신들을 지도해 줄 리더로 박헌영을 영입했다.

국제공산청년동맹(콤소몰)
1918년에 조직된 소련의 청년 정치 조직이다. 공산당 지도에 따라 청년들에게 공산주의를 교육하고, 자주적 활동을 조직해 공산주의 교육과 국가사업의 참여를 권장하는 공산당원양성단체다. 15~26세 남녀를 대상으로 하는데, '10월의 어린이'(7~9세), '피오네르'(10~15세) 등의 소년 조직에 이은 것으로, 가입하면 학업, 사회노동, 일상의 규율성 등 엄격한 심사를 받는다. 전국의 학교와 기업체 등에 조직되어 있었으며, 《콤소몰스카야 프라우다》, 《젊은 공산주의자》 등의 기관지도 발행했지만 1991년 과격 보수파의 쿠데타 실패로 공산당의 활동이 불법화되면서 콤소몰은 해체되었다.

> 공산주의 운동에 충실하고 혁명 사업을 지속한 유일한 단체는 바로 이관술과 김삼룡이 지도하는 그룹이었다. 이 그룹에 들어간 나는 그 지도자가 되었다.
>
> — 박헌영, 〈자필이력서〉, 1945년 8월

> 박헌영 동무와 만난 것은 1939년 12월 12일인데 (……) 영등포 초입 〈까-드〉 위에서 암호 표식에 의해 박헌영 동무를 만났다. 첫눈에 그는 진실에 넘치고 접하는 사람에게 신뢰감을 주고, 또 관후한 포용력을 가진 것을 바로 느끼게 하였다.
>
> — 이관술, 〈조국엔 언제나 감옥이 있었다〉, 《현대일보》, 1946년 4월 19일

해방 후 박헌영 일파를 '콤그룹'이라고 부른 것도 이때의 활동 때문이었다. 1939년경에는 일본의 극단적 전시 통제 정책으로 좌·우익을

세 번째 복역할 당시 서대문형무소
수형자기록카드에 실린 박헌영.

막론하고 공개적인 독립운동이 거의 불가능했다. 많은 수의 좌파 활동가들이 일본의 전향 정책에 조응해 공산주의를 버렸고, 때로 동지들을 배신하고 고발하던 '배신의 계절'이었다. 박헌영이 출소 이후에 어떻게 이관술과 연결될 수 있었는지 구체적인 정황은 알려져 있지 않지만, 당시 조공 재건 운동을 추진하던 '콤그룹'에 박헌영은 반드시 영입해야만 할 인물이었다.

박헌영은 조선공산주의자들이 필요로 하는 중요한 '비급'을 갖고 있었다. 바로 '국제선'이다. 다름 아닌 코민테른의 파견원 혹은 코민테른과 연결되어 있으면서 조선공산당을 재건하려고 노력한 인물이라는 뜻이다. 1930년대 소련 내의 대숙청 바람에 희생된 김단야 같은 인물을 제외한다면, 생존해 있으면서도 전향하지 않은 '국제선'은 많지 않았다. 그중에서도 박헌영은 가장 이른 시기에 공산주의 운동에 참여했고 또 코민테른의 직접적인 지령 아래 공산당 재건 운동에 복무한 바 있는, 정통 중에 정통 '국제선'이라 할 만했다. 그러나 박헌영의 진정한 위력이 발휘되려면 약간의 시간이 필요했다. 일제의 거듭된 검거와 태평양전쟁의 격화로 조선 내에서는 공산당은 물론이고 거의 모든 종류의 독립운동이 동면에 빠져들었기 때문이다. 박헌영 역시 광주의 한 벽돌 공장에 은신해 있으면서 해방이 오기만을 기다렸다.

해방 이틀 뒤인 1945년 8월 17일 박헌영은 서울에 도착했다. 그리고 마치 오랫동안 준비해 온 사람처럼 삽시간에 세 가지 '의미 있는' 조치를 취한다. 너무도 순식간에 벌어진 일이어서 어지간한 눈썰미가 있지 않으면 놓치기 쉽다. 첫 째는 옛 동지들(콤그룹)을 규합하는 일이었다. 콤그룹 구성원 중 김삼룡을 제외한 나머지는 대부분 출소한 상태였지만, 이날(8월 18일) 모임 이전에 이들이 회합이나 연계를 가졌다는 분명한 증거는 없다. 총독부 당국의 철저한 감시 때문에 쉽지는 않았을 것이다. 그러나 해방된 지 불과 사흘 만에 이들이 모일 수 있었다는 점은 수수께끼다. 8월 15일, 일본이 패전했다는 소식이 한반도 구석구석까지 전해지는 데 며칠이나 걸렸을까? 몇 달이 지난 다음에야 해방 소식을 들었다는 사람도 있다. 어쨌건 전화는 고사하고 라디오도 하루 두 시간밖에 방송하지 않을 때다. 라디오를 보유한 가정도 아마 1가구 3주택 보유자 수보다 적었을 것이다. 이런 분위기에서 일본의 항복 소식이 전해진 지 불과 48시간 만에 콤그룹 동지들이 대부분 모일 수 있었다는 것은 신기할 따름이다. 기막힌 우연이 아니라면, 추측은 한 가지일 수밖에 없다. 콤그룹 멤버들은 일제의 감시 아래서도 서로 연락망을 유지하고 있

박헌영을 콤그룹의 리더로 영입했던 이관술의 서대문형무소 수형자카드의 사진. 이관술은 한국전쟁 발발 직후 대전형무소에서 퇴각하던 군인에 의해 처형당했다.

었다고 말이다. 박헌영은 서울로 귀환함과 동시에 옛 동지들을 불러들였고, 이들을 우군으로 조선공산당(재건파)을 재조직하는 첫 임무에 착수한다. 헌데 이것을 '옛 동지들의 의기투합'이라고 좋게 봐 줄 수도 있지만, 트집을 잡을 수도 있다. 당시에는 이것을 두고 종파주의 혹은 종파성이라고 불렀다.

> 동무의 종파주의는 8·15 이후, 우리 당 재건 운동에 큰 혼란을 주었다. (……) 동무의 당 통일 문제에 대한 태도는, 그 당시 통일을 위하야 노력한 동지들로 하여금 많은 실망과 불쾌를 느끼게 했다. 동무의 코쓰는 동무의 크룹의 확대로서 당 재건을 도모하였다. 이것이 우리 운동의 원칙에 어그러진 분열주의가 아니고 무엇이랴.
> — 정희영, 〈朴憲永 同志에게 書簡〉, 1946년 1월 25일

1929년 해체된 이후 16년간 공백 상태에 놓인 조선공산당이 재건

되고, 이 재건된 조선공산당에서 박헌영이 주도권을 쥘 수 있던 것은 오로지 '콤그룹' 동지들 덕이었다. 정희영이 언급하는 "당시 통일을 위하야 노력한 동지들"은 콤그룹 이외의 공산주의자들을 지칭한다. 이들 중 가장 큰 세력은 재건파와 경쟁 관계에 있던 '장안파'(장안빌딩에 공산당 간판을 걸었기 때문에 유래된 이름)였다. 장안파 공산당은 콤그룹보다 앞선 8월 16일 '조선공산당'이라는 간판을 내걸었다. 그런데 간판을 먼저 내걸었다는 것은 별로 중요한 문제가 아니었다. 김철수(제3차 조선공산당 책임비서)라는 공산주의자의 말을 들어 보자. 그에 따르면, 누가 보더라도 해방 후 조선공산당 재건의 주축은 콤그룹이 될 수밖에 없다는 것은 명확했다.

감옥에서 가만히 살면서 보니까 박헌영파(경성 콤그룹)만 잽혀 와. (공산당) 재건 운동하다가 잡혀 온 것이야. 자꾸 잡혀 와. 우리 파는, 말을 들으니까, 이권 운동이야. 양조업도 하고, 정미업도 하고. 뭐 그런 거 저런 거 모두 직업을 얻어 가지고, 왜놈한테 얻어서, 아쉬운 소리하고, (운동 일선에서) 딱 떨어져 버려. 박헌영파가 재건 운동 하다가 자꾸 잡혀 와. 그걸 보고 감옥에서, 내가 양심적으로 아무래도 박헌영을 (지도자로) 내세워야지(라고 생각했어).

— 《지운 김철수》

꼭 조폭들처럼 'ㅇㅇ파'로 쓰는 것이 마음에 걸리지만 어쨌건 있는 그대로의 증언이다. 여기에서 "양조업도 하고, 정미업도 하고"라는 표현은 장안파 공산당의 주축이던 정백·이영·이승엽·최익한 등이 한결같이 1930~1940년대에 전향해 주막 운영과 정미소, 광산업 등에 손대면서 고생하던 동지들을 배신한 사실을 가리킨다. 이런 상황이니 순수성이 중요한 '운동권'에서 경쟁은 사실 힘들다. 한때 공산주의 운동을 했다고 '조선공산당'이라는 간판을 내걸기는 했지만, 누가 봐도 그것은 민망한 짓이었다. 그래서 박헌영은 〈8월 테제〉에서 경멸과 자부심을 동시에 표현했다.

> 조선 공산주의 운동은 분열되었다. 이런 파벌주의자들(장안파를 지칭)의 활동은 공산주의 운동과 정반대되는 것이 되었으며, 이 운동을 정치적으로 조직적으로 약화시키는 것이었다. 그러나 이러한 탁류가 황포히 흐르는 금일에 있어 한 가지 맑은 물결이 새암같이 쏟아져 나오고 있다. 캄캄한 밤중에 밝은 등불같이 진정한 공산주의 운동은 백색 테러 시기로부터 오늘날까지 계속 빛나고 있다.
>
> ― 박헌영, 〈8월 테제〉, 1945년 8월 20일

"탁류 중의 맑은 물결"이나 "밤중에 밝은 등불"은 누가 보아도 재건파 조선공산당 자신들, 즉 콤그룹을 지칭하는 것이 분명하다. 틀린 이야기는 아니지만 모양새는 좋지 않았다. 시기와 질투를 한 몸에 받기 딱 좋은 표현이었다. 그와 콤그룹이 대세였을 때는 문제가 되지 않지만 위기에 몰릴 때마다 상대편은 그를 종파주의라고 물고 늘어졌다.

박헌영의 두 번째 행보는 소련 영사관을 찾아가는 것이었다. 앞서

보았듯이 박헌영은 첫 번째 공식 직함을 가졌을 때부터 '국제공산당 운동 조직'과 맞닿아 있었다. 경성 콤그룹의 리더로 영입된 이유도 그가 '국제선'이라는 점이 작용한 것이 분명하다. 박헌영은 국제공산당 운동과의 관련 아래서만 조선 공산주의 운동이 위력을 가질 수 있다는 사실을 누구보다 잘 알고 있었다.

전 세계 공산주의 운동은 코민테른의 노선과 지도에 따를 수밖에 없었다. 이것을 벗어나는 순간 그는 '수정주의자'라는 비난을 들어야만 했다. 1943년 6월 코민테른이 해체되기는 했지만, 코민테른을 지도한 소련공산당은 여전히 건재했고 스탈린의 국제적 위상이 높아졌으니 '국제 노선'에 대한 복종은 여전히 정통성의 근거였다. 어쨌건 8월 18일 밤, 콤그룹 동지들과 회합한 직후 박헌영은 소련 영사관을 찾아가 부영사 샤브신을 만났다. 이 장면을 샤브신의 아내가 기록으로 남겼는데, 특별히 눈에 띄는 점이 있다.

박헌영이 영사관에 나타나 샤브신을 찾았습니다. 우리는 서울에 가기 전 그에 대한 많은 정보를 갖고 있었고 만나기 직전까지 일본 당국의 눈을 피해 광주에 있던 그에게 비밀 메시지도 보냈습니다. (……) 박헌영은 샤브신에게 당 재건 문제는 자기에게 맡겨 달라고 요청했고, 샤브신은 (……) 화려한 투쟁 경력과 뛰어난 마르크스·레닌주의 이론들을 높이 평가해 적극 지원하기로 약속했지요.

— 《중앙일보》 특별취재반과의 인터뷰

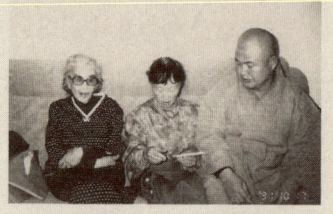

해방 당시 소련 영사관 부영사 샤브신의 아내 샤브시나 여사(왼쪽)와 박헌영의 딸 비비안나와 아들 원경 스님.

    물론 증언이기 때문에 백 퍼센트 믿을 수는 없겠지만 샤브시나의 이 증언은 매우 흥미롭다. 무엇보다 박헌영이 광주에 은거한다는 사실을 소련 영사관에서 알고 있었다는 점이 그렇다. 총독부 경찰의 감시망을 벗어나 벽돌 공장 노동자로 은거해 있던 김성삼(박헌영의 가명)은 비밀리에 소련 영사관과 메시지를 주고받은 것이다. 달리 말하자면 박헌영이 광주에서 '복지부동'하면서 목숨을 부지하는 데만 급급한 것은 아니라는 점이다. 박헌영 자신은 훗날 소련 영사관에 제출한 글에서 해방 직전 자신과 콤그룹의 활동에 대해서 희미하지만 몇 가지 활동 증거를 진술한다.

    1941년 1월 검거가 시작되어 조직의 지도자들인 이관술, 이현상, 김삼룡 등이 체포되었다. 나는 조선 남부 도시 대구로 피신하였다. 이때부터 일본

경찰의 추적을 받으며 장소를 옮기면서 일본이 항복할 때까지 숨어 있어야
만 했다. 이 기간의 대부분 나는 벽돌 공장 노동자로 광주에 은거하였다.
지하에 있으면서 나는 지방 동지들과의 연계를 구축하였고, 당 재건 준비
사업을 지속하였다. 서울에서는 내가 떠난 후에 1945년 전까지 네 차례나
지속된 검거에도 불구하고 당 사업이 계속되었다.

— 박헌영, 〈자필이력서〉, 1945년 8월

'이력서'라는 제목에 너무 민감할 필요는 없다. 공산주의자들은 공산당에 입당하거나 신변상의 변동이 있을 경우 이런 종류의 '이력서'나 '자기진술서'를 작성하는 것이 관례였다. 이런 몇 가지 사실들을 종합해 본다면 박헌영은 일본이 항복할 때까지 지하에 은거한 채, 콤그룹 구성원들, 소련 영사관 등과 느슨하나마 '조직적 연계'를 이어 갔다는 사실을 알 수 있다. 한편 종전 무렵 김일성을 지목한 소련군계통하고는 다르게 모스크바의 정보 계통(KGB 소속이던 샤브신은 서울 주재 소련 부영사로 근무하면서 정보 업무를 총괄함)에서는 박헌영을 주시했다는 점도 주목할 만하다. 김일성은 만주 지역에서, 박헌영은 조선 국내에서 '공산주의 운동'의 명맥을 이어 나가던 "탁류 속의 청류"였다는 점을 소련 측에서도 인정한 셈이다. 박헌영은 이후 월북할 때까지 소련 영사관과 긴밀한 후원 관계를 유지해 나갔다.

해방 직후 박헌영이 행한 세 번째 의미 있는 조치는 〈8월 테제〉를 발표한 것이다. 8월 20일, 조공재건준비위원회 결성 모임에서 발표된 이 문건은 '조선공산당의 강령'으로 이해되는 중요한 문건이다. 헌데 이

〈8월 테제〉는 많은 논란에 휩싸여 있다. 조선공산당의 강령 구실을 할 이 중요한 문건이 잘못된 노선에 입각했다는 것이다. 특히 문제가 된 것은 '대미 인식 문제'였다.

국제 회담을 무시하고 성립된 미 군정에 대해서는, 우리 공산당의 책임자인 동무로서 일언의 항변도 없이 이에 협력만을 약속하였다는 것은, 조선 프로레타리아-트의 치욕이 아니면 아니될 것이다.

— 정희영, 〈朴憲永 同志에게 書簡〉, 1946년 1월 25일

이들 비판자들의 주요 논리는, 조선공산당이 제국주의 미국의 본질을 정확하게 꿰뚫지 못했고, 정세 판단 오류로 말미암아 정국을 주도할 수 있는 기회를 놓쳤으며, 이런 오류 때문에 1946년 9월과 10월에는 좌경적 오류(9월 총파업과 10월 대구 폭동)를 범해 남한 좌익의 역량을 소모시켰다는 것이다. 이런 논리는 훗날 북한에서 박헌영이 재판을 받을 때 기소장에 고스란히 포함되었다. 그러나 〈8월 테제〉를 포함해 박헌영의 전략과 전술은 전반적으로 올바른 노선에 기초했다는 것이 소련 영사관 측의 판단이었다. 1년쯤 뒤에는 박헌영 스스로 "잘못"이었다고 자인했지만, 1945년 8월 시점에서는 그 누구도 박헌영의 대미 협조 노선을 포함한 〈8월 테제〉의 내용에 대해서 분명하게 반박할 수 없었다. 어쨌건 해방 직후 며칠간 벌어진 사태의 진행은 박헌영의 지도력이 얼마나 빠른 속도로 구축되어 갔는지를 잘 보여 준다. 그 가시적인 결과가 바로 1945년 9월 11일, 공식 발표된 조선공산당의 재건이었다. 이것은

북한에 입국한 직후인 1945년 10월 말경에 촬영한 것으로 보이는 김일성의 모습이다. 함께 있는 사람은 통역을 담당했던 강미하일 수좌와 메크레르 소련군 중좌(《비록 조선민주주의인민공화국》).

1
박헌영_왜 공산주의는
안 되는가?

코민테른의 〈12월 테제〉로 조선공산당을 스스로 해체한 이후 16년 동안, 조선의 모든 공산주의자들이 심혈을 기울여 온 숙원이었다. 박헌영, 그의 출발은 아주 상쾌한 것이었다.

10년보다 긴 1년 — 김일성의 등장

러시아혁명의 지도자 레닌은 "혁명적 시기의 1년은 평화로운 시기의 10년보다 더 많은 일이 일어난다"며 1917년 러시아혁명의 '급진화'를 재촉했다. 해방 직후 조선이 혁명적인 상황이었는지에 대해서는 여러 이견이 있을 수 있다. 하지만 조선공산당, 아니 박헌영만 놓고 보자면, 해방 직후부터 월북한 1946년 10월경까지 약 1년은 과장 없이 '압축적인 시간'이라 부를 만했다. 그중에 주목할 만한 사건 세 가지가 있다.

먼저 새로운 라이벌이 등장한 일이다. 박헌영이 남한에서 조선공산당을 재건하고 '조기 종료될' 분할 점령 이후를 대비해 인민공화국 조각을 서둘렀을 때, 북한에서는 이미 소련군에 의한 점령이 진행되었고 '88여단' 소속 김일성 부대가 원산을 통해 입북했다. 소련군과 함께 북한으로 들어온 김일성 부대는 1942년 이후 하바로프스크라는 소련 국경도시에 머물면서 정세를 관망했다. 물론 북한의 공식 주장은 이 시기에도 백두산의 밀영지를 중심으로 활발한 항일 유격전을 벌였다는 것이지만, 당시 상황은 그럴 여유가 없었다. 하바로프스크는 일찍이 이동휘를 중심으로 한 조선 망명자들이 공산주의 운동을 처음 시작한 지역이기도 하지만, 종전 무렵에는 김일성 부대를 비롯해 많은 만주 지역 항일 유격대에게 '휴식과 재충전'을 제공하는 피난처 구실을 했다. 아무튼 1942년 무렵부터 일본이 패망할 때까지 김일성이 지도하던 그룹은 소련극동군의 관할 아래에서 해방 후 조선 내에서의 활동을 준비했다. 그 준비에는 해방 후 조선에 수립할 당 조직 체계를 수립하는 것도 포함되어 있었다.

38도선을 경계로 남북을 각기 미군과 소련군이 따로 점령한다는 이른바 '분할 점령'은 여러모로 불행이었다. 결국 그것이 분단의 시발이 되었다는 점에서 우리 모두에게 불행이었고, 박헌영을 비롯한 서울의 '콤그룹'에게도 마찬가지였다. '다당제'에 익숙한 우리로서는 이해하기 어렵지만 당시만 해도 공산당이란, 공산주의 혁명을 지도해야 할 오직 단 하나의 '공산당'만이 존재해야 한다는 것이 원칙이었다. 이것을 '일국일당주의' 혹은 '일국일당원칙'이라고 한다. 코민테른이라고 하는 국제공산당 조직이 1930년에 결정해서 각국 공산주의자들에게 내려 보낸 철칙이다. 이 때문에 중국 등지에서 활동하던 많은 조선인 공산주의자들이 중국공산당이나 소련공산당에 입당하기도 했다. 어쨌건 이 일국일당원칙은 '효율성' 측면에서는 장점이 있었지만 해방 후 조선에서는 한 가지 심각한 문제를 안고 있었다. 멀쩡한 한반도가 38선을 경계로 북쪽은 공산주의국가인 소련이, 남쪽은 자본주의국가인 미국이 섬령하게 되고 보니 하루아침에 남·북한이 전혀 다른 세상이 되어 버린 데서 발생하는 문제였다. 예컨대 북한을 점령한 소련군은 좌익이 주도했던 '인민위원회'를 행정 기구로 활용했지만, 남한의 미군은 이 인민위원회를 철저하게 무시해 버렸다. 북한에서 조선공산당은 여당이었지만, 남한에서는 야당, 그것도 탄압받는 야당의 처지였으니, 조선공산당은 북한과 남한에서 전혀 다른 모습으로, 전혀 다른 전략과 전술로 대응해야 했다.

남·북한의 사정이 달랐던 것에 더해서 자신이 정통이라고 주장하는 공산주의자들이 여럿 존재하게 되자 문제는 더욱 복잡해졌다. 앞서도 보았듯이, 일찌감치 공산주의 운동을 때려치우고 유흥업에까지 진출한 인물조차 '공산당'이라는 간판을 내걸고 활동을 개시했으니 말이다. 장안파 공산당처럼 누가 보아도 분명한 '사이비'의 경우는 좀 낫다. 북한의 김일성과 남한의 박헌영이 경쟁할 경우 도대체 누가 '원조'가 되어야 할지는 정말 쉽지 않은 문제였다. 이 어려운 고차방정식을 풀 수 있는 사람은 따로 있었다. 바로 공산주의 운동의 국제적 지도자인 소련이다. 박헌영은 1945년 10월 8일 개성에서 김일성과 소련 군정 고위 관리인 로마넨코를 만났다. 이 자리에서 내려진 결론은 '당중앙의 이원화'였다. 다시 말해 서울의 조선공산당 중앙과는 별개로 북한 지역의 당중앙을 승인한다는 것이다. 이것이 바로 1945년 10월 13일 서북5도당 열성자 대회에서 통과된 '조공 북조선분국'이었다. '분국'이라는 꼬리표를 달기는 했지만 사실상 콤그룹하고는 별개의 공산당 조직이 만들어진 것이다. 박헌영의 지도력 위기는 이처럼 공산주의 운동 진영 내부에서 먼저 시작되었다.

1945년 10월 무렵 김일성과 박헌영의 관계를 '라이벌'이라 규정짓는 것을 못마땅하게 보는 사람도 있었을지 모르겠다. 하지만 잠시나마 박헌영의 입장이 되어 본다면 결코 과장이 아닐 것이다. 박헌영은 공산주의 운동의 출발부터 국제공산당 조직(코민테른, 곧 소련)의 후광을 업었다. 다시 말하지만 이것은 박헌영뿐 아니라 당대의 모든 공산주의자들이 벗어나기 힘든, 중력장 같은 '계의 법칙'이었다. 그 안에 존재하는 한 결코 거스를 수 없는 거대한 힘 같은 것 말이다. 해방 직후 박헌영이 제일 먼저 찾은 곳은 소련 영사관이었고, 위기의 순간마다 찾아간 곳도 소련이었다. 소련은 유일한 사회주의 국가였고, 레닌과 스탈린을 배출한 '사회주의 성지'였다. 공적인 권위 외에도 소련은 박헌영을 공짜로 교육시키고(레닌대학), 일제의 고문에 망가진 심신을 치료해 주었으며, 맞벌이 혁명가 부부의 외동딸에게 최고의 육아와 교육을 제공해 준 은인이기도 했다. 그런 소련(군)이 후원하는 조선의 지도자가 자신이 아닐 수도 있다는 사실, 콤그룹하고는 전혀 다른 지역(만주)에서 다른 방식(게릴라 투쟁)으로 명성을 쌓은 열 살 아래의 김일성일 수도 있다는 사실과 처음 맞닥뜨린 그날. 그는 약간의 공포감을 맛보았을 것 같다.

친탁·반탁 논쟁—왜곡과 모함의 시간

두 번째로 우리가 주목할 사건은 소위 '찬·반탁논란'이라고 하는 문제다. 김일성의 출현과 조선공산당 북조선분국 결성이 공산주의 세력 내부에서 박헌영의 지위를 위협하는 것이었다면, 모스크바 삼상 결정 이후 초래된 찬탁·반탁 논란은 결과적으로 박헌영의 대중적 위신에 손상을 입혔다. 하지만 모스크바 삼상 결정과 그것에 따른 미·소공동위원회는 따지고 보면 박헌영에게는 절호의 기회를 안겨 줄 수도 있었다. 삼상 결정이 제대로 실행된다면 그가 지도하는 남한의 좌파 세력은 새로이 수립될 임시정부를 주도할 수도 있었다. 문제는 삼상 결정은 그 소식이 국내에 알려지는 순간부터 일그러지기 시작했다는 데 있었다. 1945년 12월 27일 《동아일보》는 12월 16일부터 열린 모스크바 삼상 회의의 최종일을 앞두고 다음과 같이 보도했다.

> 모스크바에서 개최된 3국 외상회담을 계기로 조선 독립 문제가 표면화하지 않는가 하는 관측이 농후해 가고 있다. 즉 번즈 미 국무장관은 출발 당시에 소련의 신탁통치안에 반대하여 즉시 독립을 주장 (……) 미국의 태도는 '카이로선언'에 의하여 조선은 국민투표로써 그 정부의 형태를 결정할 것을 약속한 점에 있는데 소련은 남북 양지역을 일괄한 일국신탁통치를 주장하여 38선에 의한 분할이 계속되는 한 국민투표는 불가능하다고 하고 있다.
>
> ─ 〈소련은 신탁통치 주장, 미국은 즉시독립 주장, 소련의 구실은 38선 분할 점령〉, 《동아일보》, 1945년 12월 27일

왜곡 보도도 이쯤 되면 예술이라 할 만하다. 모스크바 삼상 회의에서 조선 문제에 대한 주요 결정은 세 가지가 있었다. 첫 번째는 조선인들로 구성된 '임시정부'를 조속히 수립하겠다는 것이다. 해방된 지 네

달이 다 되어서야 비로소 조선인들로 구성된 정부 수립의 문제가 국제회의에서 결정된 것이다. 두 번째는 조선의 임시정부 수립을 협의하고자 소련군과 미군 대표로 구성되는 미·소공동위원회를 개최하겠다는 것이다. 세 번째는 이렇게 구성된 임시정부와 연합국이 협의해 조선에 5년간의 신탁통치를 실시하겠다는 것이다. 이런 내용을 담고 있는 '삼상 결정'은 모스크바 시각 12월 28일 정오(한국 시각 12월 28일 오후 6시)에 공식 발표되었다. 12월 27일자 《동아일보》의 보도는 공식 발표보다 최소 30여 시간이나 앞선 것이었다.

내용에서도 두 가지의 심각한 왜곡을 담고 있다. 첫 번째 미국이 먼저 신탁통치안을 제기했는데도 소련이 먼저 주장했다고 보도한 것이다. 이 첫 번째 왜곡이 '거짓의 창조'라는 방식을 통한 것이었다면, 두 번째 왜곡은 '사실에 대한 침묵'을 통한 것이었다. 즉 삼상 결정의 첫 번째 조항인 조선에 임시정부를 수립한다는 사항에 대해서 침묵한 것이다. 왜곡 보도의 교과서라 할 만한 이 해프닝을 포함해, 모든 왜곡 보도의 원인은 딱 두 가지다. 무능하기 때문이거나 혹은 "너 한번 죽어 봐라!" 하는 악의에 가득 차 있다거나. 《동아일보》의 이 보도는 후자일 가능성이 높다. 《동아일보》의 이 보도가 있기 하루 전인 12월 26일 밤, 이승만은 경성라디오 방송을 통해서 《동아일보》의 이 보도와 유사한 뉘앙스의 연설을 했다.

워싱턴에서 오는 통신에 의하면 아직도 조선의 신탁통치안을 주창하는 사람이 있다 합니다. 우리는 이러한 사람들에게 우리 조선은 이 안을 거부하고 완전 독립 이외에는 아무것도 용인할 수 없음을 알리고 싶습니다. 트루먼 대통령, 번즈 국무장관, 연합국 사령관 맥아더 대장, 하지 중장은 다 조선 독립을 찬동하고 있습니다. (……) 문제를 일으키는 소수의 극단적 공산주의자만 없었다면 통합은 벌써 오래전에 성공하였을 것입니다.

사실상 한민당의 기관지 역할을 하던 12월 27일자 《동아일보》 기사, 그리고 한민당과 노선을 같이한 이승만의 26일 라디오 연설은 날짜와 표현 양식은 달랐지만 화음이 잘 맞는 듀엣 곡을 부르고 있었다. 제목은 "때려잡자 공산주의(소련), 사랑해요 아메리카!"쯤 되겠다. 그 뒤의 사태는 익히 알려져 있다. 해방 후 가장 큰 규모의 거리 시위와 철시, 파업 등이 남한 천지를 뒤흔들었다. 이 와중에 1946년 1월 2일, 조선공산당 중앙위원회는 '모스크바 삼상 결정 총체적 지지'라는 지극히 비대중적 구호를 외치며 이른바 '찬탁 노선'으로 돌아섰다.

이번 회담은 세계 민주주의 발전에 있어서 또 한 걸음 진보한 것이다. (……) 문제의 五年 기한은 그 책임이 삼국 회의에 있는 것이 아니라 실인즉 우리 민족 자체의 결점(장구한 일제 지배의 해독과 민족적 분렬 등)에 있다고 우리는 반성하지 않으면 안 된다. (……) 그럼으로 이번 모스크바 결정은 카이로 결정을 더욱 발전 구체화시킨 것이다.
— 조선공산당 기관지 《해방일보》 호외, 1946년 1월 2일

시차를 두긴 했지만 소련도 왜곡 보도를 정정하려는 시도로 외교

1945년 12월 31일 반탁 시위 행렬.

적 관례를 깨고 모스크바 삼상 회의의 자세한 진상을 폭로했다.

미국의 제안은 앞으로 또다시 5개년간을 연장할 가능성을 보이는 5개년 간의 조선의 신탁통치를 제의하였었다. 이러한 경우에는 신탁통치는 10년을 존속할런지도 모른다. 5년간 이상의 신탁통치의 연장은 소련의 제안에 의한 결정으로 제외된 것이다. 또한 채택된 소련의 제안은 민주주의적 일시적 조선임시정부의 설치에 긴급성을 인정하였다. (······) 미군 관할 하의 남조선에 수종의 신문이 보도한 것을 불확실한 기사라고 정식으로 부인한다.

— 〈모스크바방송, 삼상결의안 내용에 대해 발표〉, 《조선일보》, 1946년 1월 26일

이것이 삼상 회담의 정확한 진상이었다. 애초 신탁통치라는 방식을 만들어 냈던 것도 미국이었고, 소련, 영국, 중국 등을 상대로 열심히 세일즈한 것도 루스벨트였다. 루스벨트는 아직 자치 능력을 갖추지 못한 식민지 국가들을 신탁통치를 거쳐 독립시키겠다는 계획을 가졌는데 이것은 2차 대전이 끝날 무렵 미국의 대한 정책의 핵심이었다. 이 같은 미국의 제안에 대해, 탁치에 앞서 조선인들로 구성된 임시정부를 먼저 수립하는 역제안을 낸 것이 소련이었다. 하지만 이 사실만으로 사태를 역전시키기에는 역부족이었다.

샤브시나에 따르면 삼상 결정 발표 직후 박헌영은 반탁 입장에 섰다고 한다. 하지만 1945년 12월 말 북한을 방문해 입장을 바꾸는데, 기존의 연구에서 조공의 노선 전환을 "소련공산당 지시에 따랐다"라고만

평가한다. 물론 그런 요인이 있었겠지만 무엇보다 노선 전환은 박헌영의 〈8월 테제〉 이후 일관된 '반파시즘 원칙 하의 미·소 협조' 노선의 연장선에 놓여 있었다. '삼상 결정' 국면에서 박헌영의 오류는 자신의 입장을 변화시킨 것이 아니라, '반탁 입장'을 좌익 단체가 공공연하게 표출하는 것을 두고 손쓰지 못했다는 점일 것이다.

우익의 노골적인 반탁성명보다는 약했지만 서울시 인민위원회나 정태식 같은 조선공산당의 핵심 인사들은 삼상 결정에 반대하는 성명을 내놓기도 했다. 조선공산당이 공식적으로 반탁성명을 발표하지는 않았지만 산하단체와 당의 핵심 인사가 반탁에 가까운 성명을 발표하도록 내버려 둔 것은, 4일 후 '삼상 결정 지지'를 공식 발표한 조선공산당으로서는 '적전 분열'에 가까운 모습이었다. 심지어 좌익 단체와 조선공산당의 핵심 인사마저 삼상 결정에 부정적이라면 어떻게 남한의 '인민'들을 설득할 수 있단 말인가. 무엇보다도 당의 단합과 통일된 행동이 필요한 시점에서 좌익과 조선공산당은 그렇지 못했다. 대중 정치인, 대중을 지도해야 할 박헌영으로서는 그 명성에 심각한 타격을 주는 것이었다.

미군정의 탄압과 내부 균열

'압축적 시간' 동안 박헌영에게 발생한 세번째 주목할 사건은 바로 '미군정의 탄압'과 '내부 균열'이었다. 북조선분국의 분립과 반탁운동으로 박헌영의 지도력은 당 내외에서 위기를 맞기 시작했다. 원래 몸이 허약해지면 저항력(면역)도 떨어지게 마련이고, 이 때문에 작은 충격에도 쉽게 몸져눕기 십상이다. 그간 눈엣가시처럼 조선공산당과 좌익을 흘겨보던 미 군정에 기회가 찾아왔다. 해방 후 조선공산당의 인기는 반탁 시위 속에서 차츰 꺾이기 시작했다. 사실 남한에 진주했던 미군들은 애초부터 조선의 공산주의자들을 탐탁지 않게 생각하던 차였다. 훗날 박헌영은 재판에서 주한 미군 사령관인 하지에게 충성 서약을 했다고 의심받았는데, 사실 그들의 첫 만남부터 심상치는 않았다.

> 남한 전역에서 유혈 혁명이 선동되고 있는 바, 벌써 기업주 살해 사건이 발생했다. 이 모든 것이 공산당의 활동의 결과가 아닌가? 만약 그렇지 않다 하더라도 이 모든 것에 대한 책임이 공산당 지도자인 당신에게 있는 것이 아닌가? 비정상적인 행위의 배후에는 공산당이 있다고 (사람들이) 이야기 하고 있다. 나는 이러한 주장을 믿지 않을 수 없다. 나는 특히 당신에게 아직 미조직의 청년들을 잘 지도해 줄 것을 부탁하기 위해 당신을 초청했다. 만일 우리의 요구가 충족되지 않는다면 군사력을 동원하는 것 이외에는 별다른 방법이 없을 것이다. 미군은 평화적 상황에서는 매우 선하지만 일단 무기를 손에 잡으면 가차 없이 돌진한다. 그러나 우리는 한국에서 미군의 군사력이 동원되리라고는 생각지 않으며 이를 원하지도 않는다.
>
> ─ 〈하지와 박헌영의 회담〉, 1945년 10월 27일

주한 미군 최고사령관이던 하지는 남한에 상륙한 직후부터 많은

한국 지도자들을 초빙해서 환담을 나눴다. 대부분은 한민당을 비롯한 우파 인사들이었지만, 여운형이나 박헌영 같은 좌파 지도자들도 더러 만났다. 한데 좌파 지도자들하고의 만남에서는 앞서 보듯 그다지 우호적이지는 않았다. 여운형은 하지를 처음 만난 자리에서 "도대체 일본인들에게 얼마나 돈을 받았느냐"는 모욕적인 언사를 들어야 했고, 박헌영 역시 분위기는 비슷했다. "당신들에게 협력할 준비가 되어 있다"라고 항변하는데도, 말로 안 되면 탱크로 밀어붙이겠다는 협박을 들어야 했다. 하지가 초면의 박헌영에게 살인 교사 의혹까지 제기하면서 군대 동원을 협박한 것은 공산주의에 대한 증오심을 잘 보여 준다. 하지뿐만이 아니었다. 주한 미 군정은 공산주의자들을 곧 범죄자로 이해했다. 그리고 그 모든 범죄적 행각 배후에는 소련이 포진해 있다고 굳게 믿었다.

> 모든 정보 요원들은 아래 열거된 질문에 대한 해답을 얻는 데 전력을 기울일 것. 소련 대표단·소련 영사관과 남조선 공산당 지도자 박헌영 간의 연락 관계는 얼마나 긴밀한 것인가?
>
> — 〈주한 미 군정 정보참모부 보고서〉, 1946년 2월 5일

주한 미군에는 정보 수집을 담당하는 부서(G-2)가 있었는데, 이 부서의 핵심 업무 중 하나는 조선공산당과 소련 사이의 명령·복종 관계를 밝히는 것이었다. 주한 미군의 눈에 남한은 온통 소련의 사주를 받은 파괴주의자로 가득한 것 같았다. 최고사령관인 하지는 하루가 멀다 하고 보고되는 이 같은 정보에 근거해서, 자신 못지않게 공산주의를 혐오하

던 상관 맥아더에게 이런 편지를 보냈다.

> 러시아가 남한의 공산당을 통제하고 있습니다. 1월 1일 박헌영은 하지와의 회담에서 신탁통치에 대한 강력한 반발을 표시했습니다. 1월 3일 박헌영은 다시 하지와 회합을 갖고 태도를 바꾸었습니다. 한국인들의 일반적인 정서는 반탁에 있으며 공산주의자들이 갑자기 태도를 바꾼 것은 러시아 측으로부터 지령을 받았기 때문으로 보입니다.
>
> ―〈하지가 맥아더에게 보낸 편지〉, 1946년 1월 25일

미·소공동위원회를 앞두고 남한 내부 사정을 설명하면서, 하지는 남한의 좌익이 소련과의 협상에서 미국 측의 협상력을 약화시킬 것이라고 설명한다. 사사건건 눈엣가시였던 조선공산당과 미 군정의 충돌은 불가피했다. 이런 충돌은 미·소공동위원회가 결렬되던 1946년 5월 절정에 다다른다. 5월 15일 발표된 이른바 정판사위폐사건이 그것이었다. 주한 미군의 좌익 탄압은 그 전까지만 해도 박헌영으로 상징되는 조선공산당의 '최고위급'에까지는 미치지 못했다. 그도 그럴 것이 공식적으로 공산당의 활동을 허용하던 주한 미군이 박헌영을 탄압한다는 것은 곧 공산당 활동에 대한 탄압을 의미할 수 있기 때문이었다. 조선공산당은 압도적이지는 않았지만 정당 지지도에서 1~2위를 다툴 만큼 상당한 인기가 있었다. 게다가 모스크바 삼상 결정에 따라 북한을 점령한 소련군과 협력해서 조선임시정부를 수립해야 할 미 군정은 노골적으로 좌익을 탄압하기 어렵기도 했다.

한데 이 모든 상황이 1946년 5월을 전후한 시점에서 변하기 시작했다. 급기야 1946년 9월 7일 조선공산당의 상징이라 할 박헌영에 대한 체포령이 내려졌다. 하지만 그보다 4개월 정도 이른 5월경, 군정은 이미 박헌영을 체포할 준비를 했다.

박헌영은 조선공산당의 책임자이다. 질의는 그가 위조지폐사건으로 기소될 수 있는지 여부를 묻는 것이다. 보고서에는 조선공산당의 관련자 16명이 조선공산당이 있는 건물에서 조선은행권을 위조했거나 위조하려고 모의했다는 유력한 증거가 있다고 지적하고 있다. 위폐는 공산당으로 흘러 들어갔고, 공산당의 활동에 사용되었다. (……) 그러나 그러한 증거(박헌영이 위조지폐에 명백히 참가했다는 증거)는 아직 없다. (……) 조선공산당이 불법적인 자금을 보유했다는 점을 부정할 수는 없을 것으로 보인다. 그러나 조선공산당은 자금에 대한 명확한 보고서를 작성해야만 한다. 이는 미국 갱단에 대한 처벌 방식과 유사한 면이 있는데, 그들이 부를 획득하는 데서 저지른 범죄보다는 오히려 수입에 대한 탈세를 추궁하는 것이다.

정확하지 않은 보고서가 공산당원에 의해 제출되었다. 박헌영이 위폐사건의 공범인지의 여부는 아직 불분명하다. 조사보고서에 언급된 사실들은 그가 조선공산당의 총책임자라는 점이다. 다른 정당원은 분명 위폐사건에 가담하였다. 박헌영은 분명 이 사건에 대해 어느 정도 알고 있었고, 동의 혹은 돕거나 교사하였던 것이다. 그러나 박헌영을 이 사건의 공모자로 간주하기 위해서는 조사가 더 필요하다.

— 주한 미 군정 법률고문 작성, 〈군정장관의 질의에 대한 답변서〉, 1946년 5월 21일

여기에서 말하는 '갱단' 어쩌고 하는 것은 알 카포네를 의미하는 것이 분명하다. 금주법 시대에 시카고를 무대로 거액의 밀주 거래를 통해 부를 축적했던 알 카포네는 살인 교사, 밀주 제조 등 숱한 탈법 행위를 저질렀지만 결국 탈세 혐의로 체포되었다. 경찰이나 FBI가 아니라 세무특공대에 의해서! 박헌영도 위폐사건으로 체포하고 싶은데 뚜렷한 물증이 없어서 고민하던 미 군정에 미국인 법률가의 법률자문은 이랬다. 박헌영이 위조지폐에 관련되었는지에 대한 구체적인 증거가 없다면, 그들의 수입·지출 내역을 대조하고, 만약 지출이 수입을 초과한다면 '소득 신고 불성실'을 핑계로 잡아들이는 방법이 있다는 것이다. 간첩죄로 북한에서 사형당하기 전에 까딱했으면 탈세범이 될 뻔했다. 물론 실제로 이 일로 박헌영을 기소하는 일은 없었다.

정판사위폐사건은 실체가 불분명한 정치적 사건이었다. 조선공산당이 당 활동 자금을 마련하려고 1200만 원이라는 거액을 위조했다는 것이 군정 당국의 발표였는데, 사건 발생 직후부터 조선공산당에서는 좌익을 탄압하려고 조작한 것이라고 주장했다. 사건에는 박헌영의 최측근 중 한 명인 이관술(조선공산당 재정부장, 경성 콤그룹 구성원)을 비롯해서 권오직 해방일보(조선공산당 기관지) 사장, 조선정판사(출판사와 인쇄소) 사장인 박낙종 등 조선공산당 고위직이 포함된 13명의 당원이 연루되어 있었다. 수사에서 재판에 이르기까지 박헌영이 직접 거론되지는 않았지만, 군정에서는 박헌영을 함께 체포할 수 있을지를 신중히 검토했다. 앞에서 보듯 다른 피의자들하고는 달리 박헌영을 체포하려면 직접적인 증거가 필요하다는 것이 미군 법률 전문가의 견해였다. 물증이 없이 자백에만 의존해서 조선공산당의 최고 지도자를 체포하기에는 여러모로 위험 부담이 많던 것이다.

미군 당국이 박헌영을 제거하려는 움직임을 보였던 것이 외부의 위협이라면, 조선공산당 내부의 도전도 만만치 않았다. 해방 직후 콤그룹 중심으로 당을 재건한 것이 결국 화근이었는데, 반탁 시위와 북조선 분국의 등장으로 복잡해진 조선공산당 내의 갈등을 잘 보여 준다.

황태성: 현 당중앙은 당 사상 유례가 없는 독선적이며 자파 중심으로 모략을 능사로 하고 간부 선출도 자파 중심이며 제반 정치 문제에 있어서 무능을 폭로하고 있다는 주장이 제기되고 있다.

박용선: 당사에 따르면 정치 노선에 의하면 경성 콤그룹 하나만이 탁류 중 한 줄기 맑은 샘이오. 암야에 등화이고 융리한 볼세비키며 다른 동무들의 혁명적 역사는 말살되고 있어서 당 분열의 원심력이 싹트고 있다.

윤희보: 8·15 후, 영등포에서는 국제로선 정통파라는 말로 문제가 되었다. 즉 박헌영 동무의 콩쿠룹 이외에는 국제로선이 아니요 정통파가 아니니 그 외의 쿠룹은 인정할 수 없다. 심지어 그림을 그려 박헌영 동무의 콩쿠룹만이 국제로선의 직계요 정통이라고 선전하였다.

이세린: 당사는 가장 중대한 문제다. 1928년 (코민테른) 테제에 박헌영 동지보고만 일하라고는 하지 아니했다. 각 혁명적 그루빠 각 혁명적 요소의 통일 우에 당이 재건되지 아니하면 안 된다.

정희영: 국제노선에서 오르그(조직원)로서 조선 내에서 활동했던지 조선 내 동지로서 12월 테제를 의거하여 했던지 운동을 충실히 한 것이 중요하

다. 종파적 이익을 위하야 자칭 국제노선 운운은 우리 운동을 혼란케 하며 국제당의 권위를 모독하는 것이다.

이우적: 나는 정 동무의 의견에 동의한다. 국제노선보다도 국내노선이 더 중요하다.

— 〈黨秘: 중앙급지방동지 연석간담회 회의록〉, 1946년 2월 19일~2월 20일

미·소공동위원회 개막을 앞둔 1946년 2월 19일과 20일 이틀에 걸쳐, 조선공산당의 고참급 지도자들이 서울 모처에서 회합했다. 민주주의민족전선이라는 좌익 단체 결성(2월 15일)을 맞이해서 서울에 올라온 지방 활동가들 중 경성 콤그룹 중심의 당중앙에 비판적이던 인사들이 꽤 있었다. 떡 본 김에 제사 지내는 격으로 서울에 올라온 김에 당중앙의 문제점을 놓고 한바탕 격렬한 토론을 벌인 것이다. 기록으로 보면 50여 명이 참석한 것으로 되어 있으며, 사흘 동안 진행되었다. 토론이라기보다는 박헌영과 콤그룹에 대한 성토장이라고 해도 좋을 만큼 일방적인 분위기였다. 비난의 핵심은 한 가지였다. 당중앙을 형성하던 콤그룹 일파가 지방당 조직까지 장악하려 '국제노선'을 내세우며 횡포를 부린다는 것이다. 쉽게 말하면 결국 인사 문제 때문이었다. 회합에 참석한 50여 명 가운데 박헌영 직계라 할 만한 인물들은 10명 남짓이었고, 나머지는 장안파를 비롯한 반대파 인사들이었다. 반박헌영 계열의 황태성이 사회를 본 것만으로도 이날 모임의 분위기를 잘 알 수 있다.

여담이지만 황태성은 이후 월북해 북한 정부에 참여(최고인민회의 대의원과 무역성 부상 역임)했다가 1961년 9월, 쿠데타를 일으킨 박정희

를 만나려고 비밀리에 남한에 왔다. 물론 황태성은 박정희를 바로 찾아가지는 못했고, 박정희의 조카사위(김종필), 엄밀히 말하면 조카인 박영옥(박정희의 친형 박상희의 딸)을 찾아갔다. 박상희는 대구 폭동(1946년 10월) 때 사망한 경북의 유명한 좌익 활동가였고, 황태성은 박상희의 절친한 친구였다. 증언에 따르면, 박정희는 '친형보다 더 잘 따르던' 황태성과 박상희의 막걸리 심부름을 곧잘 했다고 한다. 그러니 남한에서 발생한 쿠데타의 주인공 박정희를 황태성이 만나려고 한 이유는 뻔하다. 어릴 때의 인연을 내세워 쿠데타 세력의 '진의'를 파악하려는 것이다.

아무튼 황태성이 사회를 본 이 모임에서 박헌영을 비롯한 중앙파에 대한 비난은 격렬하게 쏟아졌고, 이것은 곧 박헌영의 리더십에 문제가 있다는 것을 의미했다. 그해 11월에 남한의 좌익 3당을 통합해서 남조선노동당을 결성할 무렵에, 이들 반박헌영 계열의 인사들 역시 독자적으로 '사회노동당'을 꾸려서 완전한 결별을 선언해 버렸다. '연석회의' 참석자 중 한 명인 윤일 역시 사회노동당 결성의 주축 중 한 명이었는데, 그가 정판사위폐사건 수사를 실질적으로 주도했던 미군 방첩대(CIC)에 은밀히 협력하던 인물이라는 것은 흥미로운 사실이다.

박헌영의 부재로 초래된 조선공산당 내부의 운영 문제를 둘러싸고 일군의 공산주의자들이 회합했다. 이정윤·정백·김철수·윤일 등. 윤일은 만약 자신이 재편된 조선공산당의 책임자가 되면 박헌영에 의한 현재의 정책에서 벗어나 군정의 정책과 현존하는 법률의 테두리 내에서 활동하도록 할 것이라고 전했고, 이후 조선공산당의 주요 회합이 열릴 경우 우리(미군 방첩대)

본부에 알려 줄 것이라고 약속했다. 아울러 CIC의 대표가 그 자리에 참석하도록 허락할 것이라고 말했다. 윤일은 그러나 만약 자신과 CIC의 관계가 알려질 경우 일반 인민들의 의심을 받을 것이라고 우려했다.

— 미군 방첩대 작성, 1946년 9월

공산당 내부의 반대파와 공산당을 증오하는 미군 사이의 협력. 사실이 그랬다. 공산주의자들 내부에는 '친미주의'를 넘어서서 실질적으로 미군과 함께 '공동작전'을 수행하는 인물들이 존재하던 것은 분명하다. 참으로 복잡하게 얽히고설킨다. 박헌영을 축출하려 하던 반대파 중에는 미군 방첩대의 정보원이 존재했고, 그렇게 축출된 이후 박헌영은 다시 미군의 첩자라고 사형당했으니. 복잡해도 여간 복잡한 것이 아니다. 이 복잡한 배신과 조작극에 분노하거나 좌절할 필요는 없다. 그들의 인간성에 문제가 있던 것은 아니었다. 문제는 하루가 다르게 급격하게 변해 가던 세상 탓이었다. 광주 벽돌 공장에 은신하던 무렵부터 해방 직후 며칠간 박헌영의 두뇌는 가능한 한 최대치의 능력을 발휘했다.

    소련 영사관에서 확보한 자료를 토대로, 과거 혁명운동의 경험을 바탕으로 그는 새롭게 열릴 조선의 미래를 그렸다. 콤그룹 옛 동지들은 큰 힘이 되었다. 소련 영사관의 전폭적 지지는 더욱 큰 힘이었을 것이다. 〈8월 테제〉와 조선공산당은 그 같은 박헌영의 계획을 실천할 주요 무기였다. 그러나 바로 그 두 무기는 불과 1년 만에 박헌영의 지도력을 약화시키는 독이 되어 버렸다. 어쩌다 그 지경이 되었는가.

새로운 세계사의 흐름 — 진보적 민주주의와 미·소 협조

너희들 허헌, 박헌영, 이강국 등은 민족 반역자이며 친소파들이다! 너희들은 아름다운 이 땅에서 태어난 사실을 잊었는가? 너희 친일파 민족 반역자에 대한 형벌이 무엇인지 알아야 할 것이다. 우리가 너희들을 위한 교수대를 준비하고 있다.

— 〈애국청년당이 박헌영에게 보낸 서한〉, 1946년 3월 11일

여운형은 박헌영이 방해가 안 되는 곳에 있기를 원한다는 사실은 잘 알려져 있다. 박헌영이 46년 7월 합작 운동을 방해했을 때 여운형은 미군 당국자에게 혐의를 꾸며서 박헌영 제거를 요구했었다.

— 〈미 군정 정보보고서〉, 1946년 10월 6일

앞서 남한에 진주한 미군 당국자들이 박헌영을 비롯한 조선공산당을 소련의 '괴뢰'로 생각했으며, 그 때문에 격렬한 대결 의식을 가졌다고 말했는데, 이제 그런 생각을 하게 된 것은 미군뿐만이 아니었다. 조선공산당이 찬탁으로 돌아선 이후부터 박헌영 개인과 조선공산당을 향한 테러와 협박 편지들이 줄을 이었다. 같은 좌파 지도자인 여운형조차 박헌영에 대한 걱정이 커지기 시작했다. 비난과 협박은 '민족 반역자' 혹은 '좌우 합작을 방해' 한다는 이유 때문이었다. 박헌영은 확실히 민족주의자는 아닌 모양이다. 우익에게는 친소주의자, 북한에게는 친미주의자라는 비난을 들었으니까 말이다. 여기에서 우리는 세 가지 정도를 확

인해야 한다. 그가 확실한 친소주의자였는지, 또 친미주의자는 맞는지. 그리고 만약 박헌영이 친미주의자라면 결국 민족 반역자가 되는 것인지 말이다. 이것은 박헌영이 해방된 조선을 어떤 나라로 만들려고 했는지에 대한 실마리를 가져다줄 것이다.

미 군정의 확신에 가까운 의혹을 비롯한 무명의 시민들이 보낸 서한들처럼 박헌영이 과연 친소주의자였을까? 친일파라는 단어의 위력이 너무 강렬해서, '친○파' 혹은 '친○주의자'라는 표현의 뉘앙스가 썩 개운치는 않다. 그러나 친소와 반소로 나누자면 박헌영은 분명 '친소'에 해당하는 인물이었다. 이 사실은 그리 많은 증명을 필요로 하지 않는다. 그는 생의 중요한 고비에서 늘 소련의 도움을 받았다. 1929년에서 1931년까지 그는 세계 공산주의 운동의 심장부인 모스크바에 거주했다. 모스크바는 박헌영에게 공산주의자로서 최고 학위라 할 수 있는 레닌대학 졸업장을 주었고, 코민테른 산하 조선위원회 위원으로 임명했다. 그의 딸을 대신 양육해 주었으며, 조선공산당 활동에 필요한 자금도 때맞추어 지급했다. 코민테른이라는 조직이 원래 그렇다. 소련보다 1인당 국민소득이 몇십 배 많던 미국에도 공산당 활동 자금을 지원했으니까. 해방 후에도 박헌영은 소련 영사관을 수시로 출입할 수 있는 거의 유일한 조선인이었고, 소련 영사관은 그가 필요로 한 국제 정세·소련의 신문과 잡지·코민테른 관련 자료 등을 성실히 제공해 주었다. 자금 지원도 빼놓지 않았다. 자금 지원에는 소련 영사관 대신 북한 주둔 소련군이 직접 나섰다.

조선공산당 중앙위원회 총비서 박헌영 동지는 1946년 3~12월 기간에 조선공산당 중앙위원회에 1천 5백 5십만 엔 상당의 재정적 지원을 제공해 줄 것을 슈띄꼬프 동지에게 요청해 왔습니다. 슈띄꼬프(북한 주둔 소련군 최고 사령관) 동지는 박헌영 동지의 요청을 수락할 것을 지지하고 있습니다. 저의 의견으로도 조선공산당에 재정적 지원을 제공하는 것이 적절한 일이라고 생각합니다.

— 〈쉬낀이 깔리닌에게〉, 1946년 3월 28일

이 지원 요청이 곧바로 수락되었는지 확인할 수는 없지만, 북한 주둔 소련군이 상당한 액수의 조선은행권을 남한에 내려 보낸 것은 확실하다. 이 서한에 언급된 슈띄꼬프는 자신의 비망록에 그 같은 사실을 기록해 놓기도 했다. 아무튼 1930년대 스탈린의 대숙청 시기를 제외한다면, 조선의 공산주의자들에게 소련은 늘 은인이었다. 돈을 주고 피난처를 제공하고 교육까지 시켜 주니, 게다가 조선 해방에도 한몫을 담당했으니 당연하다. 여기에 한 가지 더하면 박헌영은 해방 후 그토록 그리워하던 딸의 소식을 듣는데, 그렇게 오랫동안 아버지가 부재했는데도, 소련은 딸 비비안나를 훌륭하게 키워 놓았다.

내 딸이 살아서 성년이 되었다는 것이 믿기지 않는구나. 내가 세 살박이인 너를 (모스크바의) 보육원에 남겨 두고 떠난 지 벌써 15년이 흘렀구나. (……) 소련 정부는 너를 잘 보살펴 주었으며, 우리는 이 정부에 끝없는 은혜를 지고 있다. 네가 이고르 모이세예프 무용연구소의 발레학교에서 9학년에 다닌다는 것을 알았을 때 나는 얼마나 행복했는지 모른다. 오직 소비

에트의 보호 하에서만 모든 아이들은 삶의 훌륭한 길이 열린단다. 네가 훌륭한 사람으로 성장하고, 재능이 열리기를 바란다.

— 박헌영, 〈박 비비안나에게 보낸 편지〉, 1946년 4월 29일

박헌영의 딸 비비안나는 소련 정부의 따뜻한 후원에 힘입어 훌륭한 무용수로 장성했다. 박헌영처럼 독립운동에 여념이 없던 이승만의 경우 아들(8대 독자였다)이 일곱 살 어린 나이에 디프테리아에 걸려 이국 땅에서 생을 마감했으니, 이것에 비하면 얼마나 고마운 일인가. 또 팔자 사나운 아버지(김구)를 따라 유랑하던 김신이 폐렴에 걸려 시름시름 앓다가 사망한 것에 비하면 얼마나 감읍할 일인가? 친소주의자가 아니라면 그게 오히려 이상하고 배은망덕한 일이다. 문제는 그가 '친미'인가 하는 점이다. 결론부터 말하자면 그렇다. 그런데 이 문제를 설명하는 데 북한의 기소장은 별로 도움이 안 된다. 이 문제에 관심을 가진 역사학자들이 지적하는 것처럼 기소장에는 박헌영의 친미 행적을 콕 찍어서 제시하고 있지는 않다. 기소장이 그래도 되느냐고? 그것은 저쪽에다 물을 일이다. 우리는 우리 방식대로 박헌영의 친미주의를 증명해야 한다.

박헌영의 소련에 대한 태도가 '가슴에서' 나온 것이라면, 미국에 대한 태도는 철저하게 '머리에서' 나온 것이었다. 그의 대미관은 '진보적 민주주의와 미·소 협조'라는 거대한 세계사적 흐름에 기초한 철저한 전략적 사고에서 도출된 것이었다. 해방 후 조선을 어떤 국가로 만들지에 대한 대전략과도 일치하는 부분이었다. 그리고 앞서 살펴본 박헌영의 해방 직후 주목할 만한 세 가지 행보를 설명하는 열쇠이기도 하다.

박헌영은 여러 기회를 통해서 해방 후 조선은 미국과 친선해야 하며, 남한에 진주해 있는 미 군정에 협조해야 한다는 자신과 조선공산당의 견해를 밝혔다. 그 이유는 간단했다. 첫 번째는 조선의 독립은 곧 일본의 2차 대전 패배에 따른 것이고, 2차 대전에서 일본군을 거의 혼자 상대한 나라가 바로 미국이기 때문이다. 너무 당연한 이유 같지만 이것을 곱씹어 보면 그리 간단하지만은 않다. 독립을 쟁취하려고 훌륭히 싸워 왔지만 결국 "우리 민족의 주관적 투쟁적인 힘에 의해서보다도 외부 세력에 의해 실현된 것"(박헌영, 《8월 테제》)이었으며, 더욱이 조선의 노동계급을 비롯한 진보적 대중은 수적으로 우세한데도 아직 조선의 혁명을 독자적으로 진행시키기에 여러모로 미숙했다. '민족 해방'을 '사회주의 혁명'의 준비 단계로 생각한 조선의 공산주의자들로서는, 1단계조차 자력으로 달성하지 못한 현실은 다음 단계의 과제를 당분간 미루도록 하는 제약 조건이기도 했다. 결국 이것 때문에 일본이 패망했는데도 여전히 미·소의 군사 점령을 받을 수밖에 없는 처지이며, 진보적인 국내외의 세력과 연합해 민족통일전선(반파시즘 국제 연대)을 형성하고, 이것을 통해 독립 정부 수립으로 나아가야 한다는 것이다. 해방이 되었는데도 한반도에 실시된 미·소의 군사 점령이 "국제공약을 위반하는 것이 아니라 오히려 그것에 토대"한다고 이해한 것은 여타의 우익 정치 세력이나 장안파 공산당의 인식하고도 다른 점이었다. 어쨌건 일본을 패배시켜서 조선 독립을 가져오게 한 미국에 감사하는 것은 좋은 일이지만, 그로 말미암아 조선인들이 조선 해방에 기여하지 못했다고 하는 평가는 썩 내키지 않는 것이었다. 살면서 우리는 이 비슷한 경험을 종종 하게 된다. 맞는 말이기는 하지만 이상하게 듣기 거북한 말이 있다.

파시즘과 일본과의 전쟁에서 조선은 자기의 떳떳한 역할을 하지 못하였고 식민지로서 일본을 지지하지 않으면 안 되었다. 이것은 조선의 의사는 아니었지만 조선이 일본의 제국주의 전쟁 과정에서 적지 않은 협조를 하였다는 것을 부인할 수 없다. 이제 조선 인민이 이 사실을 비판적으로 평가하여야 할 때가 왔다.

— 〈8월 테제〉, 1945년 8월 20일

우리는 남에게 도움을 받는 민족이 되지 않고 남을 도와주는 민족이 되었으면 조켓다. 그러나 대단히 가슴이 쓰라린 일이나 우리는 일본 제국주의의 식민지의 처지에 있었던 관계로 우리가 참된 민주주의 독립국가를 건설하자면 선진 국가의 도움을 받지 않을 수 없는 형편에 잇다.

— 박헌영, 〈오늘 정세와 우리 민족의 살 길〉, 1946년 1월 29일

'우리를 해방해 준 미국에 감사하자! 특히 항일 투쟁에 별로 한 일도 없이 놀기만 한 사람들은 감사와 동시에 반성도 하자'는 것인데, 별로 한 일도 없이 그냥 밥상에 숟가락만 올려놓으려던 사람들의 입장에서는 참 야속한 타박이다. 아울러 저 말 속에는 왠지 박헌영을 비롯해 콤그룹 스스로에 대한 은근한 자기 자랑이 들어 있는 것 같기도 하다. 어쨌건 이 같은 자기반성에 토대해서, 미국이나 소련이나 모두 조선의 독립을 가져다준 은인으로서 철저하게 협조하고 감사해야 하는 대상이

된다. 나무랄 데 없는 논리다. 논리라기보다 인지상정에 가깝다.

'대미 협조'의 두 번째 이유는 미국이 해방된 조선을 '진보적 민주주의' 국가로 인도해 줄 '진보적 국가'이기 때문이었다. 이 문제는 좀 상세한 설명이 필요하다. 이라크를 침공하고, 시장 개방 압력을 높이며, 환경문제에 무관심한 오늘날의 미국을 염두에 둔다면 참으로 이해하기 힘들겠지만, 지금부터 60여 년 전이라면 사정은 좀 다를 수 있다. 한때 민주화 운동 안 해 본 사람 없는 것처럼, 미국도 마찬가지라는 말이다. 2차 대전이 발발하고 끝날 무렵의 미국은 지금하고는 많이 달랐다. 박헌영과 조선공산당은 이것을 특별히 '루스벨트 노선'이라고 명명했다.

> 모 신문의 금조의 사설은 우리가 고 루스벨트 대통령의 추도식을 한 데 대하야 공산당은 스탈린 노선을 포기하고 루스벨트 노선으로 전환한다고 평하였다. 우리는 끝까지 이들 친일파의 잔재와 싸우며 세계 약소민족을 해방하야 평화와 자유와 행복을 약속하는 스탈린 루스벨트 노선을 직힐 것이다.
>
> ― 박헌영, 〈당 21주년 기념식에서〉, 1946년 4월 17일

> 스탈린 루스벨트 노선은 금일 세계를 지도하고 있으며 이 지도 이념은 얄타 선언에서 명시된 것으로 각국의 진정한 민주주의자들이 이 위대한 양대 민주주의 지도자의 올흔 노선을 수호하며 실천하기에 희생적 투쟁을 전개하고 있다. 이 올흔 노선은 전후 세계를 재건하는 시오 이념이요 식민지 문제 해결의 지침이 되고 있다.
>
> ― 박헌영, 〈2회 민전중앙위원회에서 박 동무 보고 연설〉, 1946년 4월 20일

잘 알려져 있는 것처럼, 루스벨트는 댐을 가장 많이 지은 미국 대통령이다. 테네시 계곡 개발 사업으로 대표되는 대규모의 건설 사업을 통해 실업도 해결하고 경기를 부양시킨 그의 정책은 IMF를 거치면서 우리에게도 익숙해졌다. 공공 근로 사업이나 실업자 재취업 프로그램의 국가 운영 같은 것들 말이다. 4대 보험과 같은 사회보장 정책들도 그렇다. 루스벨트는 1930년대 미국과 세계를 휩쓴 대공황을 슬기롭게 극복한 대통령으로 잘 알려져 있다. '한국형 뉴딜'이 종종 언급되면서 우리에게는 그와 그의 시대가 '대규모의 공공 건설 사업 정책이 유행하던 시절' 정도로만 기억되지만, 기실 루스벨트가 집권한 시대는 미국의 진보주의가 가장 번창한 시기이기도 했다. 노동조합의 권리 신장, 부유층에 대한 세율 증대, 각종 독점기업에 대한 규제, 사회보장 프로그램의 강화, 빈민을 위한 주택 제공 등. 오늘날 '수정 자본주의'라고 불리는 새로운 형태의 자본주의 운영 방식이 대세가 되는 데 루스벨트와 뉴딜 정책은 지대한 영향을 주었다. 한마디로 정부가 개입해서 감 놔라 대추 놔라 하며 간섭하는 것이다. 1930년 무렵까지 정부나 국가는 적어도 경제문제에서는 그래서는 안 되는 것이었다. 애덤 스미스의 말처럼 그런 역할은 '보이지 않는 손(시장)'이 맡아야 하는 것이었다. 그런데 1930년대 대공황으로 그런 믿음이 깨졌다. 그것도 아주 무참할 지경으로. 자유방임의 시장은 결국 세계경제와 사람들을 지옥으로 몰아넣었다. 한데 이런 정부나 국가의 시장 개입이 어떻게 '국제 민주주의 노선'과 연관될까?

국유화 문제는 미국에서도 강하게 서 있다. 광범한 대중이 이것을 지지하고 있다. 1942년 여론조사 한 바에 의하면 40%가 산업의 기본 부문이 국유화되기를 요청하였고 36%가 중요 산업 부문을 국가가 통제할 것을 요구하고 있다.

— 박헌영, 〈세계 민주주의는 전진 인민을 위한 당들이 주권을 쥐었다〉, 1946년 4월 23일

공산주의에 대해 널리 알려진 것 가운데 하나가 '국가의 경제 통제' 다. 박헌영과 조선공산당 역시 해방 후 조선의 경제문제에 대해서 '국가 통제'를 매우 중요하게 생각했다. 이윤에 눈먼 모리배들에게만 맡기면 가난한 자는 더욱 가난해지고, 부자는 더욱 부유해진다는 이 단순 논법은 인정하기 싫지만 지난 수백 년의 자본주의 역사가 증명해 왔다. 이런 진리는 책을 읽어서가 아니라, 살면서 체득하는 것이다. 아무튼 이 같은 논리에 따라 박헌영 역시 주요 산업에 대한 국가 통제를 대단히 중요하게 생각했고, 그것은 당연히 새로운 국가 수립의 원칙 중 하나로 자리 잡는다.

그런데 주요 산업에 대한 국가 통제가 비단 마르크스나 레닌의 가르침 속에만 있는 것이 아니라, 자본주의 국가 그것도 가장 부유한 자본주의 국가에서 '유행병'처럼 번지고 있었으니, 그게 바로 뉴딜이었다. 물론 공산주의 국가의 계획경제와 자본주의 체제인 미국식 뉴딜이 같다고 할 수는 없지만, 근본 정신은 동일하다는 것이다. 이것은 비단 박헌영만의 '착각'은 아니었다. 루스벨트의 뉴딜 정책에 감복해서 미 행정부에 투신한 많은 지식인들과 학자들을 '브레인 트러스트'라고 불렀는데 이들 역시 소련이라는 사회주의국가와 뉴딜 정책 아래의 미국 사이에

'공통점'이 있다고 생각했다.

훗날 학자들은 이것이 결국 착각이었다면서 그 같은 착각을 '수렴 이론'(사회주의 소련과 자본주의 미국은 상호 수렴하는 길을 걷는다는 뜻)이라고 명명했다. 그것이 착각이건 아니건 간에 중요한 점은, 박헌영이 살던 1940년대에는 그 같은 생각을 한 사람이 아주 많았다는 사실이다. '스탈린·루스벨트 노선'이라는 말에서도 알 수 있듯 '수렴 이론'의 밑바탕에는 스탈린과 루스벨트 사이의 굳건한 신뢰가 놓여 있었고, 특히 얄타 회담에서 이 두 지도자의 우정은 절정에 달했다.

보수적인 학자들에 따르면, 얄타 회담은 루스벨트의 가장 큰 실수 중 하나로 평가받는 것이다. 왜냐하면 얄타 회담에서 루스벨트는 스탈린의 요구를 거의 전적으로 수용해서, 동유럽 지역에서 '사회주의자들을 중심으로 한 정부 수립 원칙'을 사실상 인정해 주었기 때문이다. 얄타 회담에서 가장 골치 아픈 문제가 폴란드의 임시정부 수립 문제였는데, 당시 폴란드는 소련이 후원하던 임시정부(루블린 임시정부)와 런던에 망명해 있던 우파 중심의 런던 정부가 경합 중인 상태였다. 드골 망명정부와 처칠 정부는 이미 런던의 폴란드 망명정부를 승인한 상태였는데, 스탈린으로서는 이것이 마음에 들지 않은 것이다.

연합국의 주요 지도 국가인 영국이 이미 승인해 놓은 런던 정부 대신 소련 망명 인사들로 구성되어 있던 루블린 정부의 승인을 요구하던 스탈린의 주장은 여러모로 무리했다. 미국 내에는 200만에 달하는 폴란드 이민자들이 있었고, 이들은 1944년 대선에서 스탈린의 야욕에 넘어가서는 안 된다며 루스벨트를 압박했다. 물론 국무부 내의 조언자들도 루스벨트에게 경고했다. 그런데 결국 루스벨트는 스탈린의 손을 들어주었다. 런던 망명정부와 미국 내 보수파가 볼 적에는 기가 찰 일이다. 하지만 그 반대편에 있던 세력의 입이 쩍 벌어질 결정이다. 박헌영 역시 그랬다.

> 삼국(미국·영국·소련)은 독일의 지배로부터 해방된 제국의 자주성과 자치 관리를 회복하기 위한 대책을 결의하였다. 그중에 중요한 것은 인민의 민주주의의 힘을 대표하는 임시정부 수립을 원조하자는 것이었다. (……) (삼국은) 폴란드와 유고슬라비아에 대한 문제를 결정하였다. 런던 거주 폴란드 임시정부는 반동분자들과 파시스트 지도 하에서 동맹국 사이에 분쟁을 일으키는 정책만 썼다. (……) 얄타 선언은 폴란드 국내에서 조직되어 소련의 승인을 받은 임시정부를 기초로 하여 국내외의 민주주의자들을 총망라하여 민족통일임시정부를 수립하라는 결의를 하였다. (……) 우리는 전시 중에 일본의 군사적 테로 밑에서 모든 외국의 진보적 소식에 접할 기회를 갖지 못하였다. 이상에 소개한 바 크리미야 회담의 선언과 같은 역사적 의의를 갖인 문건의 구체적 내용을 우리는 알지 못하고 살어 왔다.
> ─ 박헌영, 〈크리미야 선언 일주년을 마지하야〉, 1946년 2월 12일

이처럼 루스벨트의 국내 정책이나 외교정책은 모두 자신을 비롯한 전 세계 공산주의자들에게 하등 해로울 것이 없는, 얄타 회담처럼 오히려 자신들을 도와주는 것으로 보였다. 그러니 당연히 루스벨트는 물론이고 루스벨트가 존경하고 또 계승하려 한 우드로 윌슨에 대한 칭찬도

빠지지 않는다.

> 박헌영은 강조하기를, 인텔리와 다른 계층에서는 미국의 지원을 기대하였고, 특히 "식민지의 모든 권리 주장을 자유롭고 허심탄회하고 완전히 사심 없이 살필 것"을 선언한 윌슨 미국 대통령의 14개 조항에 대한 동경이 강했다는 사정은 과소평가해서는 안 된다고 하였다.
>
> — 샤브시나,〈잊어서는 안 될 이름, 박헌영〉

> 20세기 중엽에 이르러 세계 위인 루스벨트 대통령의 민주주의 군대로 하여금 아름답게 계승된 결과가 아니겠습니까. 36년간 일본 제국주의의 철퇴하에서 신음하던 조선 민족의 해방도 실로 이 루스벨트 대통령의 삼국 협조에 의한 반팟쇼적 민주주의 세계 건설 정신의 광휘 있는 승리가 큰 역할을 행한 것을 다시 한 번 기억하며 다시 한 번 감사하는 바입니다.
>
> — 박헌영,〈하지 중장에게 보내는 멧세지〉, 1946년 7월 4일

이런 것을 시쳇말로 '짜고 치는 고스톱'이라고 한다. 조선의 임시 정부 수립을 논할 미·소공위의 양 당사자는 미국과 소련 아닌가. 미국과 소련과 조선의 좌익이 한마음이라면 그깟 한 줌 우익 세력의 호주머니를 터는 일쯤이야 손바닥 뒤집기보다 쉽다. 그깟 신탁통치쯤이야! 그깟 5년 정도쯤이야! 그런 건 백 번이라도 받아들일 수 있다. 전 세계의 "파시즘 잔여 세력"을 제물로 하는 이 거대한 '짜고 치는 고스톱'을 박헌영은 '진보적 민주주의'라고 불렀다. 미소를 주축으로, 각 지역의 진보

적 민주주의 세력들(주로 사회주의자들)이 지역별로 힘을 합해, 잔존 파시스트들을 몰아내는 것. 조선의 문제 역시 철저히 이 같은 구도 아래에 서만 해결할 수 있는 것이었다. 따라서 박헌영은 하지를 만나서도, 사설을 쓰면서도, 선언문을 작성하면서도, 라디오방송을 하면서도 항상 미국에 대한 감사와 존경의 표시를 빼놓지 않은 것이다.

월북 그리고 종말

> 그(박헌영)는 지나칠 정도로 학자적이며, 도식적인 경향을 지니고 있다. 그러나 이 점에 대한 자기비판의 필요성을 인정하고 있다. 이춘(박헌영의 가명) 동지는 (……) 올바른 노선을 견지해 왔고 사상적으로도 확고하다. (……) 선진적인 국제주의적 정신을 소유하고 있지만, 다분히 아카데믹한 경향이 있다.
>
> — 국제레닌대학 학생 신상 카드, 1931년

> 박헌영. 학자풍이며 겸손하며, 부드러운 말투의 소유자이다. 그의 탁월한 자질은 무엇보다 모스크바로부터 하달되는 당의 노선에 대한 무조건적 복종에 있는 듯하다. 그의 주요 약점은 자극에 쉽게 흥분한다는 점과 말주변이 없다는 것이다.
>
> — 미 군정 정보참모부작성, 〈남한의 공산당〉, 1946년 10월 1일

나는 박헌영이 말을 잘하는 편이라고는 생각하지 않았다. (……) 누군가가 박헌영의 판단력이 예리하다며 일화를 하나 들려주었다. 일제시대 때 감옥에서 그는 방벽에 바른 아주 작은 신문 조각 하나를 읽고서 국제 정세를 예견했다는 것이었다. 앞으로 국제 정세는 어떠어떠하게 전개되리라고 방향을 예측했는데, 그대로 들어맞더라는 얘기였다.

— 심지연, 《山頂에 배를 매고 — 노촌 이구영 선생의 살아온 이야기》, 1988

자기의 운명을 세계사적 행정에 탁하고 거긔에 생애의 全精力을 밭이는 자를 우리는 세계사적 개인이라 부른다. 박헌영 씨야말로 우리나라가 갖인 위대한 세계사적 개인의 한 사람이다. 그는 후퇴를 모르고 휴식을 모르고 오직 생애를 세계사의 행정과 함께 거러온 까닭이다.

— 김오성, 〈투사형의 지도자 — 박헌영론〉, 1946년 4월 25일

박헌영의 옆에서 혹은 뒤에서 그를 바라본 주변 인물들의 평가다. 한 가지 공통점이 보인다. 그의 언변이 변변치 못했던 모양이다. 통상 '빨갱이들'은 말은 번드르르하게 잘하지만 추진력이나 책임감은 별로 없다는 것이 중론이다. 60년 이상 반공주의 정서가 기승을 부려 온 대한민국에서는 그럴싸한 '통념'이다. 한데 박헌영은 그렇지 못했던 것 같다. 해방 후 미 군정은 각 정당들이 정기적으로 정견을 발표할 수 있는 라디오 연설 기회를 주었다. 그래서 이승만, 여운형, 김구 등 해방 공간의 저명한 정치인들은 곧잘 라디오 방송에 나가서 연설을 했다. 그런데 박헌영은 이상하게도 대중을 상대로 한 연설에 나서지 않았다. 그의 연

설문이나 성명은 라디오방송이건 대회 연설이건 간에 조선공산당의 다른 인물들이 '대독'하는 경우가 대부분이었다. 그가 공식 석상에서 연설을 한 것은 아마도 1946년 2월 15일에 있은 민주주의민족전선 결성식이 처음이자 마지막이었을 것이다. 여운형과 함께 나온 유명한 사진이 바로 그때의 모습이다.

공식 석상과 대중 연설을 기피하던 '남한에서의 1년'은 그가 살아온 이력을 상징하는 것이기도 하다. 어눌한 말투지만 그는 전형적인 지식인형 공산주의자였다. 대중을 격동시키고 그들을 행동하게 만들려면 설득도 중요하지만 무엇보다 감화가 필요하다. 이것은 두뇌의 작용이라기보다 심장의 관할영역이기 때문이다. 이성보다는 감성에 호소해야 한다. 그는 심장이 필요할 때에 머리를 앞세웠으며, 감성을 어루만져주길 바라는 대중과 동료들에게 이성의 호소로 일관했다. 콤그룹은 일제 말기 국내에서 가장 비타협적인 투쟁을 보인 거의 유일한 공산주의자들의 조직이었다. "암야 속의 등불"이라는 말이 정당하긴 했지만, 그에 속하지 못한 공산주의자들에게 얼마나 야속하게 들렸을지 헤아려야 했다.

세계지도를 새롭게 그리고 있던 미국이나 소련의 도움이 없이는 정치·경제·사회·문화 등 모든 분야에서 민주적이고 근대적 국가를 수립하는 데 많은 어려움이 있을 것이 분명했지만, 그것이 신탁통치라는 이름으로 제기되었을 때는 반대해야 했다. 많은 소선인은 식민시 시기 조선인을 거의 외면한 미국하고는 달리 소련이 얼마나 많은 조선의 독립운동가들을 도왔는지 알 수 없었다. 소련은 그저 '외세'일 뿐이고, 신탁통치를 하고 싶어 안달하는 '제국'으로만 보였다. 자신의 머릿속에 그려 둔, 마땅히 따라야 할 궤도를 벗어나 현실은 엉뚱한 곳을 향해 질주했다.

이것을 뒤에서 조종하고 있던 것은 박헌영 머릿속의 '진보적 민주주의국가 미국'이 아니라 현실 속의 '주한 미 군정'이었다. 미 군정은 삼상 회의 왜곡 보도와 그 파장을 방조하고, 조선공산당 내 반대파를 고무하고 때로는 지원했으며, 미국 정부의 공식 정책과 정반대로 '조선의 즉시 독립'을 약속하기도 했다. '루스벨트 노선'은 간데없고 소련과의 적대 의식으로 똘똘 뭉친 "군정의 반동 노선"과 "트루먼을 비롯한 반동분파들"이 박헌영의 앞을 가로막은 것이다. 과연 이 사태에 대해서 박헌영은 어느 정도의 책임을 져야 할까?

많은 사람이 국제 정세에 탁월한 면모를 장점이라고 추켜세우던 박헌영은, 새로운 시대가 밝아 오던 세계사의 첫새벽, 바로 냉전의 첫새벽에 서 있었다. 이런 것에 '첫새벽'이라는 표현을 갖다 붙이려니 다소 민망하지만, 분명 그것은 새로운 시대였다. 갑작스레 사망한 루스벨트를 대신한 트루먼은 "전임 대통령의 노선을 충실히 수행"하겠다고 했지만 말뿐이었다. 스탈린은 트루먼을 못 미더워했고, 루스벨트를 불신하던 보수파는 그간 참아 둔 불만을 쏟아 내기 시작했다. 루스벨트에게 건망증, 치매, 정신병자 등의 비난을 퍼붓던 이 뉴딜 반대파의 반격은 1947년 3월, 트루먼 독트린이라는 이름으로 공식화되었다. 그리고 그것은 '냉전의 개시'를 알리는 신호탄이었다. 한반도에서 냉전은 1946년 여름에 이미 개시되었다. 박헌영은 트루먼 독트린이 발표되기 약 5개월

전, 1946년 10월 초순경 남한을 탈출해서 평양에 도착했다. 월북하기 이전부터 박헌영은 미국의 배반을 원망하고 있었다.

> 미국 트루먼 대통령은 금일에 와서는 루스벨트 로선을 리탈하고 완전히 반동 진영에로 넘어가서 영국과 더부러 대소쁠럭 형성에 몰두하고 있다.
>
> — 박헌영, 〈八·一五記念에 際하야 동포들에게 고함〉, 1946년 8월 14일

> 미국은 소련과의 관계에 있어 재고려할 시기에 도달하였다. 그것은 루스벨트 이전으로 돌아가든지 지금 곧 개전하든지 두 가지 길이다.
>
> — 박헌영, 〈민주독립을 위한 투쟁의 남조선의 현 단계와 우리의 임무 — 남조선의 정세〉, 1946년 10월 10일

뼈아프지만 이것은 2차 대전 중에 맺은 미국과 소련의 협조 노선이 지속될 것이라는 판단과 전략이 실패했다는 것을 의미하는 것이다.

> 일 년간 미 군정 하의 남조선에서 미 제국주의 식민지화의 실정을 체험하는 조선 인민은 민족 반역자 일파를 제외하고는 미국에 대한 감정과 태도를 일변하지 않을 수 없게 되었다. (……) 이것은 남조선 좌익 자체의 결점을 증명함이니 그것은 여러 가지 원인에 유래하는 것이다. (……) 여러 가지 리유로서 남조선의 좌익은 그 자체 약점을 내포하고 있는 것이다.
>
> — 박헌영, 〈민주독립을 위한 투쟁의 남조선의 현 단계와 우리의 임무—남조선의 정세〉, 1946년 10월 10일

아마도 월북을 결심한 즈음에 썼을 것으로 보이는 이 글은 일종의 반성문의 의미였을 것이다. 물론 명시적으로 자신의 실책을 언급하지 않지만, '남한 좌익'을 지도한 것은 바로 자신이 아닌가. "군정의 방해책동"을 운운했지만 결국 최종적인 책임은 자신이 질 수밖에 없는 것이다. 리더에게 요구되는 덕목 가운데 하나다. 실패에 대한 무한책임. 누가 그 책임을 목숨으로 치를 것이냐고 물어 온다면, 마땅히 그럴 준비가 되어 있어야 할 것이다. 패를 잘못 읽은 노름꾼처럼 세계사의 흐름을 오독했던 박헌영도 대가를 치러야 했다. 그것이 판돈이냐 목숨이냐 하는 차이가 있을 뿐이다. 남한과 북한의 통합의 가능성이 조금이라도 남아 있을 때까지 박헌영에게 책임을 묻는 일은 유예되었다. 미·소공동위원회가 최종적으로 실패한 1947년 9월을 지나 남한에 단독정부 수립을 위한 선거를 치르기로 결정한 1948년 2월 23일 유엔소총회의 결정, 남과 북에 단독정부가 수립된 1948년 8월 15일과 9월 9일, 한국전쟁이 발발한 1950년 6월 25일과 휴전조약이 조인된 1953년 7월 23일에 이르기까지, 한 걸음 한 걸음 박헌영이 책임을 져야 할 날이 다가오고 있었다. 미·소 협조의 나머지 한 축인 스탈린의 사망(1953년 3월 5일)은 박헌영이 주장했던 '새로운 세계사의 흐름'이 완전히 역사의 뒷장으로 넘어갔음을 알려 주었고, 그와 측근들에 대한 재판이 개시되었다. 그리고 이 글의 맨 앞에서 본 것처럼 박헌영은 자신의 실책을 비굴하게, 아니 당당하게 인정한 것이다. 결국 그의 전략은 완전히 실패했다. 그럼에도 샤브시나의 회고를 들어 그를 위해 변명을 하나쯤 해 두고 싶다.

박헌영은 언젠가 나와 만났을 때 기억에 남는 다음과 같은 말을 흘린 적이 있다. "모든 조선 사람은 자신의 민족적 과제 해결의 객체가 아니라 자기 운명의 주체가 되고 싶어 합니다. 스스로의 힘으로 그 운명을 처리하고 싶어 하는 것이죠." 이 모든 사람이라는 말 속에는 자신도 포함되어 있었다.

— 샤브시나, 〈잊어서는 안 될 이름, 박헌영〉

    박헌영은 이제 갓 식민지에서 벗어난 조선과 같은 미약한 국가는 미국과 소련이라는 초강대국의 도움을 절실히 필요로 하며, 이 두 국가의 도움을 모두 얻어야만 독립국가를 수립할 수 있다고 생각했다. 그렇다고 해서 그런 현실을 달가워한 것 같지는 않다. 이것은 자신의 운명을 타인의 손에 맡겨야 하는 사람의 본능적인 반응이다. 비록 나의 운명을 대신 맡아 줄 존재가 아무리 선하고 정의로운 사람이고, 또 그것이 불가피한 상황이라고 해도 그것은 언제나 차선이 되어야 한다. 자신의 운명을 주체적으로 결정하고자 하는 욕구는 모든 생명체의 본능이다. 이론가이자 지식인이기 이전에 박헌영 역시 운명의 자기 결정을 갈구하는 존재였다.

2

김옥균 _ 조선의 근대는 어디로 가야 하는가?

조선의 근대를 설계한 혁명가, 조선의 나아갈 길을 찾다

김옥균 등은 원래 계획한 대로 1884년 10월 17일(양력 12월 4일) 우정국 개업 축하 만찬을 계기로 정변을 일으켰으며, 그 시각은 별궁 방화가 개시된 9시 부렵이었다. 불이 나자 우영사인 민영익이 제일 먼저 연회장 밖으로 나갔다가 피투성이가 되어 들어와 연회장은 아수라장이 되었으며, 정변이 본격적으로 전개되었다.

박은숙 : : 서울특별시사편찬위원회 연구원

김옥균
1851~1894

김옥균은 1851년 1월 23일 충청도 공주에서 출생했다. 김옥균은 고종보다는 한 살 위이고, 명성황후하고는 동갑내기다.
김옥균은 시·글·그림에 능했으며, 활쏘기·바둑·당구·조각 등에도 일가견이 있었고, 뱃놀이 등 풍류도 즐길 줄 아는 사람이었다. 문무를 두루 갖추었고, 각종 운동과 오락에도 재주를 가진 다재다능한 인물이었다. 망명 시절에는 휘호를 주문받아 써 주어 곤궁함을 덜기도 했다. 김옥균은 외국어 공부도 소홀히 하지 않았다. 1882년 일본에 있을 때는 영어 공부를 했고, 일본어는 매우 능란하게 구사했으며, 망명 시절에는 중국어를 공부해 일상 회화를 습득하기도 했다.
김옥균은 새로운 시대에 대응하는 방안으로 구체적으로 실천할 수 있는 사업이 중요하다고 여겼으며, 그것을 '실사구시'라고 보았다. 반면에 원대한 계획을 내세워 '공론'으로 흐르는 것을 경계했다. 그가 실사구시의 관점에서 본 가장 절실한 과제는 위생·농상·치도였다. 김옥균은 실사구시를 중시하고 공리공론을 경계하고 비판했는데, 전통 유학의 도나 기의 문제보다 허와 실의 문제를 중시한 것을 알 수 있다.

김옥균의 만능 엔터테이너로서의 자질

김옥균은 1851년(철종 2) 1월 23일 충청도 공주군 정안면 광정리에서 출생했다. 부친은 김옥균이 태어났을 때 '미목 眉目이 옥같이 청수 淸秀'하여 그 이름을 '옥균 玉均'이라 지었다 한다. 김옥균은 신해 辛亥년 태생으로 돼지띠이며, 이듬해 출생한 고종보다는 한 살 위이고, 명성황후하고는 동갑내기다.

김옥균이 태어난 1851년은 철종이 김문근의 딸을 왕비로 맞아들이면서 안동 김씨의 세도 정치가 재개되는 시점이었으며, 중국에서는 농민군을 중심으로 봉기한 홍수전이 새 왕조 '태평천국'을 세우고 '천왕'이라는 호칭을 쓰기 시작한 해였다.

김옥균의 집안은 세도가로서 이름을 떨치던 안동 김씨로 상층 양반에 속했지만, 생부 김병태는 세도를 부릴 만한 벼슬에 나아가지 못했으며, 형편도 부유한 편이 아니었다. 김옥균이 세 살 되던 해에 그의 집은 천안읍 원대리로 이사했으며, 일곱 살 때 일가 김병기金炳基에게 입양되었다. 양아버지 김병기는 금성·옥천·강릉 등지의 수령을 역임했으며 김옥균은 사또의 아들로 각 지방의 다양한 문화를 접하면서 성장했다.

호는 고균古筠·고우古愚이고, 자는 백온伯溫이다. 본관은 안동安東이고 아버지는 김병태, 어머니는 은진 송씨, 부인은 기계 유씨로 유치상兪致庠의 딸이다. 김옥균은 슬하에 자녀가 없었으며, 사후에 부인 유씨가 김영진金英鎭을 양자로 맞이하여 제사를 받들도록 했다.

김옥균은 시·글·그림에 능했으며, 활쏘기·바둑·당구·조각 등에도 일가견이 있었고, 뱃놀이 등 풍류도 즐길 줄 아는 사람이었다. 문무를 두루 갖추었고, 각종 운동과 오락에도 재주를 가진 다재다능한 인물이었다. 박영효는 이런 김옥균에 대해 "글 잘하고 말 잘하고 시문서화詩文書畵 다 잘하오"라고 평가했다. 망명 시절에는 휘호를 주문받아 써 주어 곤궁함을 덜기도 했다.

시를 잘 지었다고 하나 거의 전하지 않으며, 망명 시절에 쓴 시가 일부 남아 있다. 글 쓰는 것을 즐긴 것으로 보이는데, 일본에 있을 때도 수시로 윤치호·박영효 등과 편지를 주고받았으며, 〈기화근사箕和近事〉·〈치도약론治道略論〉·〈조선개혁의견서朝鮮改革意見書〉 등을 썼다. 망명 이후에도 〈갑신일록甲申日錄〉·〈치심유서致沁留書〉·〈지운영사건규탄상소문池運永事件糾彈上疏文〉·〈여길전청성서與吉田淸成書〉 등을 저술했다.

김옥균은 외국어 공부도 소홀히 하지 않았다. 1882년 일본에 있을 때는 영어 공부를 했고, 일본어는 매우 능란하게 구사했으며, 망명 시절에는 중국어를 공부해 일상 회화를 습득하기도 했다.

임오군란 때의 구식 군인.

임오군란 때의 신식 군인.

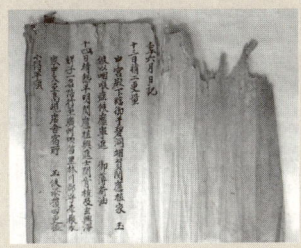

임오군란 때의 명성황후의 일기.

    1882년 임오군란 수습을 위한 수신사 고문으로 파견되었을 때, 김옥균은 일본 천황이 참여한 우에노 사창회에서 창을 잘 쏘아 "자못 광휘가 있었다"고 한 것을 보면, 무예에도 조예가 있었음을 짐작할 수 있다.
    김옥균은 바둑에도 출중한 실력을 가졌으며, 그 수준은 '2단'까지 승단했다고 하나 정확한 것은 알 수 없다. 망명한 뒤에는 일본 혼인보 슈에이 등 바둑계 명인들과 교류하면서 망명객의 울울한 심성을 달래곤 했다. 특히 슈에이는 김옥균이 오가사와라 섬으로 추방된 뒤에도 찾아와 바둑을 두며 대화를 나눌 정도로 두 사람의 우정이 깊었다.

또한 김옥균은 혼인보가에 소중한 가보로 전해 내려오는 바둑판인 부목반浮木盤, 곧 우키기노반浮木之盤에 관련된 일화로 일본 바둑사에서도 주목받는다. 1886년에 슈에이가 혼인보 자리를 슈호에게 넘겨주면서 부목반도 슈호에게 전했으나, 슈호가 3개월 만에 사망하자 부목반이 다시 슈에이에게 돌아왔다. 그러자 슈에이는 이 부목반을 김옥균에게 위탁·보관하도록 했는데, 김옥균이 1894년 상하이에서 암살당함으로써 부목반의 행방이 묘연해졌다는 것이다.

김옥균은 일본 화투에도 능란했다고 하는데, 망명한 뒤 생활이 궁핍해지면 슬며시 신사도박단에 가서 신출귀몰한 방법으로 돈을 따와 빈곤한 서생들에게 나누어 주었다 한다.

김옥균은 어려서부터 사람들과 어울리기를 좋아했고, 유창한 언변과 진취적 기상으로 항상 세인들의 주목을 받았으며, 주위에 많은 사람이 모여들어 북적거렸다. 박영효도 "김옥균의 장처長處 는 교유交遊 요. 교유가 참 능하오"라고 했고, 미국공사 또한 김옥균의 '준명俊明 활발' 함에 감탄했다. 김옥균은 나이와 지위를 불문하고 많은 사람과 폭넓은 관계를 가졌으며, 일본인·미국인 등 외국인과도 친밀한 관계를 유지했다. 망명한 뒤에 일본 오가사와라 섬에 추방되었을 때는 그곳의 소학교 학생들과 친숙하게 지냈는데, 그중 와다和田延次郎 는 상하이까지 동행해 김옥균의 최후를 지켜본 인물이다.

김옥균은 성품이 호방하고 거리끼는 바가 없어 직설적 언사를 서슴지 않았다. 1884년 5월에 이범진 사건을 둘러싸고 논쟁이 벌어졌는데, 이때 김옥균은 정치적 반대파인 윤태준에게 "만약 북양대신에게 욕

김옥균 집터.

된다고 하여 우리나라 권리가 손상하는 것, 우리 임금의 체면 잃는 것을 돌보지 않으려 한다면 왜 이홍장(북양대신)의 밑으로 가 그 신하가 되지 않는가?"라고 호통을 치는가 하면, 미국 공사를 비판하기도 했다.

그는 사적으로 재산을 모으는 것에 대해서는 거의 관심이 없었고, 돈을 쓸 때도 꼼꼼하게 따지지 않았다. 망명 때에도 인력거를 타면 1원이니 10원이니 100원이니를 가리지 않고 손에 잡히는 대로 삯을 지불했고, 온천장에서는 이토 히로부미가 찻값으로 500원을 냈는데 김옥균은 1000원을 내 그 지역의 일화가 되었다고 한다.

1909년에 부인 유씨가 갑신정변 때 적몰당한 재산의 환원을 요구하는 청원서에서 "현재 북부 홍현에 있는 관립고등학교도 미망인의 집터이오며, 현재 판서 민영달의 거주하는 집 서부 용산방 옹중계 내동 22통 2호도 미망인의 정자이온즉"이라고 한 것으로 보아, 그의 재산은 홍현의 집과 마포의 별장이 전부였던 것으로 보인다.

김옥균의 홍현 집은 현재 종로구 화동 106번지로, 정변 이후 파가저택 破家彬宅 을 시행해 헐렸다가 이후 관립한성고등학교(경기고등학교)가 들어섰으며, 1976년 경기고등학교가 강남으로 이전하자 정독도서관이 그곳에 자리했다. 현재 김옥균 집터에는 기념 표석이 세워져 있다. 김옥균의 정자가 있던 용산방 옹중계는 옹리중계로 보이는데, 오늘날 마포구 마포동과 용강동 일대로 마포대교 북단 한강변의 경치 좋은 곳에 자리했다.

김옥균은 다재다능하고 기존의 틀과 인습에 얽매이지 않는 자유로운 기질을 지닌 인물로 도량이 크고 호방하여 작은 일로 다투지 않았다고 하나, 일을 추진하는 데는 계획성과 치밀함이 부족했다. 훗날 박영효는 "그가 약속대로 아니한 것, 모계謀計가 소홀한 것 등이 갑신혁명 실패의 중대 원인"이라고 거듭 애석해 했다.

김옥균은 과연 유교를 부정하고 파괴하려 했는가

김옥균 등 개화파의 사상에 대해서는 급진개화론·변법개화론·문명개화론 등 다양한 견해가 제시되어 있다. 이런 사상적 구분은 전통 사상인 유교에 대한 입장, 서구 문물과 사상의 수용 정도와 방법에 따른 것이다.

일반적으로 김옥균 등 정변 주도 세력은 '유교를 부정'하고 '전통적인 지배 사상과 정치 체제를 파괴'하려 한 것으로 본다. 당대의 사람들 또한 '우리의 옛 국속國俗을 버리고 그들의 제도를 배워 개화를 추진하려고' 한 것으로 이해했다.

당대 최고의 문벌 양반 출신의 사람들이 과연 전통적 유교를 부정하고 파괴하려는 혁명적 사상을 견지했던 것일까? 김옥균이 1882년 후반기에 쓴 〈치도약론〉의 내용을 보면 다음과 같다.

> 오늘날의 급선무를 논하는 자들은 "반드시 인재를 등용하고 재용을 절약하고 사치를 억제하고 해금海禁을 풀고서 교린交隣을 잘 하는 데 있으니, 이

중 하나라도 빠뜨려서는 안 된다"라고 한다. 그러나 나의 생각에는 실사구시實事求是 하는 것이 제일이라 여겨진다. 곧 한두 가지의 중요한 일부터 급히 시행해야 하고, 원대한 계획을 기약하여 한갓 공론空論이 되게 해서는 안 된다. (……) 각각의 절실하고도 중요한 정치와 기술을 찾아보면, 첫째는 위생이요, 둘째는 농상農桑이요, 셋째는 도로이다.

김옥균은 새로운 시대에 대응하는 방안으로 구체적으로 실천할 수 있는 사업이 중요하다고 여겼으며, 그것을 '실사구시'라고 보았다. 반면에 원대한 계획을 내세워 '공론'으로 흐르는 것을 경계했다. 그가 실사구시의 관점에서 본 가장 절실한 과제는 위생·농상·치도治道였다.

이런 김옥균의 생각은 박영효에게도 영향을 미쳐 한성부 치도 사업으로 연결되었다. 또 김옥균은 일본 유학생들에게도 화학·양잠 등 실용적인 분야를 권유했고, 강병을 위해 절실한 사관학교 입교를 권장했다.

김옥균은 실사구시를 중시하고 공리공론을 경계하고 비판했는데, 이것이 그가 전통 유학의 도나 기의 문제보다 허와 실의 문제를 중시한 것을 보여 주는 것이다. 박영효가 "그 신사상新思想은 내 일가 박규수 집 사랑에서 나왔소"라고 한 말에서도 조선 후기 실학적 맥락을 엿볼 수 있다.

그러나 유학의 공리공론을 비판하고 실사구시를 중시한 것이 곧 유교의 부정과 파괴로 연결되는 것은 아니다. 지금까지 김옥균·박영효 등이 유교 자체를 부정하거나 파괴하려 한 흔적은 발견되지 않았다. 오히려 김옥균은 중국과 조선의 옛 전통을 예로 들어 개혁이 합당하다는 것을 설득하려 했으며, 박영효는 "유교를 다시 치성하게 해 문덕文德을 닦으면, 국세가 또한 이로 인하여 다시 성하게 될 것을 기대할 수 있다"라고 하기도 했다.

특히 김옥균의 심복이던 유혁로와 김옥균의 영향을 많이 받은 사관생도 출신 이규완·정난교·정종진 등이 훗날 자신의 종교를 '유교'로 기록한 점 또한 주목된다.

김옥균은 불교에 대해서도 깊은 관심과 지식을 가졌는데, 이것을 두고 일부에서는 '철저한 불교 신자'로 규정하기도 하나, 과연 그럴까?

> 김옥균과 나와 먼저 사귀인 것은 불교 토론으로요. 김옥균은 불교를 좋아해서 불교 이야기를 했는데 나는 그것이 재미가 나서 김옥균과 친하게 되었소. 내 백형伯兄이 김옥균과 사귀라고 해서 사귀게 되었지마는 그때에 김옥균은 27세, 나는 17세였소. (……) 내 집에서 모이기가 불편한 때에는 탑골 승방僧房과 봉계사峯溪寺에서 많이 모였소.
>
> — 이광수, 〈갑신정변 회고담, 박영효 씨를 만난 이야기〉

이 글을 보면 김옥균이 불교를 좋아했고 정변을 모의할 때도 탑골 승방과 봉계사를 본거지로 이용했다는 것을 알 수 있다. 이때 봉계사는 김옥균이 승려 이동인을 만난 봉원사奉元寺로 짐작된다. 봉원사(서대문구 봉원동)는 김옥균이 개화파 동지들과 함께 즐겨 찾던 절로, 당시에는 '새절'이라고 불렸다.

김옥균은 화계사(華溪寺, 강북구 수유동)를 방문해 열흘씩 묵기도 했고, 1882년에는 화계사 중이었던 차홍식을 일본에 종자로 데려갔으며, 이후 갑신정변에 행동 대원으로 활용했다. 또한 승려 이동인·탁정식과 친밀한 관계를 맺고 그들과 어울리기도 했다.

김옥균은 기독교에 대해서도 수용적 자세를 취했다. 갑신정변 이전 일본을 방문했을 때 감리교 선교회의 대표자인 매클레이(Robert S. Maclay) 박사 부부와 가까이 지냈으며, 1884년 6월에는 서울에서 그들을 맞이했고, 학교와 병원을 개설하기를 원하는 그들의 요청서를 고종에게 전달하는 등 협조를 아끼지 않았다.

망명한 뒤에 자신을 암살하려고 지운영을 파견한 사건을 비판하는 상소문에서도 나라를 구하는 한 방편으로 "외국의 종교를 유입해 교화에 조助함"을 제시했다. 이때 그가 백성을 교화하는 방편으로 주장한 외국의 종교는 기독교를 의미하는 것으로 보인다.

그런데 주목할 것은 외국의 종교를 '유입'한다고 한 점이다. '꾀어들임'의 뜻을 가진 '誘入'이라는 용어는 주로 도적이나 부랑자 등이 선량한 사람을 유혹하는 부정적 의미로 사용되어 왔다. 그런 점에서 기독교 수용을 썩 달갑게 여기지 않았지만, 부국강병을 이룩할 현실적 방편으로 어쩔 수 없이 인정한 것이 아닐까.

이렇듯 김옥균이 유학의 공리공론을 비판하고 실사구시를 강조한 내용을 살펴보면 유교 자체를 부정하거나 파괴하려 하지는 않았다는 것을 알 수 있다. 또한 불교에 대해서도 깊은 관심과 지식을 가졌으며 서구의 기독교에 대해서도 교화를 위한 방편으로 삼을 것을 주장했다. 그

묄렌도르프. 해관총세무사·통리교섭통상사무아문 협판으로서 외교 고문 역할을 수행한 독일인.

런 점에서 볼 때 그는 범신론적 사유체계를 바탕으로, 사상·종교도 근대 국가 건설을 위한 현실적 관점으로 바라본 것은 아니었을까?

김옥균의 개혁

김옥균은 개항 이전부터 박규수 집의 사랑을 드나들면서 실학적 개혁론과 새로운 세계사조에 많은 관심을 가졌는데 이런 관심은 개화사상으로 연결되었다. 그의 사상적 추이와 현실 인식은 격동기 조선의 대내외 현실과 맞물려 변화를 겪었다. 1882년 11월에 쓴 글을 보면 이렇다.

지금 우리나라는 (……) 이국보민利國保民의 계책을 날로 시행하지 않음이 없어 효과를 거두고 있다. 조정의 제현諸賢과 초야의 영준英俊들에게 반드시 좋은 계획이 있을 것이니, 반드시 임금께 진달하여 상하가 한마음으로 부지런히 한다면 중흥의 기회를 기대할 수 있을 것이다. (……) 위생과 농상과 치도는 고금천하의 정법이다. (……) 내가 또 들으니 일본은 변법變法 이래 다방면으로 경장하였으나 치도의 공효功效가 가장 컸다고 한다. (……) 그러므로 우리나라의 부강지책富强之策은 사실상 여기에서부터 시작되는 것이다.

— 김옥균, 〈치도약론〉

이처럼 김옥균은 1882년 시점에서 중흥의 기회를 기대하고 있었다. 비록 그가 "우리나라는 관공서에서 민간 집에 이르기까지 뜰은 수렁이 길은 수궁창이 되어 썩는 냄새가 사람을 핍박하여 코를 가리고도 견딜 수 없으니, 실로 외국의 풍자를 받기에 충분하다"라고 보았지만, 전반적으로 당시 현실을 낙관했다.

그러나 점차 정치적 반대파인 민씨 척족과 그 일파의 견제와 비판에 직면해 김옥균이 추진하려고 한 정책들이 좌절의 벽에 부딪히자, 현실 인식 또한 바뀌어 갔다. 개화당과 민씨 척족 일파의 정치적 대립은 1883년 무렵부터 심화되었다.

1883년 2월에는 당오전(상평통보의 다섯 배 가치에 해당하는 화폐) 발행을 둘러싸고 김옥균은 민씨 일파와 묄렌도르프와 고종의 면전에서 여러 번 다툴 정도로 날카롭게 대립했다. 당시 조선 정부는 개항 이후 외국에 사신을 파견하고 신식 군대를 양성하는 등 지출이 많아져 만성적 재정난에 시달렸는데, 이것을 해결할 방안으로 민태호 등은 당오전 주조를, 김옥균은 차관 도입을 주장했다. 이때 김옥균은 당오전이 시급한 재정 문제를 해결하는 데도 도움이 되지 않고 혼란만 가중시킬 것이라고 보았는데, 세계적 추세인 금은본위제하고도 거리가 있다는 점을 들어 반대한 것이다. 실제 발행된 당오전은 물가 상승과 경제 질서의 혼란을 가중시켰으며, 실질가치가 명목가치의 2분의 1 정도에 불과한 악화로 드러났으며, 김옥균의 차관 도입 실패로 돌아갔다.

1882년 말에 한성부판윤에 임명된 박영효는 치도국·순경국 등의 설치를 적극적으로 추진했으며, 특히 도로 정비에 심혈을 기울여 도로를 점령한 임시 가옥 등을 철거했다. 그러자 이것에 불만을 품은 자들과 개혁을 달갑게 여기지 않는 세력이 "이고 지고 흩어져 도성이 공허하다"라는 비판을 가했다. 결국 박영효는 도성민들의 불만과 정치적 반대파의 견제에 밀려 판윤을 사임하기에 이르렀다.

청국식 군제 개편에 불만이 있던 고종은 1883년 3월 17일 인사에서 박영효를 광주부 유수로, 윤웅렬을 함경남도 병마절도사로 임명하고, 신식 군대 양성을 추진했다. 이런 방식의 군대 양성은 고종이 "이번에 특별히 제수한 것은 나의 뜻이 있는 것"이라 했고 김옥균의 의도 또한 반영되어 있었다. 이에 따라 박영효와 윤웅렬은 각각 500여 명에 달하는 군사를 양성했으나, 민씨 일파의 정략적 공세에 밀려 모두 좌절되었으며, 육성한 군대는 모두 친청파가 지휘하는 친군 전영·후영에 편입되었다.

1884년 5월에는 청상회관의 통로가 세도가인 이경하의 아들이자 관료인 이범진 소유의 땅 때문에 막히자, 청상들이 이범진을 끌어내 의관을 찢고 폭행한 '이범진 사건'이 일어났다. 이 사건을 둘러싸고 김옥균 등은 "우리나라가 독립하는 권리를 잃을 뿐만 아니라" 외국인들에게 "크게 욕되고 부끄러운" 것이라면서 고종의 결단을 촉구했다. 반면 민씨 일파는 "뒷날 성상의 걱정을 일으키게 하는 자는 곧 난신적자亂臣賊子"라고 개화당을 비판했는데, 이 사건은 중국상무총판 진수당이 사과함으로써 일단락되었다. 같은 해 윤5월에는 개화당과 줄곧 대립 관계에 있던 묄렌도르프가 외아문 협판 직에서 해임돼 중국으로 떠났는데, 이것을 김옥균에 의한 것으로 본 민씨 일파와 김옥균 간에 날카로운 논쟁이 있었다.

　이렇게 김옥균과 개화당 세력은 당오전 발행과 치도 사업 그리고 신식 군대 양성 등의 개화 정책을 추진하는 과정에서 민씨 일파의 견제와 반대에 밀려 사업이 중단되는 지경에 처했다. 그러나 반청 외교 활동에서는 상당한 성과를 거두었다. 이런 과정에서 두 정치 세력은 적대적 정적 관계로 나아갔으며, 당시 현실을 바라보는 김옥균의 견해에도 변화가 나타났는데, 정변 이전 일본의 정치가 고토 쇼지로後藤象次郞에게 보낸 편지 내용을 보면 그런 사실을 알 수 있다.

　대개 조선은 400년 이래 전쟁과 흉황이 없었고 상하 인심의 안일함이 매우 심하다. 지금 천하 각국과 차례로 조약을 체결함이 있으나 개진지도改進之道에 이르러서는 실로 방향이 없다. 대군주께서 비록 극히 영명하고 총명한 결단이 있다 하더라도 400년 누적된 완루한 풍속을 갑자기 변화시킬 수는 없는 것이다. 부득불 한번 대경장이 있어 개혁 정부인 연후에야 군권君權이 존중될 수 있고, 민생이 보존될 수 있다. (……) 독립하려면 즉 정치·외교는 불가불 자수자강해야 한다. 그러나 저들을 섬기는 지금의 정부·인물로서는 만부득한 것이다. 불가불 한 번 모든 것을 제거해야 한다. 군권을 위험에 빠뜨리고, 세력을 탐하고 구식의 무리를 소제하는 방법은 두 가지 계책이 있다. 하나는 임금의 밀칙을 얻어서 평화적으로 행사하는 것이고, 하나는 임금의 밀의를 의뢰하여 힘으로써 종사하는 것이다.

— 김옥균, 〈조선개혁의견서〉

김옥균의 현실 인식은 1882년 말 "중흥의 기회"를 기대한 것과 큰 차이가 있으며, 이런 인식 변화는 곧 정변 추진으로 연결되었다.

김옥균의 세계 체제에 대한 인식 또한 시기별로 변화를 겪는데, 그것은 조선을 둘러싼 국제 정세의 변화와 조선의 독립 방안에 대한 전략 등과 밀접한 관련이 있다. 1882년 말 김옥균의 세계에 대한 인식의 단면은 이렇다.

오늘날 우주 안의 정세가 크게 변하여 만국이 교통하며, 기선이 바다를 달리고 전선이 전 지구 땅에 설치되었으며, 금·은·석탄·철을 캐어 기계 등을 만들어 일체 민생과 일용이 편리하게 한 것을 이루 다 헤아릴 수 없다. (……) 지금 유럽 각국에는 기술의 과목이 매우 많으나 의약醫藥을 제일로 여기는 것은 백성의 생명에 관계된 일이기 때문이다.

— 김옥균, 〈치도약론〉

거문도 사건

러시아의 남하 세력에 대항해온 영국은 극동 지역에서도 러시아의 움직임에 예민하게 반응했는데, 1882년 한영수호韓英修好의 교섭이 시작되던 무렵부터 이미 거문도의 조차租借를 제의하면서 거문도에 대한 관심을 표시했다. 또 1884년 갑신정변이 실패로 끝난 후 한국의 조정이 급속히 제정帝政 러시아에 접근해 한·러밀약韓露密約을 체결한다는 소문이 나돌자 영국은 러시아의 선점을 예방하고 견제한다는 명분을 내세워, 영국 선박 한 척이 러시아가 점령 대상지로 삼은 영흥만 일대를 탐사했고, 4월 15일 군함 여섯 척·상선 두 척으로 거문도를 점령한 뒤, 그 달 하순경 영국기를 게양했다. 한국 정부는 영국 부영사와 청나라 주재 영국 대리공사에게 항의하는 한편, 미국·독일·일본에게 조정을 요청했다. 또 엄세영과 묄렌도르프를 일본에 파견해 교섭하게 했다. 러시아는 청나라에 사건의 중재를 요청하였는데, 이 무렵에 있은 아프가니스탄을 둘러싼 영국과 러시아의 위기가 고비를 넘기고 9월 10일 아프가니스탄 협상이 있자, 청나라의 이홍장李鴻章은 이때가 거문도 문제를 해결할 기회라고 보고, 적극적으로 중재했고, 그 결과 이홍장이 청나라 주재 러시아 공사에게 러시아는 한국의 영토를 어느 지점도 점령하지 않겠다는 약속을 받아, 영국에 통보함으로써 드디어 1887년 2월 27일 영국 함대가 거문도에서 철수하였다.

이처럼 김옥균은 중국 중심의 동아시아 질서 체제를 벗어나 세계로 눈을 돌렸으며, 서구의 기술·문명 발달에 대한 선망의 입장을 보였다. 이때까지는 아직 서구 제국주의의 침략적 속성에 대한 이해는 보이지 않는다.

그러나 정변이 실패한 뒤 세계 체제에 대한 인식과 견해에 변화가 나타나는데, 1885년에 영국이 러시아의 조선 진출을 견제하려고 거문도를 불법 점령한 사건에 대한 생각을 보면 그런 사실이 엿보인다.

신이 들은 바에 의하면 청국은 일찍이 우리나라에 고하여 말하기를 영국은 속방영지 屬邦領地가 매우 많아 별로 우리나라를 경영할 여가가 없을 뿐 아니라 장차 러시아와 교전코자 하는 세 勢가 있음으로써 부득이 일시 거문도를 점령한 것인즉 조금이라도 조선국을 위하여 가히 걱정할 것이 아니라고 하였다 하나이다. 당시에 신이 이것을 듣고 심중에 그윽이 분개함을 견디지 못하였나이다. 이제 영국이 러시아와 교전할 일 있음을 두려워하여 1항을 점령하면 러시아도 또한 영국과 교전할 일이 있음을 두려워하여 1항을 점령할 것은 불을 보는 것보다 분명하오이다.

— 김옥균, 〈지운영사건 규탄 상소문〉

김옥균은 거문도 점령 사건에 드러나는 제국주의 열강의 침략적 속성을 꿰뚫어 보고 열강의 행태에 분노했다. 당시 거문도 점령 사건이 발생하자, 영국과 러시아는 물론 중국과 일본 등도 자국의 이해를 저울질했고, 특히 중개 역할을 맡은 청은 조선에 대한 종주권을 더욱 과시하고 내정간섭을 강화해 나가는 계기로 악용했다.

김옥균은 일찍이 유럽인의 동북아시아 침략을 막으려면 한·중·일 세 나라가 힘을 합쳐야 한다는 아시아 연대론에 관심을 가졌으며, 말년에는 삼국의 공존과 화맹을 통해 서양 침략에 대응한다는 삼화주의 三和主義를 전개한 〈흥아지의견 興亞之意見〉을 기초했다.

그러면 김옥균은 인접 강대국인 중국·일본과 유럽에 대해 어떻게 인식했을까?

김옥균은 임오군란이 있은 뒤 식민지적 외압을 행사해 온 청에 대해서는 줄곧 철퇴의 대상으로 여겼으며, 개화 정책과 외교의 추진에서 청국을 철저하게 배제하려 했다. 김옥균은 중국의 속국이 되어 있는 현실을 '치욕'으로 받아들였으며, 제1과제로 청의 억압을 철퇴하고 자주독립 국가 건설을 설정했다.

그러나 정변 후에 김옥균은 조선 문제를 해결하고자 중국의 현실적 힘과 구실을 인정하는 방향으로 선회했는데, 1886년 6월 중국 이홍장에게 보낸 편지를 보면 이렇다.

> 그렇다면 각하는 어찌하여 대청국 황제 폐하를 천하의 맹주로 삼아 공론을 구미 각 대국人國에 공포하고 그들과 함께 연속하여 조선을 중립국으로 세워 만전무위의 처지를 만들지 않습니까? 각하께서 계속 노련한 수단으로써 선린善隣과 화목의 우의를 다하고, 진실로 상호부조 하는 맹약을 맺음으로써 동아의 정략을 편다면, 이는 단지 조선만의 행공幸恐이 아니라 또한 귀국의 득책得策이 됩니다. 각하께서는 또 어찌하겠습니까?
>
> — 김옥균, 〈여이홍장서〉

그는 여전히 중국을 "자가自家 유지에도 여력이 없는" 믿지 못할 나라로 여겼지만, 중국이나 일본 그리고 서구 열강의 각축장이 된 조선의 현실을 고려해 조선의 중립국화를 구상한 것으로 보인다.

김옥균은 정변 이전 일본을 "변법變法 이래 다방면으로 경장"한 나라로 바라보았으며, 특히 일본이 치도 사업의 효과를 크게 본 것으로 이해했다. 그러나 망명한 뒤에는 일본도 중국과 더불어 "자가 유지에 여력이 없는" 믿을 수 없는 나라로 여겼다.

김옥균은 개화한 서구 사회를 조선 사회가 나아가야 할 모델로 설정했으며, 이에 "조선은 또한 어느 때에 독립하여 서양 제국과 동렬에 설 수 있을 것인가?"라는 견해를 피력했다. 그러나 망명 시절에는 서구 제국주의 국가들의 침략적 속성을 비판적으로 이해했으며, 동아시아 세력이 서구의 침략에 공동 대처하는 삼화주의에 관심을 갖기도 했다.

이런 김옥균의 세계 체제와 외세에 대한 인식은 정변을 전후로 변화가 나타났다. 그것은 조선을 둘러싼 동아시아와 세계 질서의 변동 때문이기도 하지만, 망명자로서의 현실적 처지와 일본의 사상적 동향에도 영향을 받았다.

김옥균과 고종

김옥균과 고종의 공식적 인연은 1872년 2월 시행된 알성문과 시험장에서 시작되었다. 이때 장원 급제한 김옥균은 고종에게 자신의 벼슬과 성명을 아뢰는 과정에서 직접 대면했다. 김옥균은 갑과 수석 합격자에게 내리는 6품 벼슬인 성균관 전적典籍에 임명되어 관직 생활을 시작했으며, 이후 청요직이었던 홍문관에 오랫동안 몸담았다. 임오군란 이후 정3품 직인 승지·이조참의 등을 거쳐 2품 직인 외아문 협판에 이르렀다. 김옥균은 젊은 나이에 매우 빠른 속도로 승진의 과정을 밟았다. 그런데 이런 김옥균의 출세를 당대 사람들은 비판적으로 바라보았다.

옥균은 약간 재예才藝가 있었으나 과거 급제한 지 10여 년이 지나도록 벼슬길이 열리지 않았다. 서양 학문을 연구한 후에 부강지책을 떠벌림으로써 때의 명예를 구하고자 하였다. 이에 박영교朴泳敎와 그의 아우 영효·이도재·신기선·서광범·홍영식 등이 서로 붕당을 지어 그를 영수로 추대하고, 점차 기이한 능력이 있는 것처럼 임금에게 아뢰어 임금이 그에게 기울어졌다.

— 황현, 《매천야록》

이처럼 사람들은 김옥균이 과거에 급제한 뒤에도 10여 년이 지나도록 벼슬길이 열리지 않다가 서양식 부강책으로 고종의 관심을 끌어 포경사에 임명된 것으로 보았다. 정변 이후에도 "아직 역량이 부족한데도 가세에 의지하여 일찌감치 벼슬길에 올라" 온 자들로 이해하는 경우가 많았다. 대체로 사람들은 김옥균 등이 자신의 능력보다는 집안의 위세에 의지해 빠르게 출세할 수 있었다고 생각했다.

그러나 이런 이해는 과거 급제와 동시에 정6품 직부터 관직 생활을 한 경력을 보면 적절치 않다는 것을 알 수 있다. 물론 임오군란이 있고 개화 정책이 본격적으로 추진되면서 김옥균의 출세가 가속화되었지만, 그것은 이미 과거 수석 합격자로서 그 역량을 인정받았고, 〈기화근사〉·〈치도약론〉을 쓴 것에서 알 수 있듯이, 새로운 근대화 정책의 방향을 선도했기 때문에 가능한 것이었다.

헌데 이런 출세 행로는 김옥균만의 특별한 것이라고 보기는 어렵다. 민영익은 김옥균보다 아홉 살 아래였으나 금위대장과 친군 4군영 우

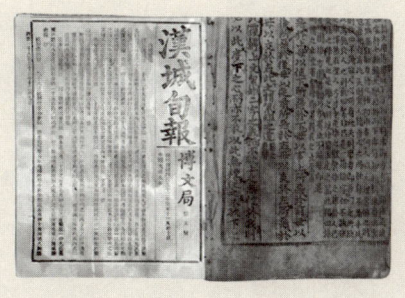

우리 나라 최초의 신문 《한성순보》.

영사 등을 맡아 군대 최고 통솔자가 되었을 뿐만 아니라, 최고 권력기관인 내아문 협판의 자리를 겸직함으로써 권력의 실세로 부상했다. 그보다 네 살 아래인 심상훈과 홍영식도 내아문 협판에 임명되어 빠른 출세 가도를 달렸다.

그렇지만 김옥균의 대내외 활동에 고종의 특별한 배려와 신임이 있었던 것은 부인할 수 없다. 고종은 김옥균이 일본에 외유 중일 때에도 외아문참의·호조참의 등에 임명해 자신의 신임을 보여 주었으며, 그가 당오전 발행과 관련해 차관 도입을 주장하자 국왕의 위임장을 써 주기도 했다. 특히 임오군란 이후 추진된 개화 정책에는 그의 영향력이 작용했으며, 이에 좌의정을 지낸 송근수는 고종이 김옥균 등을 "어루만져 사랑하고 따뜻하게 감싸주어" 정변이 일어난 것이라고 공박하기도 했다.

그러면 고종은 왜 김옥균과 개화당 세력을 특별히 배려한 것일까?

첫째, 김옥균 등 개화당이 표방한 개화 정책에 대한 고종의 동조와 지지를 들 수 있다. 김옥균 등은 임오군란 이후 유학생 파견, 치도 사업 실시,《한성순보》발행, 신식 군대 양성 등 다방면에 걸쳐 개화 정책을 추진해 왔다. 이들 사업은 고종의 적극적 후원과 지원 아래 진행되었으며, 고종의 의지가 반영된 것이었다. 이것을 통해 고종은 임오군란 이후 급성장한 친청적 정치 세력의 독주를 막고 새로운 정치 세력을 육성함으로써 왕권의 강화를 꾀하려고 했기 때문이다.

둘째, 김옥균과 개화당의 반청 '독립' 주장과 친서구적 외교 노선에 대한 동조와 현실적 이용 가치를 들 수 있다. 국가 권력의 행사에 제약을 받던 고종은 청에 대해 "우리나라가 그 도움을 필요로 하지 않을 뿐 아니라 도리어 자주국체自主國體를 손상시키고 있는 것"이라고 했고, 명성황후 또한 "청인이 이와 같이 거역하고 교만하니, 진심으로 분한을 이기지 못하겠다"라고 격노했다고 한다.

당시 고종은 미국 등 서구 세력을 끌어들여 청을 물리치려는 생각을 가졌기 때문에 친서구적 외교 노선을 표방하고 미국 공사·영국 영사 등과 친밀한 관계를 맺고 있는 김옥균 등을 키워 세력화할 필요가 절실했다. 고종은 민씨 척족과 친청파의 집요한 밀어내기 공작이 있었는데도, 김옥균을 계속 중요한 관직에 임명해 활동할 수 있는 자리를 만들어주었다.

결국 왕권을 강화·유지하고 자주국체를 달성하려던 고종은, 안으로 친청적 민씨 척족과 그 일파를 견제할 정치 세력을 육성할 필요가 있었고, 밖으로 서구 세력과 연대해 청을 물리치려면 반청·친서구적 외교 노선을 가진 김옥균 등을 키워 세력화할 필요가 절실했다. 이런 필요성에 부합한 정치 세력으로 김옥균과 개화당을 주목했고, 적극 후원하여 자신의 정치 기반으로 삼고자 했다.

김옥균과 개화당 세력 또한 정치 권력을 장악해 개혁을 추진해야 하는 현실적 과제가 시급했기 때문에 고종의 후원과 도움이 절대적으로 필요했다.

이렇게 고종과 김옥균 등은 서로의 목적을 달성하고자 정변까지 동행할 수 있었다. 그러나 정변 정국에서 국가 권력의 운영 문제를 둘러싸고 고종과 김옥균은 서로 등을 돌리게 되었다. 김옥균 등은 국가 권력을 독점적으로 행사하려고 했으며, 국왕을 상징적 존재로 제한하고 국가 권력의 운영에서는 배제하는 입헌군주제적 방안을 구상했다. 그리고 정변 당시 인사 단행과 정령政令 반포 과정에서 이런 의도를 실천했다.

고종은 정변 결과 자신이 기대한 절대적 왕권 행사하고는 거리가 멀다는 것을 알게 되었고, 더는 김옥균 등과 함께할 수 없었다. 고종은 심상훈을 통해 자신의 반정변 입장을 외부에 전달하도록 하고 청군을 불러들이게 했다. 이런 정황은 고종이 "심상훈은 내가 보낸 역적의 동정을 정탐하도록 한 자"라고 말한 것에도 잘 드러나 있다. 이렇게 김옥균과 고종의 공생 관계는 종말을 고하게 되었다.

우리 나라 최초의 우편행정관서. 조선 후기 우체 업무를 관장했다.

닻을 올린 정변, '공공의 적'이 되다

당대 최고의 문벌 귀족이던 김옥균·박영효·홍영식·서광범 등은 기존의 체제 아래 얼마든지 부귀영화를 누리고 출세할 수 있었다. 그런데 왜 목숨을 걸고 위험천만한 '모반대역'을 감행했을까. 많은 사람들이 생각하는 대로 자신들의 이상을 정치 현실에 실현하고자, 심각한 정치적 위기를 타개하고자 정변을 일으킨 것일까. 당대에는 기밀이 사전에 누설된 줄 알고 선수를 쳤다는 말도 있었다.

당시 김옥균 등은 정변을 일으키지 않으면 안 될 만큼 심각한 정치적 위기에 몰려 있던 것일까? 임오군란 이후 개화당과 민씨 일파는 개화 정책과 외교 노선을 둘러싸고 첨예하게 대립했고, "여러 민씨들이 고우古愚를 집어삼키려" 할 정도로 적대적 공세에 직면해 있었다는 점에서 김옥균 등이 위기 의식을 느꼈다고 보인다. 그러나 이것은 단편적 이해라고 볼 수 있다.

조선에서 외아문·전환국 협판 등을 역임하면서 정치적 영향력을 행사한 묄렌도르프의 부인이 정변 무렵 쓴 글을 보면 이렇다.

> 그가 퍽 인기를 얻은 반면에 남편과 친청파의 명성은 가라앉았다. 김옥균을 필두로 한 친일파는 왕에 대한 영향력을 확보했다. 일본의 영향은 조선 군대에도 미쳤다. 왕은 심지어 일본식 군사훈련까지 시키도록 명령했다.
> ― 묄렌도르프, 〈묄렌도르프자전〉

순조純祖의 생모 수빈 박씨의 사당으로 갑신정변 때 개화당에 의해 고종이 이곳에 이어되었다.

이 자료에서 '그'는 일본인 시마무라島村九를, '남편'은 묄렌도르프를 가리킨다. 묄렌도르프를 통해 그 부인에게 비친 조선의 정국은 묄렌도르프와 민씨 일파의 친청파 세력은 침체되어 있던 반면, 김옥균 등 개화당은 고종에 대한 영향력을 확보하고 실제 정책에도 영향을 미치고 있었다.

중국의 위안스카이가 정변 20여 일 전 본국의 이홍장에게 보낸 보고문에 의하면, 당시 조선은 반청 '자주' 노선을 추구했으며, 권력자이자 친청 세력인 민영익·윤태준·김윤식 등은 고종에게 소외당했다.

이것을 보면 당시 정국에서 개화당 세력이 일방적으로 수세에 놓인 상황은 아니라는 것을 알 수 있다. 당시 정치적 위기감은 민씨 척족과 개화파 양쪽 모두가 느끼고 있었으며, 그만큼 대내외적 정책을 둘러싸고 치열한 접전이 야기되었다.

이 시기 조선 내 정치 세력의 위기의식은 제국주의 외압에 뿌리를 둔 것으로, 단순히 내부 정치 권력만의 문제라기보다는 중국·일본·미국 등 외세와의 세력 관계 속에서 파생된 측면이 강하다. 따라서 개화당뿐만 아니라, 민씨 일파나 고종, 명성황후도 정치적 위기감에서 자유로울 수 없었다. 그런 점에서 당시의 정국은 개화파의 일방적 수세로 보기보다는 정치 세력 간 팽팽한 긴장 관계로 이해하는 것이 바람직하다.

당시 김옥균 등은 고종에 대한 영향력을 확보했지만, 고종의 정치적 견해에 따라 변할 수 있는 것이었고, 제도적으로 개화 정책을 추진할 수 있는 핵심 권력 기구들을 장악하지는 못했다. 따라서 자신들이 추진한 개화 정책들이 반대파의 정치 공작으로 중단되는 현실에 직면해 있었다.

그러자 개화 정책 추진과 권력의 핵심에 접근하고자 더욱 강력한 고종의 지원을 기대했지만, 고종은 왕권 유지와 강화를 위해 여러 가지 정치적 카드를 전략적으로 구사했다. 그런 고종을 두고 김옥균 일행은 "주저하고 의심이 많아 잠시의 편안함만 얻으려 하며, 간사한 무리들에게 현혹되어 능히 결단하는 것이 별로 없는" 우유부단한 왕으로 바라보았다. 따라서 정치 권력을 장악하려면 고종만을 믿고 따를 수 없다고 판단했으며, 이런 현실적 입장이 갑신정변으로 귀결되었다.

당시 정계에서 활동하는 개화당 세력이 대여섯 명에 불과했다는 점을 고려하면, 개화파 동지를 규합해 스스로 정치적 힘을 키워야 할 필요성이 있었으나, 일시에 권력을 장악할 수 있는 쿠데타의 방안을 택한 듯하다.

김옥균 등은 원래 계획한 대로 1884년 10월 17일(양력 12월 4일) 우정국 개업 축하 만찬을 계기로 정변을 일으켰으며, 그 시각은 별궁 방화가 개시된 9시 무렵이었다. 불이 나자 우영사인 민영익이 제일 먼저 연회장 밖으로 나갔다가 피투성이가 되어 들어와 연회장은 아수라장이 되었으며, 정변이 본격적으로 전개되었다.

김옥균은 박영효·서광범과 함께 공사관에 들러 일본공사 다케조에 신이치로竹添進一郎의 태도를 확인하고, 곧바로 고종이 있는 창덕궁으로 향해 금호문을 열게 하고 고종이 자고 있는 편전 안으로 들어가 환관 유재현에게 고종을 깨우도록 했다. 김옥균은 변란을 알리고 고종을 창덕궁 서쪽 경우궁으로 옮겼으며, 도중에 고종은 김옥균의 요청에 따라 일본공사의 호위를 요청하는 '일사래위 日使來衛' 네 글자를 김옥균에게 써 주었다.

자정 넘어 10월 18일 경우궁에 대한 경비를 정비한 뒤 김옥균은 행동 대원들로 하여금 고종을 알현하러 오는 권력의 핵심 실세들을 제거하도록 명령했고 이조연·한규직·윤태준·민영목·조영하·민태호가 살해되었다. 개화당 간부였다가 배신한 환관 유재현 또한 처단했다. 그리고 고종의 종형인 이재원을 불러들여 협조를 구했다.

이때 김옥균 등은 왕명으로 친군 4군영 군사 2000여 명을 소집·동원해 경우궁 수비를 맡겼다. 이어 대대적인 인사를 단행하고, 그 내용을 조보 朝報를 통해 알렸다. 그리고 새벽 4시경에 각국 공사관에 사람을 파견하여 위문하게 했다. 경우궁에 들어온 미국 공사와 영국 영사는 "세계 모든 나라는 사소한 변동이 없지 않으며"라고 하면서 대체로 중립적인 자세를 취했다.

오전 10시경 김옥균은 명성황후의 요청에 따라 경우궁의 남쪽에 있는 계동 이재원의 집으로 거처를 옮겼으며, 오후 5시경에 다시 창덕궁 관물헌으로 옮겼다. 이날 밤 늦은 시각에 청국 병영에서 선인문을 잠그지 말라는 통보를 보내왔다.

10월 19일 김옥균은 박영효·홍영식 등과 함께 개화당의 구체적 개혁 구상을 담은 정령을 작성하기 시작했으며, 오전 10시경에 정령을 반포한 것으로 보인다.

김옥균은 군권을 담당한 박영효와 서광범을 각 영에 보내어, 각 영에서 보유한 총과 칼을 정비하도록 했는데 총과 칼이 모두 녹슬어서 탄환을 장전할 수 없는 형편이었다. 그러자 신복모와 사관생도들을 시켜 총을 모두 분해해 소제하도록 지시했다.

이때 일본 공사가 이재원·홍영식에게 "일본 군사가 오래 주둔할 수 없는 형세이므로 오늘 군대를 철귀하고자 합니다"라고 했다. 김옥균은 자립하는 방안이 설 때까지만이라도 기다려 줄 것을 강력하게 요청했는데, 결국 일본 공사는 김옥균의 방안을 수용해 당장 철수하는 일은 미루어졌다.

오후 2시 30분에서 3시쯤 청국 진영에서 일본 공사에게 봉서封書가 전달되었는데, 채 뜯기도 전에 포성이 울리면서 동문·남문으로 청군이 협공해 들어오기 시작했다. 이에 개화당의 행동 대원들과 일본군은 청군과 맞서 격렬한 전투를 벌였다. 이때 전·후영군은 총을 분해해 소제하던 중이라 모두 맨손으로 도망친 상태였고, 창덕궁 바깥의 수비를 맡은 좌·우영군은 청군에 합류해 일본병을 공격했다.

전세가 불리해지자 김옥균은 일본 공사에게 "대군주를 모시고 급히 인천에 가서 다음 계책을 도모하는 것이 좋겠습니다"라고 했으나, 고종은 "나는 결코 인천으로 가지 않겠다"라고 강력하게 말했다. 그 사이에 청군의 공격이 계속돼 개화파와 일본군은 다섯 번이나 자리를 옮겨가면서 창덕궁 동북의 궁문 안에 이르렀다. 여기에서 개화파는 고종을 강제로라도 인천으로 모실 것을 주장한 반면, 일본 공사는 군대를 철수하려 했다.

결국 정변 주도층과 일본 공사는 모두 철수하기로 했다. 다만 홍영식과 박영교는 사관생도와 함께 고종을 호위했는데, 이들은 청군과 조선 군인에게 모두 살해되었다. 김옥균은 박영효·서광범 등과 함께 일본 공사를 따라 일본공사관으로 후퇴했다. 이때가 저녁 7시에서 7시 30분 무렵이었으니, 정변은 46시간여 만에 실패로 끝났다.

김옥균 등이 고심해 만든 정령에는 그들의 개혁 구상이 농축되어 담겨 있다. 이것은 갑신정변의 목적과 지향을 알 수 있는 핵심적 자료로, 이 정령을 분석함으로써 김옥균 등이 정변을 통해 무엇을 이루려고 했는지 알 수 있다. 원래 정령은 80여 개 조항에 달했다고 하나, 김옥균이 쓴《갑신일록》에는 14개 조항이 전한다.

· 대원군을 불일 내에 모셔올 것(조공·허례는 의논하여 폐지함).
: 중국 보정부保定府에 유폐되어 있던 대원군을 귀국시킴으로써 독립국가의 체면을 세우고, 대원군 추종 세력과의 정치적 연대를 도모하려는 의도.
· 문벌을 폐지하여 인민 평등의 권리를 제정하고, 사람으로써 관官을 택하고, 관으로써 사람을 택하지 말 것.
: 권력을 독점한 문벌을 폐지하고, 병역·납세·교육의 기회균등으로 인민 평등을 실현하려 하였으며, 문벌에 관계없이 능력 있는 인재의 등용을 구상.
· 전국적으로 지조법地租法을 개혁하여 관리의 부정을 막고 백성의 곤란을 구제하며 더불어 국용國用을 넉넉하게 할 것.
: 토지세 부과의 운영상 문제를 바로잡아 백성을 구제하고 국가 재정을 확보하려는 구상.
· 내시부內侍府를 혁파하고, 그 가운데 우수한 재능이 있는 자는 등용할 것.

: 내시부의 환관은 왕과 왕실의 수족으로서 권력을 행사해 왔는데, 내시의 정치 개입을 없애고 왕과 왕실의 권한을 약화시키려는 의도.

· 전후에 간탐奸貪하여 나라를 병들게 함이 심한 자는 정죄定罪할 것.

  : 간사하고 탐욕스러워 나라를 병들게 한 자는 민씨 일파와 탐관오리를 가리키며, 그들을 징벌하겠다는 의도.

· 각 도의 환곡(還上)은 영영 받지 않을 것.

  : 환곡의 진휼 기능을 폐지하고, 부가세 기능을 살려 국가 재정을 충원하려는 의도.

· 규장각을 혁파할 것.

  : 규장각은 역대 임금의 어진을 봉안하고 글을 편찬하는 기구로서, 정부와 왕실 사무를 분리하고 왕실의 권위를 약화시키려는 조항.

· 급히 순사를 두어 절도를 방지할 것.

  : 근대적 순사를 설치하여 절도를 방지하고, 반대 세력의 저항에 대비하여 치안권을 확보하려는 구상.

· 혜상공국을 혁파할 것.

  : 민씨 일파의 정치적·경제적 기반이 되었던 전근대적 혜상공국을 혁파하고, 근대적 상회사를 육성하려는 구상.

· 전후에 유배·금고된 사람은 헤아려 석방할 것.

  : 사회를 통합하려는 사면 조치임과 동시에 대원군 세력의 협조와 지지를 얻으려는 의도.

· 4영을 합하여 1영으로 하고, 1영 중에서 장정을 뽑아 급히 근위近衛를 설치할 것(육군대장은 세자궁을 우두머리로 함).

: 대립과 갈등 관계에 있었던 4영을 1영으로 통합하여 군사 제도의 일원화를 꾀하고, 근위대를 설치하려는 구상.

· 무릇 국내 재정에 속한 것은 모두 호조가 관할하고, 그 나머지 일체의 재부아문財簿衙門은 혁파할 것.

: 당시 난립해 있던 국가 재정 기관을 혁파하여 호조로 일원화하고, 왕실 재정 또한 흡수하려는 의도.

· 대신과 참찬(새로 임명한 6인은 지금 반드시 그 이름을 다시 쓸 필요는 없다)은 매일 합문閤門 안 의정소議政所에서 회의하여 아뢰어 결정하고, 정령을 반포 시행할 것.

: 의정부의 대신과 참찬에게 권력을 집중하여 권력을 운영하려는 방안으로, 곧 개화당이 주도적으로 정국을 이끌어 나가려는 구상.

· 정부政府 육조 외에 무릇 불필요한 관직에 속하는 것은 모두 혁파하고, 대신 · 참찬으로 하여금 의논하여 아뢰도록 할 것.

: 당시 정부 조직은 의정부와 통리군국사무아문 체제로 이원화되어 중복 운영되었으므로, 의정부와 육조로 일원화하고 불필요한 관직을 혁파하여 구조 조정을 단행하려는 의도.

이 정령은 김옥균 등이 당시 정국을 어떻게 운영하려 했는지, 사회 전반에 걸쳐 어떤 질서 체제를 구축하려 했는지를 보여 준다.

먼저 외교적으로 대원군 배환을 주장함으로써 대외적으로 독립국가로서의 대의명분과 체면을 세우려고 했으며, 조공허례 폐지를 주장함으로써 봉건적 조공 체제를 타파하고 청에게서 '독립'할 것을 의도했다.

그리고 둘째로 정치적 개혁과 권력 장악에 중점을 두어 국가 권력을 행사할 정치 체제는 의정부와 육조를 근간으로 삼으려 했으며, 그것을 위해 그간 통리군국사무아문과 의정부 체제로 이원화된 정부 조직을 의정부 중심으로 정비하고자 했다.

국가 권력의 운영은 왕권을 제한하고, 의정부의 대신과 참찬이 의정부를 장악해 의정소회의를 통해 국가권력을 독점적으로 운영하는 방안을 구상했다. 이런 구상은 입헌군주제 아래서의 권력 운영과 상통하나, 의정부의 대신·참찬이 권력을 독점적으로 행사하려 한 것은 일본의 메이지유신 초기 태정관의 역할과 흡사하다. 이처럼 소수가 권력을 독점하는 방안은 과두 체제의 성격을 가졌지만, 입헌군주제로 나아가려는 과도기적 단계로 이해할 수 있다.

그런데 이때 문제가 되는 것은 국왕의 권한과 위상을 어떻게 설정하려 했는가 하는 점이다. 김옥균 등은 상징적 존재로서의 국왕의 위상은 높이고, 실제 정치 권력의 행사에서는 왕을 배제하고자 했다. 정변 당시에도 개화당은 고종의 '확보'에만 관심이 있었을 뿐, 고종의 의중이나 입장은 고려하지 않았다. 따라서 인사 단행과 정령 반포 등은 개화당이 일방적으로 결정하고 추진했으며, 고종은 이후 추인하도록 했다. 이런 태도는 결국 고종이 정변에 등을 돌리는 계기가 되었다.

또한 그간 국가 권력을 독점적으로 운영해 왔던 민씨 일파를 처단하고, 그들의 권력 기반이던 혜상공국 등을 혁파함으로써 정치적 반대파를 숙청했다. 반면 개혁 노선이 다른 대원군 세력과는 정치적 연합을 모색했으며, 그 외 민씨 일파와 적대적인 정치 세력하고의 연대 내지 지원 등을 기대했다.

셋째, 경제적으로는 국가의 재정 확보와 조세 체계의 전면적 개혁을 의도했는데, 김옥균 등은 모든 국가 재정을 호조로 일원화하고 다른 재정 관련 기관들을 혁파하고자 했다. 이에 따라 왕실 재정도 호조에서 흡수·관할함으로써 재정적 측면에서 왕권을 제한하고 왕실의 권한을 약화시키고자 했다. 이것은 국가 권력 운영 구상하고도 맞물린 것으로 매우 획기적 조치라 하겠다. 또한 김옥균 등은 근대적 예산 제도의 도입과 화폐 개혁·은행 설립 등도 염두에 두었다.

김옥균 등이 구상한 경제 개혁 구상에는 당시 토지 소유 관계의 질곡과 과중한 세 부담, 탐관오리들의 수탈 등으로 고통 받는 농민들에 대한 현실적 조치는 미흡했다. 주로 국가 경영의 측면에서 제기된 재정 문제를 우선적으로 해결하는 데 중점을 두었다.

넷째, 사회적으로는 획기적인 인민 평등권 제정과 문벌 폐지를 주장했다. 특히 신분제 폐지를 고려한 인민 평등권 주장은 당시로서는 가히 혁명적이라 할 만하다. 그러나 인민 평등권 주장은 인권보다는 부국강병 달성을 위한 조세 부과·징수의 평등, 군역 부과의 평등, 교육의 평등을 실현하려는 측면에 주안점을 두었고, 문벌 폐지 주장은 민씨 척족과 그 일파를 제거하려는 정치적 계산이 더 크게 작용했다. 이것은 김옥균 등이 민권보다는 '폐망'의 위기에 처한 나라의 부국강병 달성에 주도적 관심을 가졌기 때문이라 하겠다.

전체적으로 김옥균 등은 갑신정변을 통해 정치 권력의 장악과 정치체제의 정비, 정치 세력의 재편, 경제·군사 개혁 등 대내적 과제에 무게 중심을 두었다. 이 개혁안은 당시 조선의 현실적 조건을 반영했고, 실현 가능성을 고려한 내용들이었다. 또한 지배 계층의 기득권을 온존시키는 범주 안에서 이루어지는 것이었고, 목숨을 걸고 정변에 참여한 행동 대원들을 고려하는 조치들도 있었다.

김옥균 등이 추진하려고 한 개혁은 전통의 바탕 위에서 근대적 제도를 수용하려 한 것이며, 기존의 봉건적 지배 질서를 파괴·전복함으로써 새로운 질서를 창조해 내려고 한 것이 아니었다. 기존의 제도와 틀을 유지하면서 근대적 제도와 운영 방식을 필요에 따라 선택적으로 도입하려 했다.

10월 17일 저녁에 일어난 정변으로 고종이 창덕궁에서 경우궁으로 옮기고 권력의 핵심 세력이 살해되었지만, 구체적 사실은 알려지지 않은 채 소문만 무성하게 퍼져 나갔다.

> 18일 (……) 한성에는 떠도는 말이 극히 많았는데, 일면에서는 일본 병사를 증원하여 내한來韓한다는 유언비어가 전해졌으며, 일면으로는 왕실이 폐립廢立되었다는 풍문이 들렸다. (……) 19일 (……) 인심이 갈수록 흉흉해졌으며, 군민軍民 수십만이 모여 장차 입궁하여 왜노倭奴를 모두 죽이려 하였다. 조선 조정에서 나오는 말은 왕비는 이미 죽었으며, 왕의 존망은 점칠 수 없다고 하였다.
>
> — 임명덕, 《원세계와 조선》

이처럼 일본군이 증원되어 조선에 온다는 설과 왕실이 폐립되었다는 풍문이 있었으며, 왕비는 이미 죽었고 왕의 존망을 알 수 없다는 매우 위태롭고 충격적인 소문이 퍼져 있었다. 그 외에도 국왕이 폐립되었고 대비가 죽었다는 뜬소문이 나돌았다.

이런 풍문을 통해 사람들은 "지난 밤에 난당亂黨과 일본병이 입궁해 왕을 핍박하고 대신을 살육했으며, 우리나라 사람들은 궁 가까이 하지 못한다"라고 갑신정변을 이해했다. 특히 도성 주민들은 대부분 정변이 "일본인에게서 나왔다"고 여겼기 때문에 일본인을 "원수로 여겨 만나기만 하면 살해하려" 했다. 일부에서는 갑신정변이 서양의 민주주의를 모방하고 고종을 대황제로 높이려는 것이었다고 이해하기도 했으며, 김옥균이 박영효를 왕으로 삼으려 했다는 풍문도 나돌았다.

정변 이튿날인 10월 18일부터 많은 사람들이 길거리로 쏟아져 나와 정변의 추이를 지켜보았다. 10월 19일에 청군이 창덕궁 공격을 개시하자, 도성 주민들 또한 일본인과 개화당을 타도하려는 행동에 돌입했다.

> 이즈음 인민들이 소요를 떨면서 지나쳐 갔는데, 이루 다 기록할 수가 없다. 때는 황혼 녘이다. 일본인 황목荒木이 달려와 하는 말이, 길에서 사람들이 일본인을 만나면 반드시 해쳐서 미국·영국의 남녀들이 두려워하고 있으니, 각별히 경계를 엄하게 하라고 하였다. (……) 가동역부街童役夫들이 군기고軍器庫로 달려가 임의로 무기를 가지고 나와 노상에 횡행하면서 변장한 일본인들을 찾고 있었다.
>
> ― 윤치호, 《윤치호 일기》

이처럼 19일에 이르러 서울 주민들은 일본인을 공격하기 시작했으며, 그 형세가 다 기록할 수 없을 정도였다. 또한 군기고의 무기를 꺼내 무장을 한 경우도 있었다.

개화당 세력 또한 타도 대상이 되었으니, 정변에 가담했던 박제경은 수표교 위에서 민중에게 살해당했으며, 오감 또한 관철교 부근에서 살해된 것으로 알려져 있고, 사관생도 윤영관도 이현에서 부상대에 체포되어 참살되었다고 한다.

이처럼 김옥균 등은 침략자 일본을 끌어들여 정변을 일으킨 '공공의 적'이 되어 타도 대상이 되었으며, 정부에서는 '모반대역죄인'으로 규정하고 능지처참의 형으로 다스렸다.

훗날 많은 사람들은 갑신정변을 처음부터 승산이 없는 사건이었다고 여겼으며, 개화당 요인으로 활동하던 윤웅렬 또한 '필패'할 것으로 내다보았다. 윤웅렬은 실패 원인으로 군주 위협, 외세 의존, 민심 불복, 청군의 개입 가능성, 정치 세력의 열세 등을 들었는데, 이것은 상당히 예리한 분석이라 하겠다.

갑신정변이 실패한 원인으로는 여러 가지를 들 수 있으나, 중요한 몇 가지를 들어 보면, 일본군을 끌어들이고 그 사실을 그대로 노출시킴으로써 '공공의 적'을 자초한 점, 고종의 이반과 권력 기반 조성에 실패한 점, 4군영 중 좌·우영군의 장악을 소홀히 함으로써 개화당 공격의 빌미를 제공한 점을 들 수 있으며, 그 외에 당대의 사회적 정서와 배치된 점, 전략적 대응책이 미숙한 점 등을 꼽을 수 있다.

그렇다면 정변은 처음부터 승산이 전혀 없는 사건이었을까. 먼저 무력의 측면에서 왕명으로 동원한 4군영 중 좌·우영군을 확실히 장악하고 개화당의 행동 대원들과 일본 군사가 합세했다면, 조선에 주둔한 청군 1500명에 대해 일방적으로 불리한 것만은 아니었다. 또한 고종의 마음을 확실히 얻고, 일본군을 끌어들이지 않았거나 끌어들였더라도 전략적으로 이용했다면, '공적'의 직접적 화살은 면할 수 있었을 것으로 본다. 나아가 백성의 현실적 이익을 담보하는 정책을 명확하게 제시함으로써 민심을 얻을 수 있었다면, 성공 가능성이 전혀 없던 것은 아니었다고 본다.

그러나 정변이 성공했다 하더라도 산적한 과제를 해결하고 사회적 통합을 이루어 내면서 개혁을 성공적으로 이끌어 나갈 수 있었겠는가 하는 데 의문의 여지가 많다. 아예 무력으로 철권통치를 행하지 않는 이상 김옥균 일행이 의도하는 개혁을 성공시키기에는 넘어야 할 산이 너무나 많았다.

갑신정변은 그동안 축적되어 왔던 개화에 대한 인식의 변화를 일순간에 부정 일변도로 흐르게 하는 결과를 가져왔다. 그것은 개화 정책의 중단과 개화 세력의 위축, 여론을 등에 업은 수구 세력의 반동, 국가 정책의 보수화로 이어졌다.

> 소위 개화 등의 말은 자취가 없어졌다. 전에는 인민이 비록 외교하는 것을 좋아하지는 않았으나 오히려 시비를 가리려 하지는 않았다. 개화당을 꾸짖는 자도 많이 있었으나, 오히려 개화의 이로움을 말하면 듣는 사람도 감히 크게 꺾으려 하지 않았다. 그런데 변을 겪은 뒤부터 조야朝野에서 모두 말

하기를, 소위 개화당이라고 하는 것은 충의를 모르고 외인外人과 연결하여
나라를 팔고 겨레를 배반하였다고 하였다.

— 윤치호, 《윤치호 일기》

이처럼 정변이 있은 뒤에는 개화라는 말 자체를 꺼릴 정도로 사회
적 분위기가 냉담해졌다. 그러나 정책적 측면에서의 반동은 그리 오래
가지 않았다. 정부는 정변 5개월 후인 1885년 3월에 《한성주보》를 발간
했고, 5월에 최고의 국가권력기관으로 내무부를 설치해 개화·자강 업
무를 추진해 나갔다.

갑신정변은 실패했으며, 그로 말미암은 반동과 역효과는 컸다. 단
기적으로는 수구 세력의 반동을 불러와 개화 정책의 추진을 지연시켰
고, 개화에 대한 부정적 인식을 심화시켰다. 그러나 한편으로는 정변의
지향과 목적, 민주 제도와 인민 평등의 가치가 일반에 알려지는 계기가
되었으며, 생득적 신분이 아닌 재능에 의해 출세와 사회적 지위를 획득
할 수 있는 근대적 가치를 전파했다는 점에서 중요한 의미를 지닌다. 정
변은 실패했지만, 갑신정변이 추구한 개혁의 내용과 지향성은 가깝게는
갑오개혁에 반영되어 나타났고, 이후 각종 개혁 운동에 영향을 미쳤다.
그런 점에서 갑신정변은 우리나라 근대 변혁 운동의 초석이 되었다고
할 수 있으며, 갑신정변의 역사적 의의를 발견할 수 있다.

갑신정변이 실패한 뒤의 박영효, 서광범, 서재필, 김옥균.

죽을 때까지 조선의 근대화와 독립을 꿈꾼 개혁 운동가

정변이 실패한 뒤 김옥균은 박영효·서광범 등과 함께 일본으로 망명했으며, 1884년 10월 26일(양력 12월 13일) 나가사키 항에 도착한 이후 1894년 2월 17일(양력 3월 23일) 고베 항을 떠날 때까지 9년 46일 동안 망명객의 신분으로 일본에 있었다. 당시 일본 정부는 김옥균 일행의 망명 사실을 공식적으로 부인하고 언론에도 보도를 통제했다.

김옥균 일행이 일본에 망명한 것은 생존을 위한 방책이기도 했지만, 훗날을 도모하려는 목적이 강했다. 김옥균은 일본 땅에서 권토중래의 뜻을 품고 기회를 엿보았으나, 일본 정부는 망명자 대우를 제대로 해 주지 않았을 뿐만 아니라 외무대신 이노우에 가오루는 이들의 면회마저 거절했다.

정변 이후 조선 정부는 갑신정변의 소재를 분명히 할 것과 김옥균 등 '망명자'를 인도할 것을 강력하게 요청했으며, 한편으로 장은규·지운영 등의 자객을 파견해 김옥균의 암살을 도모했다. 조선 정부의 김옥균 암살 시도는 내부의 정치적 목적 이외에 김옥균의 거동에도 원인이 있었으니, 이재원에게 보낸 편지에서 "1000명가량은 오늘 당장이라도 능히 소집할 수 있다"라고 큰소리치는가 하면, 국내 세력의 규합을 당부하거나 대원군과의 연락을 부탁하기도 했다.

조선 정부의 김옥균 암살 계획이 드러나자, 일본 정부는 김옥균에게 국외 퇴거 명령을 내렸다. 그러자 김옥균은 미국이나 프랑스로 떠나려고 준비했는데, 실제로 국외 추방을 원하지 않던 일본 정부가 곧바로 방침을 바꾸어 오가사와라 섬으로 김옥균을 추방했다. 이때 그는 자신의 처량한 심정을 칠언절구의 시에 담았다.

울울히 이세 산에 갇혀 있었더니 鬱鬱拘囚伊勢山
하늘이 동풍 편에 호의를 베풀었네 天公好與東風便
결박을 풀고 저자 나서는 것을 막지 않으니 不妨推縛出欵天
천리의 오가사와라가 하루 만에 돌아오네 千里笠原一日還

오가사와라 섬에서 김옥균은 책을 읽거나 바둑으로 시간을 보냈으며, 소학교 어린이들과 어울리기도 했다. 이때 한 소년을 알게 되었는데, 그가 바로 1894년 김옥균의 상하이행에 동행해 그의 최후를 지켜본 와다 엔지로다. 또한 유혁로가 3개월에 한 번 다니는 정기선을 타고 찾아와 조선과 일본의 정세를 보고하고, 주문받은 휘호를 받아 갔으며, 1887년에 일본 혼인보 슈에이가 방문해 3개월 정도 함께 생활한 바 있었다.

김옥균은 1888년 8월에 다시 홋카이도로 추방당해 연금되었다. 이때 김옥균은 류머티즘을 치료하려고 종종 하코다테 函館 의 온천 여관을 들렀는데, 그곳에서 스기타니 다마 杉谷玉 를 알게 돼 연인이 되었다. 스기타니는 25~26세 정도 나이의 여성으로 미인이었다고 하는데, '봉래정 예기옥녀 蓬萊町藝妓玉女' 라는 기록이 남아 있다.

1890년에 이르러 일본 정부는 청과의 전쟁을 준비하면서 김옥균의 거주 이전 자유를 허락했다. 그러자 김옥균은 도쿄로 돌아왔으며, 이때

스기타니도 함께 와서 살림집을 차리고 살았다 한다.

그는 도쿄에서 정치 활동을 재개했으며, 대원군과의 공조 관계를 도모했는데, 대원군은 김옥균·박영효의 공조 방안에 대해 동감을 표시하는 밀서를 보냈다. 그러나 대원군의 답장을 받은 뒤 김옥균은 조선으로 귀국해 개혁을 추진하려 했고, 박영효는 이것에 반대하면서 서로 반목하게 되었다. 또한 박영효 등이 김옥균의 무절제한 생활 방식에 비판을 가하면서 둘 사이는 더욱 멀어졌으며, 나중에는 왕래도 하지 않았다. 당시 김옥균 곁에는 유혁로와 이의고가 있었다.

망명 이래 김옥균은 일본 정부에서 일정한 구휼금을 받았고, 휘호를 팔거나 주위의 지인들에게 후원금을 받아, 생활하는 데는 큰 지장이 없었다. 그러나 도쿄에서 정치 활동을 재개한 이후에는 활동 자금이 필요했는데, 김옥균은 광산 경영을 위한 회사 설립을 시도하기도 했고, 일본 정부에게서 국유림을 불하받으려 노력하기도 했으나 모두 실패했다.

김옥균이 도쿄로 돌아오자 조선 정부는 이일직과 권동수를 파견해 다시 암살을 시도했다. 이일직은 암살 협력자로서 권동수·권재수·홍종우를 포섭했을 뿐만 아니라 일본인 가와쿠보川久保常吉 등을 매수했다.

이일직의 배후에는 일본 오사카 재계·정계의 거물인 오미와 쵸베에大三輪長兵衛가 있어 자금과 편의를 제공했다. 1891년 조선 정부에서 교환서 총판·회판을 지낸 오미와 쵸베에는 일본 정부와도 연결되어 있는 인물이었다. 김옥균이 암살된 뒤 고종은 그 공로를 인정해 1900년 오미와 쵸베에를 철도원 감독으로 임명했고, 1903년에는 특별히 훈삼등을 주고 태극장을 수여했다. 그리고 오미와 쵸베에는 일본이 경부철도

부설권을 획득하도록 암약했다.

 중국은 일본에 주재하는 청국 공사 이경방을 통해 김옥균과 접촉하려고 시도했으며, 김옥균은 도쿄에 돌아온 이래 이경방과 자주 왕래하면서 청국 공사관에도 드나들었다. 이경방은 귀국한 뒤 김옥균에게 누차 편지를 보내어 청국에 방문해 줄 것을 요청하는 한편 자객 홍종우를 도왔다. 후일 홍종우가 "전후에 걸친 이경방의 도움을 받은 바 적잖으며"라고 말한 것으로 보아 충분히 짐작할 수 있다.

 이처럼 조선은 역적을 처벌한다는 명분 아래 정치적 주도권을 장악할 목적으로, 중국은 조선에 대한 영향력을 강화하고 일본과의 협상 카드로 이용할 목적으로, 일본은 청국과의 전쟁을 개시할 명분을 쌓으려는 전략적 목적으로 김옥균 암살에 암묵으로 동의했다. 따라서 김옥균 암살은 삼국의 각기 다른 목적과 의도에 따른 합작품이라고 할 수 있다.

 이경방의 초청을 받은 김옥균은 이일직에게서 여행 경비를 마련하고 청국행을 결심했다. 이에 따라 김옥균의 암살 계획도 구체화되었으며, 이일직은 조선에서 가져온 권총과 단도를 홍종우에게 넘겨주었다. 당시 김옥균은 이일직과 권동수·홍종우 등이 자객이라는 사실을 알고 있었다.

 김옥균의 청국행을 알게 된 박영효와 도야마頭山滿·미야자키 도텐宮崎滔天 등은 출국을 만류했지만 김옥균은 자신의 결심을 밝혔다.

 백만의 호위가 있어도 죽을 때는 죽는다. 인간만사 운명이다. 호랑이 굴에 들어가지 않으면 호랑이를 잡을 수 없다. (……) 5분간이라도 담화의 시간이 주어지면 나의 것이다. 하여간 문제는 1개월 안에 결정될 터이다.

— 미야자키 토텐, 《김옥균》

김옥균의 상하이행은 한 달 일정이었지만, 출발에 앞서 그는 일본인에게 "이제부터 서예 書藝 의뢰를 거절하라"라고 했으며, 친분이 두터운 사람들에게 고별인사를 하고, 그동안 빌린 돈을 갚는 등 신변을 정리했다고 한다.

그렇다면 김옥균은 왜 중국에 간 것일까. 이런 의문을 두고 일본에서 더는 정치적 활동을 기대할 수 없었고 경제적으로 궁핍했기 때문이라고도 하고, 이홍장을 만나 아시아 연대를 논의하고 삼화주의 三和主義를 설득하려 했다고도 전해진다. 그러나 당시 일본 정부가 군비 확장에 열을 올리고 청과의 전쟁을 통해 조선 문제를 해결하려 한 정황을 고려하면, 연대론 논의보다는 조선의 중립국화 문제를 협의하려 한 것으로 보인다. 이미 이홍장에게 보낸 편지에서 조선의 중립국화 방안을 제시한 바 있고, 당시 일본의 전쟁 의도를 잘 알고 있었기 때문이다.

김옥균은 1894년 2월 17일(양력 3월 23일)에 일본 고베 항을 출발해 2월 21일(양력 3월 27일) 중국 상하이에 도착한 뒤 윤치호 등의 영접을 받았다. 이때 이홍장을 비롯해 중국의 중요 인물들을 만날 계획을 가졌으며, 여러 사람의 소개장을 갖고 있었다.

상하이에 도착한 이튿날인 2월 22일(양력 3월 28일) 자신을 수행한 와다가 심부름으로 잠깐 나간 사이에 동화양행 객실에서 홍종우에게 암살당했다. 이때 김옥균의 나이는 44세였다.

와다는 청국 관헌의 승인을 받아 시체를 일본으로 이송하기 위한 준비와 수속을 밟았다. 그런데 일본영사관에서, 일본 이송을 당분간 중지해 달라고 했으며, 이에 와다가 강력하게 항의하고 일본 영사관에 왕래하는 사이에 시체가 어디론가 사라졌다고 한다. 훗날 와다는 "나는 거류지 경찰을 원망하는 것보다 일본 영사의 이해하기 어려운 태도를 깊이 원망했다"고 했다.

김옥균의 시체는 중국 군함 위정호威靖號에 실려 3월 9일 양화진으로 들어왔으며, 중국식 큰 관 위에 "대역부도옥균大逆不道玉均"이라는 글이 쓰여 있었다. 그의 시체는 장위사 이종건이 입회해 능지처참의 형으로 다스려졌다. 이때 일본인 가이군지甲斐軍治가 양화진 처형지에서 머리카락 등을 훔쳐 일본에 가져가 도쿄의 진정사眞淨寺에 묘를 만들고 "조선국 김옥균군지묘朝鮮國金玉均君之墓"라는 석비를 건립했다. 그리고 그 자신의 묘도 그 옆에 만들었다. 나가사키 출신인 가이군지는 정변 이전 서울에서 사진관을 경영할 때 김옥균의 도움을 받았기 때문에 그 은혜를 갚고자 한 일이라 한다.

재미있는 것은 김옥균 암살을 방조하거나 협조한 일본이 암살된 뒤에는 갑자기 시체에 악형을 가하지 않도록 권고하고, 가족에 대한 신상 파악을 하기 시작했다. 이에 따라 1894년 12월 충청도 옥천군에 있던 김옥균의 처 유씨를 찾아내 상경하도록 했다.

그리고 일본 언론은 수개월간 집중적으로 김옥균 시체 이송과 처형 관련 기사를 실었는데, 한 신문에서는 "먼저 시체를 관에서 꺼내 땅

바닥에 엎어 놓고 절단의 편의를 위해 머리와 수족의 아래에 부목을 받쳤다. 가장 먼저 머리를 절단하고 다음으로 오른손은 손목을 경계로 왼손은 팔꿈치를 경계로 각각 절단하고 양다리는 발목에서부터 베어 나갔다"라는 내용을 게재했다. 이처럼 일본은 조선과 청국의 야만성을 부각시키면서 청일개전 논리로 확대했으며, 이후 청일전쟁에 일본인을 동원하는 계기로 이용했다.

김옥균에 대한 역사적 평가에는 다양한 견해가 있다. 당대는 물론 현대에 이르기까지 개혁과 외세를 바라보는 시각, 시대적 추세, 개인적 성향 등에 따라 애국적 '혁명가'에서 '매국노'에 이르기까지 다양한 평가가 양극단에 걸쳐 촘촘히 자리한다.

정변 이후 정치권에서는 김옥균을 '난신적자亂臣賊子', '천지개벽 이후 없었던 역적 괴수', '외국의 군대를 불러들여 임금을 위협한 자'로 평가했다. 명성황후는 '조선을 일본의 속국으로 삼으려' 했다고, 김윤식은 '우리나라를 일본에 부속시키려' 했다고 판단했으며, 민간에서는 '매국지적賣國之賊'이라 했다.

청나라 측에서는 김옥균을 '난'을 일으킨 '유신당維新黨의 우두머리'로 여겼으며, 일본인과 가깝게 지내는 세력으로 취급했다. 일본에서는 상낭수 사람들이 '영웅'으로 평가했다.

후대의 지식인과 연구자들 또한 김옥균을 '혁명가', '애국적 정치 활동가이자 사상가', '내 나라 내 민족을 찾고 외세의 도전에 대항할 수 있는 국민국가를 수립'하려 한 자로 보는 입장이 있는가 하면, '일본의 앞잡이', '모험주의적 책동으로 말미암아 한국 근대 변혁 운동에 악영향을 초래'한 자'로 보는 비판적 시각도 있다.

  전반적으로 김옥균에 대한 평가는 갑신정변과 외세 일본을 바라보는 시각이 중요한 기준이 되었으며, 또한 김옥균 행적의 동기와 목적에 비중을 두느냐, 아니면 결과에 중점을 두느냐에 따라 차이가 있었다.

  김옥균을 매국노로 바라보는 시각에는 식민지로 귀결된 조선의 현실도 영향을 미치지만, 사후에 일본 사회에서 진행된 과도한 추모 분위기도 한몫을 했다. 황현은 이것을 두고 "김옥균이 무슨 덕을 쌓아 일본인들에게 그와 같은 인심을 얻었는지 알 수가 없다"라고 의혹의 눈길을 보냈다.

  결과적으로 김옥균의 행적은 그가 그토록 염원하던 조선의 근대화와 자주독립을 지체시키고 식민지화를 앞당겼는지도 모른다. 김옥균이 주도한 갑신정변은 개화를 얼어붙게 하고 청의 내정간섭을 강화시키는 결과로 이어졌으며, 망명 이후 활동 또한 조선·중국·일본에 정략적으로 이용되었고, 상하이로 갔다가 암살된 것 또한 청일전쟁의 구실로 악용되었기 때문이다.

  그러나 김옥균은 죽을 때까지 조선의 근대화와 자주독립을 소망했으며, 그 목적을 이루려고 노력했다. 그토록 이루려고 한 개화와 독립은 당대의 역사적 과제이자 조선이 나아가야 할 방향이었다는 점에서 높이 평가할 수 있을 것이다.

3

송시열_조선이 세상의 중심입니다

임 진 왜 란 · 병 자 호 란 으 로
위 기 에 빠 진 조 선 을 재 정 비 하 다

송시열은 주자 사상의 본질을 화이론적 시각에서 새롭게 규정하기 시작했고, 주자의 학문은 화이분별론의 중요한 이론적 토대로 자리 잡았다. 그리고 병자호란 패전 이후 청나라에 대한 굴종이 심해지던 흐름 속에서 청에 대한 복수를 통해 화이분별의 당위를 실천하는 일은 공자와 주자의 가르침을 계승한 유학자의 가장 중요한 과제로 설정되었다.

우경섭 : : 인하대학교 한국학연구소 HK교수

송시열
1607∼1689

송시열은 1607년 충청도 옥천에서 아버지 송갑조와 어머니 현풍 곽씨 사이에서 태어나 회덕에서 성장했다. 송시열은 어린 시절 "덮고 잘 이불이 없을 정도"(《송자대전》 부록 권2, 〈연보〉 숭정 29년 3월)로 무척 가난한 삶을 살았다고 한다. 조선이 개국하고 약 200년 동안 조선 사회를 이끈 주요 인물들 중 송시열처럼 시골의 한미한 집안 출신은 좀처럼 찾아볼 수 없었다.

조선 후기 유학사상의 당파성과 사대성을 망국의 원인으로 지목하는 인식 속에서 그 대표격 송시열은 조선 망국의 원인인 성리학을 주도한 인물로 떠올랐는데, 그런 논조는 해방 이후에도 지속되었다. 민족주의의 열풍이 불던 1960년대, 1970년대 한때 송시열은 북벌 정책의 이론적 토대를 마련하고 민족 주체성을 고양시킨 인물로 주목받기도 했지만, 부정적 평가는 지금도 변함없이 이어지고 있다. '민족적·근대적' 성격의 '실학' 사상을 중심으로 조선 후기 사상계의 동향을 연구하는 풍토가 역사학계의 주류를 이루는 가운데, 송시열은 노론 전제 정권을 유지하기 위해 '존명사대주의'와 '주자학에 대한 묵수'로 일관한 인물로 평가되고 있기 때문이다.

당쟁과 사대주의의 화신으로 떠오르기까지

우암 송시열은 조선시대를 살았던 인물들 가운데 세간의 주목을 가장 많이 받는 사람 중 하나다. 2001년 한 방송국에서 방영한 '송시열, 실록에 왜 3000번 올랐나?'라는 제목의 프로그램에서도 볼 수 있듯이 그가 조선시대를 통틀어 가장 빈번하게 사람들의 입에 오르내린 인물이었다는 점, 그리고 이후의 역사 전개에 커다란 영향을 미친 인물이었다는 점에 대해서는 별다른 이견이 없을 듯하다.

하지만 송시열이 생존해 있던 당시부터 그의 행적에 대한 평가는 양 극단을 달린다. 한 쪽에는 송시열의 후계자인 노론들이 있었는데 그들은 송시열이 북벌대의 北伐大義를 실천해 병자호란 때 오랑캐에게 받은 수모를 씻으려 한 영웅이라 칭송했다. 하지만 다른 한 극단에는 노론의 정적이던 남인과 소론이 있었다. 그들은 송시열이 북벌대의를 명분으로 내세워 권력을 농단한 음모가라고 폄훼했다. 송시열에 대한 평가는 조선시대 말기까지도 이렇게 엇갈렸는데, 이것은 각 붕당이 각자 자신들이 조선 성리학을 정통으로 계승한다고 자부하는 데서 생긴 것이었다.

그러나 지금 우리가 가지고 있는 송시열에 대한 이미지는 붕당정치의 연장선상에서 이루어진 조선시대의 그것과 조금 다른 듯하다. 그는 흔히 '당쟁'과 '사대주의'로 점철되었던 조선왕조 정치사의 퇴행성을 상징하는 인물로 평가되고 있다. 이와 같은 현재의 인식은 도대체 어디에서 유래한 것일까?

우선 '근대화'라는 미명 아래 조선 침략의 필연성을 입증하려던 일본의 식민사학자들에게서 그 원형을 찾아볼 수 있다. 그들은 조선의 정치·사상적 후진성을 송시열을 통해 찾아보려 했다. 조선인의 민족성은 파벌 짓기를 좋아한다고 규정한 당파성론의 주창자 시데하라 타이라幣原坦는 1907년 출간한 《한국정쟁지韓國政爭志》를 통해 조선시대 정치사의 기본 동인을 '사사로운 권력 다툼'이라 규정하고, 그 대표적인 예로 송시열의 개인적 원한이 권력 다툼으로 번진 결과 노론과 소론이 나뉘었다는 주장을 제기했다. 또한 조선유학사 연구의 권위자 다카하시 도오루高橋亨는 1929년 발표한 《조선 유학사에서 주리파·주기파의 발달李朝儒學史に於ける土理派土氣派の發達》이라는 글을 통해, "조선 유학사는 송시열에 이르러 당인黨人의 편견을 가지고 학설을 세워 다른 학설을 공격했기 때문에 순수한 학문적 주장에 접근하기 어려운 것이 참으로 유감"이라고 주장했다. 이런 견해들은 송시열의 정치·사상적 활동이 지닌 파쟁적 성격을 부각시킴으로써, 송시열이 주도한 17세기 조선 사회가 '당쟁'으로

점철되었음을 입증하려는 의도를 지니고 있었다.

한편 식민지 조선의 현실을 비판적으로 통찰한 민족주의 역사학자들 역시 송시열을 비롯한 조선시대 유학자들에게 망국의 책임을 지웠다. 사대주의와 보수사상으로 일관한 유학사상이 민족 고유의 독립·진취 사상을 압살함으로써 조선의 역사가 나락으로 떨어졌다고 인식한 신채호부터, 조선시대 수백 년 동안 오직 주자학만을 신봉한 유학자들은 "자신의 이익을 도모하는 사영파私營派가 아니면 중화의 적통을 이 땅에 드리우려는 존화파尊華派"라고 지적한 정인보에 이르기까지, 민족주의 역사학자들은 대부분 조선시대 성리학을 사대적·정체적 사상이라 정의하면서 유학사상 전반을 신랄하게 비판했다.

조선 후기 유학사상의 당파성과 사대성을 망국의 원인으로 지목하는 이런 인식 속에서 그 대표자 송시열은 조선 망국의 원인인 성리학을 주도한 인물로 떠올랐으며, 그런 논조는 해방 이후에도 지속되었다. 민족주의의 열풍이 불던 1960~1970년대 한때 송시열은 북벌정책의 이론적 토대를 마련하고 민족 주체성을 고양시킨 인물로 주목받기도 했지만, 부정적 평가는 지금도 변함없이 이어지고 있다. '민족적'·'근대적' 성격의 '실학' 사상을 중심으로 조선 후기 사상계의 동향을 연구하는 풍토가 역사학계의 주류를 이루는 가운데, 송시열은 노론 전제정권을 유지하기 위해 '존명사대주의'와 '주자학에 대한 묵수'로 일관한 인물로 평가되고 있기 때문이다.

또한 식민지시대의 학풍을 계승한 일본인 학자들의 연구도 계속되었다. 그 대표적 인물인 가지무라 히데키梶村秀樹는 중국이 한국사에 미친 영향을 기술하면서 송시열을 '존명사대주의자'로 규정하고, 송시열의 사상은 "정권 유지를 위한 주자학 교조주의의 일환이자 새로운 사회경제적 변동을 반영한 신분제 이완에 직면해 지배층의 요구에 부합하려는 반동적 사상"이라고 설명했다. 미우라 쿠니오三浦國雄도 조선의 주자학 숭배가 "동이東夷 내지 주변부라는 열등의식"의 발로라고 설명하면서, 송시열을 학문 자체가 아닌 주자의 삶에 매몰되어 현실을 직시하지 못한 인물로 평가했다. 이런 흐름 속에서 송시열은 조선의 '자주적 근대화'를 가로막아 조선을 망하게 한 제일의 공적으로 자리매김 되었다.

이상과 같은 흐름 속에 내재된 근본적 문제의식은 식민지로 귀결된 우리 근대사의 실패 원인을 규명하는 데 있으며, 그 해답으로 송시열이 주도한 조선 후기 성리학이 조선왕조 멸망의 뿌리를 이루었다는 의식을 내포하고 있다고 생각한다. 그런데 이런 시각이 등장한 출발점으로 식민사학과 민족주의사학, 그리고 근래의 내재적 발전론 모두 약육강식弱肉强食과 우승열패優勝劣敗의 사고를 인류 역사의 보편적 법칙으로 인정하는, 서구 '근대사회'의 산물인 사회진화론社會進化論에 토대를 두고 있다는 점을 숙고할 필요가 있다.

또한 20세기 초반의 사건인 조선왕조 멸망의 원인을 17세기까지 소급해 찾아보려는 그런 인식이 과연 역사학적 관점에 부합하는 것인지 의문을 제기하고자 한다. 즉 일제 강점기 이래 송시열 평가의 바탕에 깔린 그런 문제의식은 17세기 호란 직후 당대인들이 받았던 정신적 충격 및 새로운 사회를 향한 모색의 방향을 읽어 내기에 적합한 틀이 아니며, 또한 당시 사람들이 실제 고민했던 문제들을 버려둔 채 '민족'

과 '근대'라는 20세기적 관심사에 기반한 논의와 평가를 초래한 것이라고 생각한다.

이런 점을 염두에 두고, 이 글에서는 송시열이 양난 이후 조선 사회를 어떻게 재건하려 했는지를 그의 주장에 근거해 살펴보려 한다. 특히 병자호란의 패전이라는 미증유의 역사적 경험 위에서, 송시열의 사상이 중화와 이적의 구분을 토대로 중화를 존숭하고[尊中華] 이적을 배척하는[攘夷狄] 논리인 화이론을 토대로 전개된 양상을 살펴보자. 이것은 송시열의 역사적 공과를 평가하기에 앞서, 송시열이 양난 이후의 조선 사회를 어떻게 새롭게 디자인 하고자 했는지 당시 사람들의 문법 속에서 추적해 보려는 것이다.

병자호란의 쓰라린 경험

송시열은 1607년(선조 40) 충청도 옥천에서 아버지 송갑조와 어머니 현풍 곽씨 사이에서 태어나 회덕에서 성장했다. 그가 태어나고 자란 옥천과 회덕은 당시 충청도에서 가장 낙후된 지역 중 한 곳이었고, 친가와 외가 모두 별다른 배경을 갖추지 못한 집안이었다. 따라서 송시열은 어린 시절 "덮고 잘 이불이 없을 정도"(《송자대전》 부록 권2, 〈연보〉 숭정 29년 3월)로 무척 가난한 삶을 살았다고 한다. 이런 송시열의 출신 배경은 매우 이례적이다. 조선이 개국하고 이때에 이르기까지 약 200년 동안 조선 사회를 이끈 주요 인물들 중 송시열처럼 시골의 한미한 집안 출신은 좀처럼 찾아볼 수 없기 때문이다.

어린 시절 송시열은 아버지 송갑조에게 성리학의 기초를 배웠다. 송갑조는 1617년(광해군 9) 사마시에 급제한 뒤 당시 서궁에 유폐되어 있던 인목대비에게 홀로 찾아가 인사를 드렸는데, 그 일로 과거 합격자 명단에서 이름이 삭제되고 금고(조선 시대에 죄과 혹은 신분의 허물이 있는 사람을 벼슬에 쓰지 않던 일)에 처해져 광해군대 내내 관직에 진출하지 못했다. 1619년(광해군 11) 가뭄이 들자 끼니를 제대로 잇지 못해 주위의 도움으로 근근이 살아갔지만, 송갑조는 이것을 천명으로 받아들이고 오직 학문에만 힘을 기울였다.

송갑조는 1623년 인조반정으로 천거를 받아 강릉참봉이 되어 벼슬길에 나갔다가 1627년 정묘호란 때 화의가 성립되자 벼슬을 버리고 고향으로 내려왔다. 조정에서 물러난 송갑조는 아들 송시열의 교육에 많은 노력을 기울였다. 그는 늘 송시열에게 "주자는 후대에 태어난 공자이고 율곡은 후대에 태어난 주자이니, 주자를 배우려면 마땅히 율곡에게서 시작해야 할 것"이라고 당부하며 이이의 《격몽요결》부터 가르쳤다고 하니, 송시열이 평생토록 주자와 율곡의 학문을 자신의 사상적 정체성으로 삼은 것은 이 시기 아버지에게 받은 교육 때문일 것이다. 송갑조는 또한 유학의 가르침에 따라 절의를 지키다 비참하게 생을 마감한 김시습과 조광조의 행적을 모범으로 삼을 것을 강조하기도 했는데, 이것도 송시열이 아버지의 강직한 성품을 물려받아 일생 동안 주자학적 명분론을 고수하며 절의를 중시하게 만든 중요한 배경을 만들어 주었다.

스물두 살이 되던 해인 1628년에 아버지가 세상을 떠나자 송시열은 당시 충청도 사림의 종장이던 김장생과 그의 아들 김집의 문하에 들어가 본격적으로 주자의 학문을 탐구하기 시작했다. 그러나 홀어머니를 모신 곤궁한 생활 속에서 주위의 권유에 따라 과거 공부를 시작한 송시열은 스물일곱(1633, 인조 11) 살에 생원시에서 장원을 차지했고, 1636년(인조 14) 4월 말부터 약 여덟 달 동안 대군사부(임금의 적자를 가르치는 일을 맡아보던 종9품 벼슬)의 직임을 맡아 봉림대군(훗날의 효종)을 가르쳤다. 그런데 그해 12월 갑자기 병자호란이 발발하자, 송시열은 강화도로 급히 피신한 봉림대군을 미처 수행하지 못하고 대신 인조를 따라 남한산성으로 들어갔다. 그리고 남한산성의 항전이 불과 45일 만인 1637년(인조 15) 1월 굴욕적인 항복으로 막을 내리자, 속리산에 피난 중이던 어머니를 모시고 고향으로 물러났다. 임금이 남한산성에서 치욕을 당하던 날 자신만 목숨을 보전했다는 자괴감, 대군의 보좌를 책임진 사부로서 심양에 끌려간 봉림대군을 수행하지 못했다는 자책감을 안고서 고향으로 내려간 것이다.

　　병자호란은 송시열의 일생에 가장 심대한 영향을 미친 사건이었다. 오랑캐의 무력에 굴복해 명나라와의 모든 관계를 단절하고 청나라와 임금과 신하의 관계를 맺은 당시의 상황은 무슨 이유에서든 조선왕조가 존립 근거인 성리학적 명분론을 스스로 부정한 것과 다름없었다. 송시열은 이런 시대적 상황을 "머리에 신발을 쓰고 발에 모자를 신은 것" 같다고 표현했다.

　　또한 두 차례의 호란은 송시열에게 개인적으로도 큰 상처를 남겼다. 1627년(인조 5) 정묘호란 당시 평안도 운산의 큰누이를 찾아간 맏형 송시희가 자형 윤섬과 함께 전사한 것에 더해, 병자호란 때는 사촌형 송시영이 강화도가 청군에게 함락되자 항복을 거부하고 자결한 것이다. 이런 개인적 경험도 그에게 커다란 충격을 주어, 병자호란이 있은 뒤 송시열은 세상 일에 별다른 관심을 드러내지 않으며 고향에 은거했다. 1640년(인조 18) 청나라가 조선군 5000명을 징발해 명나라를 침공하려 할 때도, 송시열은 친구 송준길에게 이렇게 말했다.

> 전쟁을 피하는 방도는 여기에서도 알 수 없으니, 화가 되거나 복이 되거나 닥치는 대로 할 뿐입니다. 하늘의 뜻을 어찌 피할 수 있겠습니까? 오늘날 힘쓸 바는 그저 '아침에 도를 들으면 저녁에 죽어도 괜찮다'는 한 가지 일 뿐입니다.
>
> ―《송자대전》권30,〈여송명보-경진년 1월 19일〉

이런 상황에서 1645년(인조 23) 김상헌을 스승으로 모신 일은 이후 송시열로 하여금 척화론의 기조를 계승해 청나라에 대한 복수를 주장하게 만든 중요한 계기가 되었다. 김상헌은 병자호란 당시 청과의 강화를 반대하며 자결을 시도하고, 패전 뒤에는 포로로 끌려가서도 청 황제에게 무릎 꿇기를 거부하는 등, 호란기 척화론을 상징하는 대표적 인물이었다. 송시열이 김상헌을 찾아갔을 때는 김상헌이 6년 동안 심양에 억류되어 있다가 풀려나 갓 돌아온 무렵이었는데, 송시열은 이전까지 별다른 연고가 없던 김상헌에게 편지를 올리고 경기도 양주 석실촌까지 직

남한산성. 광해군의 뒤를 이은 인조는 병자호란 당시 남한산성으로 피신해 청군에 대항했지만 결국 무릎을 꿇고 말았다.

접 찾아가 제자가 되기를 자청했다.

이후 송시열은 세상이 돌아가는 형국에 대해 김상헌과 긴밀히 상의하면서 그간의 은둔자적 태도와 다른 면모를 보이기 시작했다. 그리고 인근의 돈암서원과 숭현서원을 중심으로 산림들과 교유하며 활발하게 강학 활동을 하는 등 점차 현실에 참여하기 시작했다. 이 무렵 송시열의 행적 가운데 주목할 점은 송준길·이유태·윤선거·권시 등 김장생·김집 문하의 동학들과 자주 편지를 주고받으며, 주자학을 이론적으로 탐구했다는 사실이다. 그는 무엇보다 마음의 의미를 탐구하는 데 주된 관심을 두었다. 송시열의 북벌론이 "천리를 간직하고[存天理] 인욕을 제거한대[去人欲]"는 주자학적 심성론의 토대 위에서 출발하는 점을 감안하면 이 시기 심학[心學]에 대한 탐구가 결코 심상한 것이 아니었음을 알 수 있다.

그러나 송시열은 인조 말년까지도 좀처럼 조정에 출사하려 하지 않았다. 1647년(인조 25) 김상헌의 거듭된 권유에도 불구하고 자신을 위해 신설된 시강원의 관직에도 나아가지 않는 등 효종이 즉위하기까지 조정의 부름에 응하지 않은 채 은거 생활을 계속했다.

송시열은 당시 조정의 분위기가 자기의 뜻을 펴기에 적합하지 않다고 판단했을 것이다. 인조 후반기 조선 사회는 청나라에 대한 복수설치[復讎雪恥]를 논할 상황이 아니었기 때문이다. 1637년 정월 인조가 남한산성에서 내려와 청 태종에게 세 번 절하고 아홉 번 머리를 조아리는[三拜九叩頭] 치욕적 항복 의식을 거행한 정축하성[丁丑下城] 당시 조야에 팽배하던 적개심은 시간이 지나면서 날로 흐릿해져 갔다. 그리고 현실적 관점에서 청나라에 대한 복종을 감수하려는 분위기가 대세를 이루었다. 더 나아가 호란을 통해 직접 목도한 청나라의 강성함에 순응해, 청나라 세력을 등에 업고 개인의 영달을 도모하려는 '친청파' 세력이 점차 등장하기 시작했다.

인조 말년으로 갈수록 청나라의 세력이 확장됨에 따라, 조선 내부에서 발생한 친청 세력은 그 규모가 점차 확대되고 활동 양상 역시 적극적이게 되었다. 특히 호란기 주화론자들 중에서는 청나라의 현실적 지배를 용인하는 차원을 넘어서 적극적인 친청 노선을 주장하는 인물들이 생겨났다. 이들은 척화론자들이 화친을 배격한 결과 청군을 불러들여

호란을 자초했다는 주장을 펴는 가운데 자신들의 입지를 강화해 갔다. 그 대표적인 인물로는 인조반정의 공신이자 권력의 핵심에 있던 김류와 김자점을 들 수 있다. 호란 당시 주화론의 입장에 선 이들은 패전 이후 모든 책임을 김상헌을 비롯한 척화신들에게 돌렸고, 이런 인식은 조정의 대세로 자리 잡아 갔다. 인조 역시 척화신들을 '나라를 망친 무리'라 비판했고 조정에서는 청나라의 지배를 인정하는 분위기가 팽배했다. 호란 때 내세운 척화론의 역사적 의미는 퇴색해 갔다.

1643년(인조 21) 12월 인조가 승정원에 내린 밀교는 당시의 정황을 극명하게 보여 준다. 인조는 패전 이후에도 국가의 제문祭文·축문祝文에 비밀리에 사용해 오던 명나라의 숭정崇禎 연호 대신 청나라 연호를 사용할 것을 승정원에 몰래 지시했다. 그리고 그 이유에 대해, "청나라 연호를 사용하지 않음은 천지신명을 속이는 것"이라고 설명했다(《인조실록》 권44, 인조 21년 12월). 인조의 이 말은 청나라에 대한 복종을 돌이킬 수 없는 일로 간주하며, 호란기 척화론의 시대적 의미를 부정해 가던 조정 분위기를 잘 설명해 준다.

이런 풍조는 비단 인조와 조정 관료들에게만 나타난 것이 아니었다. 인조의 반청 의지가 점차 해이해지던 것과 때를 같이해 친청파의 목소리가 사회 전반에 확산되었다. 명문 출신의 사대부들 역시 청나라와의 연계를 통해 자신들의 안위와 세력 확장을 도모했다. 그중 대표적인 인물로는 이계를 꼽을 수 있다.

이계는 효령대군의 후손이자 동지중추부사를 지낸 신식의 외손이었으며, 그 자신 역시 광해군 연간 문과에 급제해 인조 전반기 삼사를

삼전도비. 병자호란이 수습된 뒤 청의 태종은 조선정부에게 삼전도에 자신의 '공덕'을 새긴 기념비를 세우도록 요구했다. 이에 조선은 장유·조희일 등이 지은 글을 청에 보냈지만 번번이 거부되었다. 마침내 이경석이 인조의 특명으로 지은 글이 받아들여져서 비석에 새기도록 했다. 이에 따라 공조에서는 삼전도의 제단터에 제단을 높고 크게 증축한 다음 비석을 세웠는데, 글씨는 서예가로 이름 높던 오준이 썼고, 전자篆字로 된 '대청황제공덕비'라는 제액은 여이징이 썼다.

비롯한 주요 관직을 두루 역임한 인물이었다. 그는 특히 병자호란을 전후한 시기에 주화파의 일원으로서 김상헌 등을 공격하는 데 앞장섰다.

호란이 끝난 뒤인 1641년(인조 19)에는 선천부사로 재직하며 명나라 상선과 밀무역을 하다가 청나라에 적발되자, 최명길·이경여 등 조정 대신들이 명나라와 내통했다는 사실을 비롯해 조선의 '음모' 12조항을 청나라에 밀고해 목숨을 구하려고 했다. 그중에는 "조선인들이 청나라의 신하가 되어 태평성세를 춤추고 노래하기를 원한다"라는 말이 있을 정도였으니, 이것으로 미루어 보면 이계 같은 인물의 생각이 단지 생존을 위해 부득이하게 청나라와 화친을 도모한 수준이 아니었음을 알 수 있다.

그러나 그의 의도와 달리, 청나라에서는 그가 자신의 임금과 나라를 배신했다는 이유를 들어 조선 정부로 하여금 처벌하도록 했고, 이계는 다시 청나라 관리들에게 뇌물을 주고 죽음을 면하려 하던 중 구봉서에 의해 즉각 처형되었다. 이때 김상헌이 구봉서에게 "사직을 보존한 공로"를 세웠다고 크게 칭찬한 것은 결코 과장만은 아니었을 것이다(《송자대전》 권167, 〈평안감사구공신도비명平安監司具公神道碑銘〉).

일반 백성들과 천민들 중에도 수많은 친청파가 생겨났다. 광해군이 재위할 때 강홍립의 휘하로 출정했다가 청군의 포로가 된 평안도 은산의 노비 출신 정명수의 활약도 대단했다. 정명수는 포로 송환 때 귀국하지 않고 청나라에 남아 통역관으로 입신한 인물이었다. 병자호란 때 청나라 장수 용골대를 수행해 조선에 들어온 그는 효종 초반까지 청의 입장을 대변하며 조선의 대청 외교 전반에 영향력을 행사했다. 더욱이 조선 조정을 협박해 자신뿐 아니라 노비 출신 친족들에게도 높은 관직을 얻었고, 청나라에 보내는 공물을 가로채고 뇌물을 요구하는 등 온갖 횡포를 자행했다. 심지어 자신의 애첩을 단속했다는 이유로 조정 요직 중 하나인 병조좌랑을 몽둥이로 때리기도 했다(《인조실록》 권45, 인조 22년 6월).

이처럼 천민 출신 정명수가 청나라 세력을 등에 업고서 조정을 무시하며 권세와 부귀를 누리던 모습은 대다수 백성들에게 배척의 대상이 되었을 것이다. 그러나 그들이 누리는 권세를 쫓아 그런 행태를 추종하는 무리들도 적지 않았다. 군관 출신 이형장은 원래 조선에서 발탁한 통역관이었지만 정명수와 결탁해 청나라 앞잡이 노릇을 충실하게 수행했으며, 정명수의 병조좌랑 폭행에 가담한 변란은 1644년(인조 22) 칙사의 역관으로 왔을 때, 세자의 귀환을 요청하는 영의정 김류의 말을 사신에게 전하지 않고 무시하는 오만한 태도를 보이기도 했다.

결국 1644년에는 반정공신이자 좌의정까지 지낸 심기원이 친청파 제거를 기치로 내걸고 모반을 도모하는 지경에 이르렀다. 심기원이 내세운 친청파 숙청의 구호가 반란의 진정한 목적이었는지, 아니면 권력 장악을 위한 평계에 불과했는지는 명쾌한 판단을 내리기 쉽지 않다. 다만 일반 대중의 마음에 영합할 수 있는 반란의 명분으로서 '친청파 타도'의 구호가 제기되었다는 사실은 당시의 사회 분위기를 충분히 짐작케 한다.

그러나 김자점 등 조정의 권신들이 심기원의 역모를 진압하고 정국을 주도하면서, 현실론을 앞세운 친청 풍조는 인조 말년까지 더욱 강화되어 갔다. 1646년(인조 24) 김자점은 임경업의 옥사를 역모로 몰아가는 와중에, 임경업을 체포해 조선에 넘겨준 청나라에 대해 정성을 다해 사대의 예를 표시하자고 주장하며 사은사 파견을 인조에게 건의했다. 이런 사실을 감안하면 패전 이후 등장한 친청파들은 조선의 안위를 염두에 두고서 화친을 주장했던 최명길 등 호란기 주화파하고는 전혀 다른 부류로, 시세를 구실삼아 일신의 안위를 도모하던 세력이라 할 수 있다.

신이 생각건대, 수령 가운데 권세 있는 신하들의 힘을 빌려 성장한 자들이나 오랑캐의 앞잡이 정명수와 교분을 맺은 자는 반드시 백성을 핍박해 아첨을 부릴 소지를 지녔습니다. 그러므로 백성들이 말하기를, "수령들이 마음을 다하는 첫 번째 대상은 정명수이고, 그 다음은 권세 있는 집안이고, 그 다음은 자신을 살찌우는 일이고, 그 다음은 위에 진상하는 것이며, 백성은 그 안에 들어 있지 않다"라고 하니 이는 실로 비통한 말입니다. 그러므로 백성이 임금을 원망하는 말이 패악해 신하로서 차마 듣지 못할 바가 있으니, 이로 보건대 평범한 백성들도 모두 국가를 원수로 여깁니다.

— 《송자대전》 권5, 〈기축봉사〉

송시열의 이런 주장은 당시 친청파의 권세가 어느 정도였는지 분명하게 보여줌과 동시에 조선 사회가 직면한 가장 중요한 문제 중 하나가 친청파를 제거하는 일이었음을 말해 준다. 친청파가 조성 권력을 상악한 인조 말년의 상황에서, 송시열이 관직에 진출해 자신의 뜻을 펴는 것은 거의 불가능한 일이었다.

효종의 조정에 나아감

병자호란 패전 이후 은둔 생활을 하던 송시열이 역사의 전면에 나선 것은 1649년 5월 효종이 왕위에 오른 직후의 일이었다. 인조의 뒤를 이은 효종은 즉위 일주일 만에 척화론의 상징인 김상헌과 김집·송준길·송시열·권시·이유태 등에게 밀지를 내려 조정에 들어올 것을 명했다. 송시열은 곧바로 스승 김집 및 동료들과 함께 서울로 올라갔다. 송시열이 인조 말년 내내 굳게 지키던 자수의 뜻을 접고 출사를 결심한 이유는 무엇이었을까? 분명 효종의 북벌 의지에 대한 기대감 때문이었을 것이다.

정축하성 당시 19세였던 효종은 1637년(인조 15) 2월 소현세자와 함께 심양으로 끌려갔다. 청에 머무는 동안 명나라 장수들이 차례로 항복하는 과정을 직접 목도했고, 북경에 입성하던 청군과 동행해 중원을 정복한 청나라의 실상을 확인할 수 있었다. 이 과정에서 효종은 뒷날을 도모하려는 뜻을 품고 술과 유희로 날을 보내는 등 자신의 의중을 감추었다고 한다. 그러나 요동의 구련성을 지나며 읊었다고 전해지는 시는 효종의 흉중에 담겨 있던 청나라 정벌에 대한 강렬한 의지를 잘 보여 준다.

> 원긴대 내 멀리 십만 군사 끌고 가서 找覓長驅十萬兵
> 가을바람 구련성에 진을 치고서 秋風雄陣九連城
> 한 칼에 오랑캐를 쓸어버린 뒤 ―麾掃盡天驕子
> 가무하며 돌아와 태평을 아뢰리라 歌舞歸來奏泰平
>
> ― 《송자대전수차》 권1, 〈권지이시〉

북벌의 산실 희정당. 효종은 희정당에서 신료들과 북벌 계획을 논했다.

효종은 27세가 되던 1645년(인조 23) 5월에 8년간의 볼모 생활을 마치고 귀국했다. 그런데 함께 돌아온 형 소현세자가 의문의 죽음을 맞자, 인조는 소현세자의 큰아들을 세손으로 책봉해야 한다는 원칙을 저버리고 효종을 세자에 책봉했다. 인조의 이런 조처는 왕위의 적자 계승 원칙을 규정한 종법에 어긋난 것으로, 많은 사대부들의 반발을 초래했다.

그러나 이런 논란에도 효종은 여전히 청 정벌에 대한 확고한 의지를 견지했는데, 이것은 "한漢나라의 기틀을 마련한 문제나 경제보다 흉노를 정벌해 '평성平城의 치욕'을 되갚은 무제의 업적이 뛰어나다"라고 누누이 강조하던 말을 통해 엿볼 수 있다. 이 말은 한나라 고조가 평성이라는 곳에서 흉노에게 포위되어 치욕을 겪던 고사를 인용해 남한산성에서 청 태종에게 치욕을 겪은 병자호란 패전의 역사적 경험을 환기시키는 한편, 흉노를 정벌해 고조의 원수를 갚은 한 무제를 자신의 전범으로 삼아 청에 대한 복수를 감행하고 싶은 간절한 뜻을 간접적으로 드러낸 것이었다.

한 무제를 본받으려 한다는 효종의 말은 송시열로 하여금 북벌을 기대하며 출사를 결심하게 만든 결정적 계기를 이루었다. 송시열은 자신이 조정에 나온 이유가 효종의 그 말 때문이었다고 밝힌다.

> 전하께서 즉위하시자 세상이 새로워졌습니다. 세자 시절부터 의지가 뚜렷하시어, "한 무제가 문제보다 뛰어난 것은 '평성의 치욕'을 복수했기 때문이다"라고 말씀하셨으니, 이를 통해 전하께서 자임하신 뜻을 알 수 있습니다.
>
> —《송자대전》 권27, 〈상안은봉〉 계사년 12월 12일

송시열은 효종이 세자 시절부터 무제를 칭송하던 말을 통해, 그가 청에 대한 복수를 자신의 책무로 여김을 확인할 수 있었다. 그리고 이런 대업을 이룰 만한 시기와 큰 뜻을 품은 임금을 만났는데도 수수방관하며 몸가짐에만 힘쓰는 것은 《대학》의 명덕·신민의 가르침에 어긋난다고 말했다. 송시열의 이런 생각은 북벌의지를 보필하려고 효종의 부름에 응한 사실을 분명하게 보여 준다. 그러므로 송시열은 조정에 올라간 직후 청나라에 대한 복수를 중심으로 한 13개 조항의 시무책을 담은 〈기축봉사〉를 효종에게 올렸다. 〈기축봉사〉는 송시열의 대청복수론을 집약한 글인 동시에, 그동안 제기된 '친명배청'의 논리를 주자학의 범주 속에서 새롭게 이론화했다는 점에서 중요한 의미를 지닌 글이다.

친명배청의 주장은 광해군 연간부터 많은 사람들에 의해 거론되었다. 이때 그 근거로 제시되어 온 주된 언설은 '재조지은再造之恩'의 논리이자 형세론적 화이분별론이라 할 수 있다. 즉 임진왜란 때 원군을 파견해 위기에 빠진 조선을 구해 준 명나라의 은혜를 잊어서는 안 된다는 것과 더불어, 지난 200년간 세계의 중심 국가로 군림해 온 명나라의 심기를 거스를 수 없다는 인식이 결합된 것이었다. 호란기 척화론의 상징적 인물인 김상헌 말에는 그런 인식이 분명하게 담겨 있었다.

이해관계를 가지고 논하더라도, 한갓 하루 동안 강포한 청나라를 두려워해 천자의 군대를 무섭게 여기지 않는 것은 원대한 계책이 아닙니다. 조신이 청나라에 항복한 이후 중국 사람들이 하루도 우리를 원망하지 않는 날이 없건마는, 다만 자신들이 원군을 보내지 않았기에 전쟁에서 패했고, 오랑캐에

기축봉사 己丑封事

효종이 왕위에 오른 직후인 1649년 6월 송시열이 효종에게 올린 13개 조항의 시무책으로, 전체 내용은 다음과 같다. ① 슬픔을 절제하여 몸을 보전할 것, ② 예법에 따라 인조의 장례를 치를 것, ③ 학문에 힘써 마음을 바로잡을 것, ④ 몸을 닦아 집안을 다스릴 것, ⑤ 아첨하는 자를 멀리하고 충직한 자를 가까이 할 것, ⑥ 사사로움을 줄이고 공도 公道를 넓힐 것, ⑦ 인사를 면밀히 하여 조정의 체통을 밝힐 것, ⑧ 기강을 진작시켜 풍속을 바로잡을 것, ⑨ 재정을 절약하여 나라의 기반을 튼실히 할 것, ⑩ 공안 貢案을 바로잡아 백성들의 부담을 덜어줄 것, ⑪ 검소함을 숭상하고 사치를 없앨 것, ⑫ 세자의 스승을 가려뽑아 교육을 담당하게 할 것, ⑬ 정사를 가다듬어 오랑캐를 물리칠 것. 이 글의 중심 내용은 마지막 13번째 조항으로, 송시열은 청에 대한 복수를 건의한 제13조의 내용을 통해 호란 이후 간헐적으로 제기되던 척화론과 복수론의 이념을 주자학의 철학적 기반 위에서 이론화했고, 이것을 통해 인조 후반기 친청적 사조가 만연한 사회 분위기를 일신하려 했다.

게 머리를 조아림이 본심이 아니라 여기기에 그냥 놓아둘 뿐입니다. 산해관 남쪽의 군사들과 바다 위의 군함들이 오랑캐를 쓸어 내고 옛 강토를 회복하기에는 부족하지만, 우리의 잘못을 금하기에는 충분합니다. 만약 우리가 청나라의 앞잡이가 되었다는 말을 듣는다면, 그 죄를 문책하는 명나라 군대가 벽력같이 달려와 배를 띄운 지 하루면 곧바로 서해에 당도할 것입니다. 그렇다면 우리의 두려움이 청나라에만 있다고 할 수 없을 것입니다.

— 《인조실록》 권39, 인조 17년 12월

1639년 수군 징발을 요구한 청나라의 압력에 따르지 말아야 할 이유를 제시한 이 글을 통해, 김상헌은 조선이 청에 복속했을 경우 초래할 명의 보복 가능성을 지적한다. 이런 주장은 당시까지도 청나라의 판도가 중원 전체에 미치지 못했다는 점을 감안할 때, 상당히 일리 있는 견해라 평가할 수 있다. 즉 21세기에 살고 있는 우리야 불과 몇 년 뒤 명나라가 멸망하고 청나라가 중원을 점령한다는 것을 알지만, 1630년대를 산 김상헌으로서는 200년간 세계 최강의 경제력과 군사력을 지녔던 명나라가 그렇게 쉽게 멸망하리라 예견하기 쉽지 않았을 것이다. 하지만 그렇게 뛰어난 현실 감각을 갖추었음에도, 김상헌의 주장은 만일 청의 국세가 안정되고 명의 회복 가능성이 사라질 경우에는 친명배청의 당위성에 대해 명확한 해답을 줄 수 없는 논의이기도 했다.

그간의 형세론적 관념과 다르게 송시열은 화이분별의 이념을 실천한 전범적 인물로서 주자의 존재에 새롭게 주목하기 시작했다. 송시열이 주자에게 주목한 근본 이유는 17세기 중·후반 조선 사회가 나아가야 할 방향을 남송대 주자의 사상과 행적에서 찾아보려는 의도에서 비롯되었다. 오랑캐인 금나라의 침략으로 나라가 거의 망하는 지경에 이른 시기에 태어나 오랑캐에게 받은 치욕을 씻고 전란 후유증을 극복해야 하는 시대적 과제를 스스로 떠맡은 주자를 통해, 송시열은 조선 사회가 지향해야 할 바를 찾으려고 했다.

> 오늘날은 송나라가 여진족에 밀려 장강 이남으로 내려갔을 때와 같다. 주자가 강남으로 내려간 뒤 조정의 부름에 응한 것은 오직 복수에 뜻을 두었기 때문이다. 오늘날 조정의 부름에 응하려는 사람들은 주자의 뜻을 자신의 뜻으로 삼아야만 할 것이다.
>
> ―《송자대전》부록 권14, 〈어록〉

이적의 침략이라는 동일한 역사적 경험을 공유했다는 인식에서 비롯된 이 같은 주자 인식은 17세기 조선의 역사적 상황 속에서 태동한 것으로, 호란 이전에 활동한 16세기의 퇴계와 율곡 등 학자들에게서 전혀 찾아볼 수 없는 면모였다. 그 학자들에게 주자는 '유학을 집대성한 사람'이었을 뿐, 주자가 살던 시대에 특별한 의미를 부여한 경우는 좀처럼 찾아보기 힘들다. 반면 주자가 처한 시대 상황에 주목하며, 화이분별론을 통해 대청복수의 이론적 토대를 마련하고자 한 것은 송시열의 사상이 지닌 역사적 의미와 동시에 독창적 특징이라 평가할 수 있다.

송시열의 이런 인식은 "천리를 간직하고 인욕을 제거한다"는 주자학의 기본 명제에 화이론의 문제 의식을 투영시킨 새로운 해석으로 드러났는데, 송시열의 사상적 지향이 가장 체계적으로 정리된 글이 바로 〈기축봉사〉다. 장문의 〈기축봉사〉를 통해 '존천리 거인욕'의 중요성을 여러 차례 강조했는데, 이 말은 단순히 천리에서 비롯된 인간 본성의 회복을 주장한 성리학의 심성론을 설명한 것만이 아니라 강렬한 현실 의식으로서 화이분별의 이념을 주자학적 심성론에 담아내려는 전제로 중요한 의미를 지닌 말이었다. 즉 치욕을 감수하며 원수인 오랑캐를 섬기려는 현실적 태도를 '제거'의 대상인 '인욕'으로 규정함과 동시에, 오랑캐인 청에 대한 복수를 '보존'의 대상인 '천리'로 규정한 것이다.

　　작은 나라로서 큰 나라를 섬기는 것은 천리天理이지만, 부끄러움을 참아 가며 원수를 섬기는 것은 인욕人欲입니다.

— 《송자대전》 권5, 〈기축봉사〉

소국이 대국에 대해 사대의 예를 취하는 것이 보편적 질서이고 세상의 이치였지만, 지금 청이 중원을 차지했다고 해서 호란의 치욕을 저버린 채 오랑캐들에게 사대하는 것은 인욕이라 규정한 이 글은 명과 청 간의 형세에 입각해 주화와 척화 혹은 친청과 반청의 선택을 주장하던 기존의 인식을 극복하고, 천리의 필연으로서 청 정벌의 당위성을 입증하려는 의도를 담고 있었다.

이런 주장은 〈기축봉사〉의 마지막 조항인 "정치를 가다듬어 이적을 물리친다(修政事以攘夷狄)"의 내용 중, 공자와 주자의 가르침을 통해 구체적으로 드러났다.

공자가 《춘추》를 지어 대일통大一統의 의리를 천하 후세에 밝히신 이후, 무릇 사람으로 태어난 자는 모두 중국을 존숭해야 하며 이적을 배척해야 한다는 사실을 알게 되었습니다. 그리고 주자가 인륜을 통해 천리를 밝힌 가운데 복수설치에 대해 말씀하시기를, "인의를 버린다면 사람의 도를 세울 수 없다. 그런데 인은 부자父子보다 큰 것이 없고, 의는 군신君臣보다 큰 것이 없다. 이것이 삼강三綱의 요체요 오륜五常의 근본이며, 천리와 인륜의 지극함이라 하늘과 땅 사이에 피할 곳이 없다. 그러므로 임금과 아버지의 원수는 같은 하늘 아래 살 수 없다고 했다. 세상의 모든 신하와 아들 된 자들이 지닌 임금과 아버지의 원수에 대한 통분은 어쩔 수 없는 하늘의 이치에서 비롯된 것이지, 개인의 사사로운 욕구를 분출하는 것이 아니다"라고 하셨습니다.

— 《송자대전》 권5, 〈기축봉사〉

이 글에서 송시열은 공자의 《춘추》가 지닌 시대적 의미를 '존중화양이적'의 사상이라 정의했다. 그리고 주자의 사상은 인륜적 차원에서 금나라에 대한 복수설치를 주장한 것으로 이해하며, 주자 의리론의 기본적 문제 의식은 공자의 사상을 계승한 것으로 파악했다. 따라서 공자가 제기한 '양이적'의 이념은 천리와 인륜의 실천이라는 차원에서 해명될 수 있었다. 즉 임금과 아버지의 원수인 오랑캐에 대한 복수는 사사로운 정분에서 비롯된 것이 아니라 천리의 구현이므로, 청에 대한 복수는 인간으로서 마땅히 실천해야 할 인륜 차원의 문제로 자리 잡게 된 것이다. 그러므로 복수의 포기는 곧 인륜을 저버리는 행위로 인식되었고, 현실론의 입장에서 청나라에 대한 복종을 합리화하며 시세에 순응하려던 일부 조정 관료들에 대한 비판이 뒤따르게 되었다.

> 제가 근심하는 바는 어리석고 음흉하며 이익만을 탐내어 부끄러움을 알지 못하는 어떤 무리들입니다. 그들은 "우리가 이미 청나라에 항복해 임금과 신하의 명분이 정해졌으니, 선왕(인조)의 수모는 이제 고려할 필요가 없다"라고 합니다. 만일 이러한 말이 세간에 퍼진다면 공자 이래의 큰 원칙이 사라지고 인간의 도리가 어지러워질 것입니다. 그렇다면 아들이 되어서도 아버지가 있는지 모르고 신하가 되어서도 임금이 있는지 모르게 될 것이니, 금수로 전락할 것이 두렵지 않겠습니까?
>
> ―《송자대전》권5, 〈기축봉사〉

송시열은 이 글을 통해 병자호란 당시 인조가 받은 수모를 망각한 채 명·청 교체를 현실로 인정하고 순응하려던 사람들을 지적하며, 인륜을 저버리고 금수가 되고자 하는 무리라 비판했다.

이처럼 '양이적'의 이념을 천리와 인륜의 차원에서 해명한 송시열의 논리 속에서 주자는 공자의 가장 직접적인 후계자로 자리 잡았다. 즉 주자는 요순과 하·은·주 삼대에서 전해지는 유학의 다기한 학설을 집대성한 학술사적 의미보다도, 오랑캐인 금의 침략에 직면했을 때 공자의 춘추일통론을 계승해 '양이적'의 이념을 시대 정신으로 확립시킨 인물로 추앙된 것이다. 따라서 송시열은 공자와 주자의 사상적 위상을 정리하며, 청에 대한 복수의 당위성을 그들의 사상에서 확인하려고 했다.

> 공자가 《춘추》를 지으며 내세운 의리가 수십 가지이나 존주尊周의 의리를 가장 중요하게 여겼고, 주자가 송 효종을 만나 배운 것을 아뢰었을 때 금나라에 대한 복수를 가장 앞세웠습니다. 이러한 의리가 어두워지면 인륜이 사라져, 중국은 오랑캐가 되고 사람은 금수가 되는 것입니다. 호란의 패전과 명나라의 멸망은 생각할수록 오장五臟이 찢어지는 것 같아 차마 말을 잇지 못하겠습니다. 신하된 자들이 통분해 피를 토하고 눈물을 삼키며, 복수 설치를 위해 목숨을 바치는 것은 천리와 인정에 따른 마땅한 일일 것입니다. 그런데 이런 때를 당해 누가 공자와 주자의 의리를 입에 담기만 해도, 혀를 깨물고 머리를 가로저으며 감히 들으려 하지 않습니다. 게다가 오랑캐의 세력을 끼고 임금을 협박하는 자가 있기도 하니, 배운 자들이 한심스럽게 여긴 지 오래입니다.

— 《송자대전》 권27, 〈상안은봉〉 계사년 12월 12일

요컨대 송시열은 주자 사상의 본질을 화이론적 시각에서 새롭게 규정하기 시작했고, 주자의 학문은 화이분별론의 중요한 이론적 토대로 자리 잡았다. 그리고 병자호란 패전 이후 청나라에 대한 굴종이 심해지던 흐름 속에서 청에 대한 복수를 통해 화이분별의 당위를 실천하는 일은 공자와 주자의 가르침을 계승한 유학자의 가장 중요한 과제로 설정되었다. 이런 과정을 통해 그동안 '유학의 집대성자'로 인식되어 오던 '학자' 주자의 면모는 공자 사상의 정통을 이어받은 '화이 질서의 실현자' 이자 '북벌의 사상가'로서 새롭게 자리매김되었다.

송시열이 주자의 학문에 대해 지닌 절대적인 믿음은 바로 이런 맥락에서 이해할 수 있을 듯하다. 송시열이 평생토록 주자학의 연구와 실천을 자신의 소임으로 자부하며, 주자의 학문을 삶의 절대적 기준으로 간주한 것은 주지의 사실이다. 송시열은 세상을 떠나기 직전 자신의 책무가 "중화의 정통을 계승하고, 주자의 학문을 보위하는 것"이었다고 자평하기도 했다(《송자대전》 부록 권16, 〈어록〉 황세정록).

그런데 주자학에 대한 이런 존신이, 그간의 일반적 평가와 같이, 개인의 학문적 취향에 불과한 것은 아니었다. 이것은 분명 호란의 패전과 그로 인해 나타난 전통적 화이 관념의 혼란이라는 시대적 배경에서 비롯된 현실 사상이었다. 마치 공자가 자신의 '존중화 양이적'의 이념을 담은 《춘추》를 저술한 다음 "나를 알아줄 것도 오직 《춘추》요, 나를 죄줄 것도 오직 《춘추》이다"라고 말했듯이, "나를 알아줄 사람도 오직 주자요, 나를 죄줄 사람도 오직 주자이다"라고 한 송시열의 말은 주자의 역사적 경험을 빌려 청나라의 압제가 날로 강화되어 가던 호란 이후 조선 사회를 일신하고자 한 그의 이념적 지향을 여실히 보여 준다.

조선중화주의─중화문화의 적통을 이은 문화국가로

효종이 즉위한 직후 〈기축봉사〉를 통해 자신이 품고 있던 북벌의 대의를 임금에게 진달했지만, 송시열의 희망은 쉽사리 이루어질 수 없었다. 김자점을 비롯한 친청파에 의해, 효종이 송시열 등 반청 인사들을 조정에 불러들여 북벌을 도모하던 정황이 청에 누설되었기 때문이다. 이 일 때문에 청나라에서는 국경에 군사들을 배치하고 여섯 명의 사신을 연이어 파견하는 등 조선 정부의 움직임을 예의 주시하며 군사적 위협을 가했다. 결국 송시열은 조정에 올라간 지 불과 석 달 만에 고향으로 내려올 수밖에 없었는데, 훗날 이때의 사정에 대해 이렇게 회고했다.

> 경인년(1650년)에 이르러 나라의 형세가 위태로워졌을 때 가만히 앉아 그 까닭을 생각해 보니, 모두 저 때문에 비롯된 일이었습니다. 만일 임금께서 은밀히 덮어 주지 않으셨다면, 신을 비롯한 몇 명은 오랑캐 궁궐의 귀신이 되었을 것입니다.
> ─《송자대전》 권7, 〈사이조참의─을미년 2월〉

그 뒤에도 효종은 여러 차례 관직을 제수했지만 송시열은 번번이 거절했다. 표면적인 이유는 노모 봉양 때문이었지만 사실은 자신의 출사가 가져올 예측할 수 없는 화란 때문이었다. 그러던 중 송시열이 다시 효종의 조정에 선 것은 8년 뒤인 1658년(효종 9)의 일이었다. 중원의 정세가 차츰 안정됨에 따라 조선에 대한 청나라의 감시와 견제가 다소나마 느슨해진 시기였다. 송시열은 다시 북벌대의를 담은 〈정유봉사丁酉封事〉를 통해 자신의 뜻을 효종에게 아뢴 뒤, 조정에 나아가 인사를 담당하는 이조판서의 중책을 맡았다. 효종은 그런 송시열에게 "장차 요동의 비바람을 함께 겪고자" 하는 뜻에서 담비 털로 만든 외투를 하사했는데(《송자대전》 권146, 내사초구발), 이것은 앞으로 닥쳐올 북벌의 고초를 함께 헤쳐 나가고자 맹세한 두 사람 간의 징표라 할 수 있다.

그 뒤 송시열과 효종은 1659년(효종 10) 3월 무렵 여러 차례의 비밀 모임을 통해 북벌정책 전반에 대해 논의한 듯하다. 하지만 당시의 논의가 주로 독대와 비밀 편지를 통해 이루어졌고 관련 기록도 즉시 불태워졌다고 하므로, 그 내막을 자세히 확인할 수 없다.

그러나 불과 두 달 만인 1659년 5월, 갑작스럽고도 의문스러운 효종의 죽음으로 말미암아 북벌정책의 추진은 사실상 불가능하게 되었다. 게다가 1662년(현종 3)에는 명나라의 유민들이 세운 남명 왕조마저 청군에 의해 멸망됨으로써 명나라 부흥의 가능성은 완전히 사라지고, 청나라의 중원 지배는 이제 돌이킬 수 없는 현실이 되었다.

송시열은 효종이 죽고 남명이 멸망한 이후 세상의 흐름이 난세에 접어들었다고 인식했다. 청이 중원을 점령했지만 남명 정권의 명맥이 유지되던 시절이 마치 주나라의 권위가 미약하나마 유지되던 공자의 춘

효종이 북벌 때 입으라고 송시열에게 하사한 초구. 초구는 '담비'라는 족제비과 짐승의 가죽으로 만든 옷인데, 안쪽면에는 송시열의 친필로 옷에 얽힌 내력을 상세하게 적어 놓았다. 원래 비단천으로 된 안감이 있었는데, 송시열이 죽어 저 세상으로 갈 때 임금이 하사한 옷을 전부 입고 갈 수는 없다 하여 안감만 뜯어 입고 가서 모피만 남은 것이라 전한다. 우암사적공원 소장.

추시대와 같았다면, 효종이 죽고 남명이 멸망한 시기는 주나라가 멸망해 중화의 적통이 끊어진 맹자의 전국시대에 비견될 수 있었다. 따라서 송시열은 청나라에 대한 복수를 언젠가 다시 도래할 치세를 기다려 도모할 문제로 여기게 되었다. 즉 '존중화 양이적'의 문제 의식 중, 효종대에는 '양이적'의 실천에 주안점을 두며 청나라에 대한 복수에 주력했지만, 대청복수의 실현 가능성이 희박해진 현종대 이후로는 '존중화'의 구현에 힘을 기울였다.

그런데 '중화'는 무엇이고 '이적'은 무엇인가. 중화와 이적은 도대체 무엇을 기준으로 구별되는 것일까? 중국 고대부터 존재해 온 화이분

⟨정유봉사丁酉封事⟩

1657년(효종 8) 8월 고향에 머물던 송시열이 효종에게 올린 19조항의 시무책이다. 송시열은 이 글의 서두에서 효종이 왕위에 있던 8년간의 정치를 돌아볼 것을 촉구하며, 무엇보다 효종 자신의 마음을 바로잡는 것이 정치의 근본이라는 점을 재삼 당부했다. 그리고 세부적인 방안으로서 19개 조항을 진달하였다. ① 시무에 힘쓸 것, ② 공놀이·활쏘기를 중지할 것, ③ 남명南明과의 교빙을 추진할 것, ④ 궁궐 내부의 단속을 엄히 할 것, ⑤ 양민養民과 양병養兵에 진력할 것, ⑥ 조정의 체통을 확립할 것, ⑦ 척화신 정온鄭蘊에게 시호諡號를 내릴 것, ⑧ 원나라의 유학자 허형許衡을 문묘文廟에서 쫓아낼 것, ⑨ 아우 인평대군麟坪大君의 보호에 힘쓸 것, ⑩ 여러 가지 유희를 그만둘 것, ⑪ 마음을 함양하는 공부에 힘쓸 것, ⑫ 억울하게 죽은 김홍욱金弘郁을 신원伸寃할 것, ⑬ 토목공사를 중단할 것, ⑭ 군율을 엄히 할 것, ⑮ 재주가 뛰어난 이유태李惟泰와 유계兪棨를 등용할 것. ⑯ 충청도의 대동법大同法을 정비할 것, ⑰ 천재지변을 두렵게 여길 것, ⑱ 훈척勳戚의 전횡을 막을 것, ⑲ 북벌의 전제로서 정심正心과 극기克己에 힘쓸 것. 송시열은 ⟨정유봉사⟩ 내용을 통해 사대부 공론의 지지를 획득할 것을 촉구하며, 특히 한족 출신으로 몽고족의 원나라에 충성했던 유학자 허형의 위패를 문묘에서 내침으로써, 청에 대한 복수의지를 간접적으로나마 사대부들에게 보여줄 것을 효종에게 청하였다. 효종이 이런 건의들을 대체로 수긍하자, 송시열은 이듬해 조정에 나아가 효종과 함께 북벌정책의 추진을 주도했다.

별론의 관념 속에서, 이적과 대비되는 중화의 실체란 대체로 지역·종족·문화 등 세 가지 측면에서 설명되어 왔다. 그런데 그중에서도 '화'와 '이'를 분별하는 주된 기준은 문화적 요소라는 것이 일반적 견해다. 즉 중화와 이적의 가장 중요한 차이는 거주하는 지역 혹은 혈연연적인 종족의 차원이 아니라, 생활의 풍속·습관, 특히 주나라에서 전해지는 예악문물禮樂文物과 유교 정치 이념의 시행 여부에 달려 있다는 것이다. 그중에서도 특히 부자와 군신의 예의와 인륜에서 출발하는 의리는 중화와 이적을 판가름하는 가장 중요한 요소로 간주되어 왔다.

효종대왕 밀찰. 효종 10년 효종이 청나라 정벌개책을 송시열에게 비밀리에 보낸 밀서.

중국이 중국인 까닭은 부자·군신의 큰 인륜이 있기 때문이다. 인륜을 한 번 잃으면 중국은 곧 이적이 될 것이다.

송나라 호안국 胡安國의 《춘추호씨전 春秋胡氏傳》에 나오는 이 말은 중화란 결코 지역적·종족적 개념이 아니라 문화적 개념이며, 특히 인륜 질서로 대표되는 유교 문화를 핵심으로 삼고 있다는 것을 잘 보여 준다.

그런데 이런 논의를 뒤집어 생각하면, 중화와 이적의 구분은 종족과 같이 불변하는 것이 아니라 유교 문화의 소유 여부에 따라 변화할 수 있는 개념으로 해석될 수 있었다. 즉 의리와 인륜을 갖추지 못한다면 중국이 이적으로 전락할 수 있으며, 의리와 인륜을 갖춘다면 이적이 중화가 될 수도 있다는 논리가 성립되는 것이다. 이런 면모는 송시열의 말을 통해 확인할 수 있다.

중원 사람들은 우리를 '동이'라고 부른다. 그 이름이 비록 아름답지 못하나

효종의 죽음

1659년(효종 10) 4월 말 효종의 머리에 종기가 나자, 신하들은 의관 유후성柳後聖으로 하여금 치료를 담당하게 했다. 그런데 5월 4일 오랫동안 병을 앓던 의관 신가귀申可貴가 갑자기 조정에 나와 효종의 종기 치료에 간여하며 침을 쓸 것을 주장하였고, 결국 신가귀의 침을 맞은 효종은 많은 피를 흘리다 세상을 떠나고 말았다. 이처럼 효종의 죽음에 이르는 과정이 갑작스럽고 석연치 않은 점 때문에 일찍부터 일부 세력에 의한 타살설他殺說이 제기되기도 하였다. 효종을 죽인 세력으로는 첫째, 효종 초반 제거된 김자점의 잔당들을 비롯한 친청세력, 둘째, 효종의 급진적 북벌론에 반대하던 송시열을 비롯한 서인세력 등이 지목되는데, 사료에 입각한 면밀한 검토가 필요하다.

중요한 것은 어떻게 진작·흥기시키느냐에 달려 있을 뿐이다. 맹자가 말하기를, "순舜임금은 동쪽 오랑캐요 문왕文王은 서쪽 오랑캐이다"라고 했으나 진실로 성인·현인이 되었으니, 우리나라라고 공자와 맹자의 땅이 되지 못함을 걱정할 것이 없다. 과거 오랑캐의 땅이 오늘날 중화가 되는 것은 오직 변화시키기에 달려 있을 뿐이다.

— 《송자대전》 권131, 〈잡록〉

이런 인식의 바탕 위에서 송시열은 효종의 죽음과 남명의 멸망 이후 청나라에 대한 복수 가능성이 사라지자, 내수로 방향을 전환해 조선에 전해지는 중화 문화의 전통을 보존하는 데 더 큰 비중을 두었다. 그리고 이것은 '존주론'의 강화로 드러났다. 존주론이란 중국의 예악문물이 가장 잘 갖추어진 주나라의 문화 전통을 계승하려는 의식으로, 송시열은 우선 주나라에서 조선에 전해지는 중화 문화의 흔적을 우리 역사

속에서 찾아보려고 노력했다. 그리고 이것을 통해 호란으로 말미암은 정신적 상처를 극복하려고 했다.

송시열의 그런 노력은 중화 문화를 조선에 처음 전래한 것으로 인식되어 온 기자箕子에 대한 재평가에서 시작되었다. 송시열은 우리나라의 역사가 단군에게서 시작되었으나, 인륜과 의리를 핵심으로 하는 중화 문화의 연원은 기자에게서 비롯되었다고 생각했다. 은나라 태사인 기자가 주왕의 실정을 두고 한 간언이 받아들여지지 않았는데도, 자신의 임금을 저버리고 새로운 왕조인 주나라에 출사하지 않고 조선으로 건너온 행적을 군신 의리의 실현이라는 점에서 추앙하며, 이런 점에서 조선은 군신 의리로 상징되는 중화 문화를 지니게 된 것으로 이해했다.

우리나라는 본래 기자의 나라이다. 기자가 시행한 8조는 모두 《홍범洪範》에서 비롯된 것이니, 큰 법도가 시행된 것이 실로 주나라와 같은 때이다. 공자가 와서 살려고 한 것이 어찌 이 때문이 아니겠는가?

— 《송자대전》 권131, 〈잡록〉

송시열은 조선의 연원이 중화 문화의 근원이라 칭해지는 주나라와 같은 시기에 기자에게서 시작되었음을 강조하며, 공자도 조선에 와서 살고 싶다고 말할 정도로 중화 문화의 적통을 이어받은 문화국가임을 강조했다.

반면 송시열은 문화적 화이론의 관점에서 고려왕조의 전반적 분위기에 대해 매우 부정적 인식을 지녔다. 그 까닭은 고려가 이단인 불교를 숭상해 기자에게서 전해지는 인륜 질서를 점차 상실해 갔다고 여겼기 때문이었다.

> 대체로 말하자면, 고려 태조의 공로는 성대하다고 이를 만하다. 그러므로 470년이라는 오랜 세월 동안 왕조를 유지한 것이 그리 이상할 바 없다. 하지만 470년 동안 나라가 잘 다스려진 때는 매우 적고 어지러운 때가 늘 많았으며, 중엽 이후 어지러움이 더욱 심했다. 나라가 어지러워진 이유를 살펴보면, 모두 나태함과 음란함으로 수신·제가의 법도를 잃었기 때문이니, 끝내 이적과 금수의 지경으로 전락하고 말았다.
>
> ―《송자대전》권137,〈여사제강서〉

송시열은 고려의 정치가 문란해진 이유에 대해 수신·제가로 집약되는 유학의 정치 이념을 실천하지 못했기 때문이라 규정하고, 그 결과 고려는 기자에게서 전해 오는 '예의의 나라'라는 전통을 잃어버리고 이적과 금수의 지경으로 전락했다고 설명했다. 특히 고려 말 원나라의 지배를 받은 시기에 대해서는 더욱 가혹한 평가를 내린다.

> 기자의 후계자가 사라진 뒤 2000년이 지나며 그의 자취가 끊어지고 가르침이 사라지니, 세월이 흐를수록 세상은 더욱 어지러워졌다. 게다가 원나라의 시대가 되어 세상에 가득한 오랑캐의 비린내가 마침내 우리나라에 이르자 인륜이 더욱 무너졌다.
>
> ―《송자대전》권154,〈포은정선생신도비명〉

충선왕과 충혜왕 이후 오랑캐 원나라와 결탁한 것을 스스로 편안하게 여겨 정치에 뜻을 두지 않았다. 그러므로 결국 아비와 아들 간에 임금 자리를 다투고, 임금과 신하 간에 서로 비방하고 헐뜯었으며, 왕비들까지도 임금을 원망하며 싸우게 되었다. 그 결과 충선왕과 충혜왕은 서글프게도 사방에 떠도는 신세가 되었으니, 그러면서 세월만 늘린 것은 '고질이라 죽지도 않는다'는 형상이었을 뿐이다. 게다가 남해의 계양(충혜왕의 유배지)은 한유가 일찍이 황릉지도黃陵之禱를 남길 정도로 원악지로 여긴 곳인데, 제후로서 단지 수십 명의 신하만 이끌고 그런 곳에 유배를 가다 결국 길에서 죽고 말았으며, 토번(충선왕의 유배지)으로 귀양 간 일의 경우는 더더욱 차마 말할 수 없다. 오랑캐의 사랑을 어찌 믿을 수 있겠는가? 그러므로 고려가 오랜 기간 대수를 이어 간 것은 차라리 빨리 망해 버린 것만 못했다.

— 《송자대전》 권137, 〈여사제강서〉

고려에 대한 이런 인식은 당연히 자신이 직면한 시세에 대한 인식으로 연결되어 나타났다. 원 간섭기의 역사를 거울로 삼는다면, 조선이 당시의 국제 정세 속에서 취해야 할 방향은 중화의 정통 왕조이던 명나라에 대한 의리를 견지하며 내정을 가다듬어 언젠가 도래할 북벌의 기회를 기다리는 것으로 귀결될 수밖에 없었다.

송시열의 이런 위기감은 당시의 시대적 분위기와도 관련되었다. 현종 중반 무렵 조정에서는 청나라의 숭원 지배를 용인하며 신복을 강화하려는 분위기가 만연했고, 호란기의 척화 의리와 효종대 대청복수의 이념은 점차 부정되기 시작했다. 1667년(현종 8) 6월 대청 관계의 악화를 우려해 제주도에 표류한 남명의 유민들을 청나라로 강제 압송한 사건이 대표적인 경우였다. 유민들은 제주도 도착 직후부터 조선 정부에 요구하기를, 명나라와의 옛 우호를 생각해서 자신들을 일본으로 보내 줄 것을 청했다. 그러나 조정 대신들은 그들로 말미암아 대청 관계가 악화될 것을 전전긍긍하며, 선택의 여지가 없음을 이유로 별다른 논란 없이 청으로 압송할 것을 결정했다. 이런 소식이 세간에 퍼지자 조정에서 염려한 바와 같이 놀라울 정도로 민심이 동요했다. 표류한 중국인들은 청으로 끌려가는 길에 울부짖으며 저항했고, 백성들은 그 사람들을 동정하며 '금기를 범한 글', 곧 숭명반청의 서한을 써 주기도 했다.

청의 요청이 없었는데도 조야의 격렬한 반대를 무릅쓰고 명나라 유민의 압송을 결정해 버린 이 사건은 호란 이후 지켜 온 존주대의를 조정이 앞장서서 저버렸다는 것을 의미했다. 그리고 뒤이어 좌의정 허적許積이 호란 당시 청에 대한 신복을 거부하고 장렬히 죽어 간 삼학사의 의리를 폄하하는 발언을 한 것은 더욱 큰 문제를 야기했다. 1668년(현종 9) 현종이 대신들을 인견한 자리에서 삼학사에 관해 묻자, 허적은 이렇게 대답했다.

> 당시 이름난 사람들이 척화론에 참여하지 못할까 걱정했는데, 세 신하의 경우도 명분이 달린 일에 마음을 억누르지 못하고 명예를 구하려 과격한 논의에 힘썼습니다.
>
> ―《현종개수실록》 권19, 현종 9년 7월

허적은 호란 당시 척화론이 현실을 무시한 채 명분만을 앞세운 사람들이 명예를 구하려고 내세운 허망한 주장이라 비판하며, 그것의 대표적인 경우로 삼학사를 거론했다. 조정의 이와 같은 흐름에 대응해 송시열은 양난을 치르는 동안 순절한 인물들의 전기를 집필해 존주 의리를 세상에 밝히고자 했다. 그 대표적인 저술이 1671년(현종 12)에 지은 《삼학사전》이었다. 병자호란 때 척화론을 고수하다 청에 끌려가 장렬하게 죽어 간 홍익한·윤집·오달제를 '삼학사'라는 이름으로 묶고, 이들의 죽음이 지닌 의미를 존주대의라는 관점에서 새롭게 조명한 《삼학사전》을 통해, 송시열은 조선 사회가 지향해야 할 방향을 제시하고자 했다.

송시열의 존주론이 대명의리론을 주요 내용으로 삼았지만, 그렇다고 중국의 한족 왕조에 대한 일방적 굴종을 지향한 것은 결코 아니었다. 이것은 존주론이 중화와 이적의 가변적 지위를 인정하는 문화적 화이론에 이론적 토대를 두었으며, 이때 문화는 결국 의리로 집약되는 중화 문화의 소유 여부로 해석되었기 때문이다. 송시열의 화이론이 지닌 이런 특징은 중국의 정통 왕조인 수나라와 싸워 이긴 고구려 장수 을지문덕에 대한 평가를 통해 확인할 수 있다. 송시열은 을지문덕의 전승지인 평안도관찰사로 부임한 제자의 부탁을 받고 1670년(현종 11)에 지은 글을 통해, 그의 공로를 의리론의 관점에서 새롭게 평가했다.

당시의 일이 작은 속국으로서 중국에 대항해 천자의 군대를 도륙하고 천자의 수레를 곤경에 빠뜨려 제후의 법도를 크게 저버린 것이었다면, 수나라의 역사가들은 반드시 《춘추》의 필법으로서 그 죄를 기록했을 것이다. 그러나 저 수 양제란 놈은 제 아비를 죽이고 아비의 후궁과 간통했으니 천지 사이에 용납될 수 없는 자이다. 하물며 그가 죽으려고 우리나라에 스스로 찾아왔으니 어떠하겠는가? 공은 작은 나라의 미약한 군사로 흉악한 칼날을 크게 꺾음으로써, 결국 수나라 군사의 헛된 죽음을 노래하는 소리가 천하에 어지럽게 퍼졌다. 그리고 그 집안은 남아나지 못하게 되었으니, 참으로 통쾌하다 할 만하다. 그러므로 공의 업적은 단지 작은 나라의 커다란 환란을 막은 것에 불과한 것이 아니었다.

— 《송자대전》 권142, 〈평양부을지공사우기〉

송시열은 단순히 외적의 침략에 대항해 고구려를 지켜 낸 인물로서가 아니라, 아버지 문제를 시해하고 아버지의 후궁과 간음하는 등 인륜을 저버린 수 양제의 죄상을 토벌한 인물, 즉 의리의 수호자로서 을지문덕의 공로를 평가했다. 그런데 이 같은 송시열의 논리에 따르자면, 비록 한족이 세운 이른바 '정통' 왕조라 하더라도 수 양제와 같이 인간의 기본적 의리를 저버렸을 때에는 '누구나 주멸할 수 있는' 춘추 의리의 토벌 대상이 되는 것이었다. 이런 사실은 이 시기 존주론의 성격을 이해하는 데 중요한 의미를 지닌다. 송시열의 존주론 가운데 '주周'라는 글자로 표현되는 중화란 중국의 한족 왕조를 뜻하는 것이 아니라 군신·부자의 의리를 내용으로 하는 문화적 개념이었고, 따라서 중화의 주체는 반드시 한족만이 아니라 다른 민족이 될 수도 있다는 생각을 내포했다.

중화의 개념이 결코 한족 자체를 의미하는 것이 아님을 논한 을지문덕 평가의 연장선상에서, 송시열은 본래 오랑캐의 땅이었지만 문명을 갖춘 이후 중화가 된 실례를 주자가 태어나 활동한 중국의 복건에서 찾기도 했다.

> 지난날 복건 지역은 실로 야만의 소굴이었다. 그런데 주자가 그곳에서 일어난 뒤 문명의 융성함이 공자·맹자의 고향보다 뛰어나 천하의 으뜸이 되었다. 무릇 지리에는 지역적인 차이가 있지만, 인성에는 많고 적음의 차이가 없다. 오직 그 사람의 분발과 지향 여부에 달려 있을 뿐이다.
>
> ─《송자대전》권137, 〈송함홍이주군서〉

송시열은 중국의 복건 지역을 예로 들며, 비록 지역적으로는 오랑캐였더라도 예의를 연마하고 의리를 추구한다면 '중화', 즉 문명의 중심이 될 수 있음을 분명하게 밝혔다. 문화적 역량에 따라 중화와 이적이 구분된다는 이 같은 인식은 점차 17세기 후반 유일한 중화 문화의 계승자로서 조선 문화에 대한 자부심, 즉 '조선중화주의'로 표출되기 시작했다. 기자가 우리나라로 건너와 《홍범》의 가르침을 전해 준 이후 의리의 담지자로서 조선이 지켜 온 문화적 전통은 이제 명나라가 멸망하고 난 뒤 유일한 중화 문화의 계승자로서 위상을 지니게 된 것이다.

환장암의 건립 — 조선중화주의의 징표

중화 문화의 계승자로서 조선의 정체성을 강조한 송시열의 논리는 환장암煥章菴의 건립으로 구체화되었다. 1669년(현종 10) 동지사로 북경에 갔던 민정중閔鼎重이 명의 마지막 황제 의종이 남긴 '비례부동非禮不動'이라는 어필御筆을 구해 오자 송시열이 이것을 보관할 장소로 화양동(충북 괴산)에 건립한 환장암은 이 시기 존주론이 지닌 조선중화주의의 성격을 보여 주는 대표적 징표였다.

송시열은 민정중이 북경에 머물며 의종의 글씨를 널리 수소문해 구한 뒤 비용을 아끼지 않고 구입하려 했지만 민정중의 뜻을 알게 된 글씨의 소유자가 돈을 사양했다는 일화를 소개하며, 이처럼 우연한 기회에 명나라의 의로운 유민을 만나 글씨를 얻은 것이 결코 우연한 일이 아님을 강조하며 특별한 의미를 부여했다. 그리고 1674년(현종 15) 3월 무렵 '비례부동' 네 글자를 화양동 절벽에 새긴 뒤, '중화의 빛나는[煥] 문화[章]'를 뜻하는 환장암을 건립해 어필 원본을 봉안하고자 했다.

그런데 '비례부동'은 현실적으로 어떠한 의미를 지닌 말이었을까? 송시열의 해석에 따르자면, 이것은 공교롭게도 효종대 〈기축봉사〉에서 강조한 '존천리 거인욕'과 상통하는 말이었다. 송시열은 '비례'란 '사사로운 욕망의 발현'을 뜻하고, '부동'은 '천리에 따름'을 의미한다고 보았다. 즉 '비례부동'이란 사사로운 욕망의 발현을 거부하고 천리에 따라 움직인다는 뜻으로 해석될 수 있었으니, 그 의미는 곧 인욕을 없애고 천리를 간직한다는 '존천리 거인욕'과 동일한 것이었다. 그런데 효종대

환장암. 하양계곡에 있는 암자로 송시열이 암자를 짓고 승려에게 어필 등을 지키게 했다.

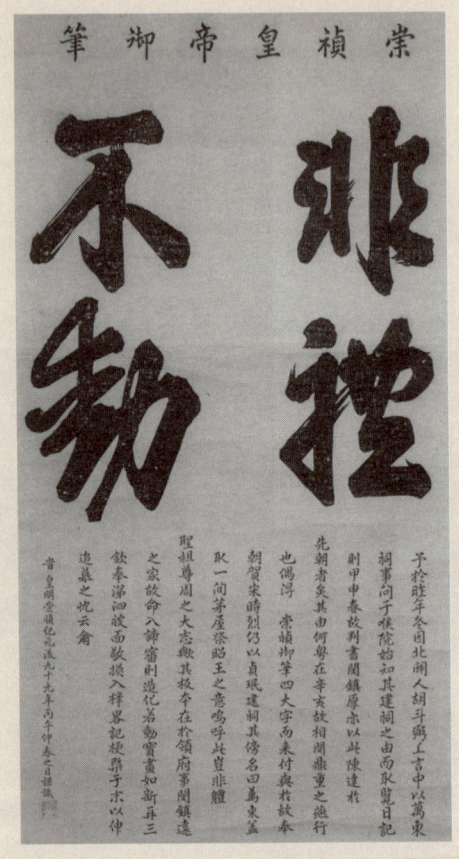

비례부동. '예가 아니면 움직이지 않는다'는 의미로 명의 마지막 황제 의종이 남긴 어필.

〈기축봉사〉이래 송시열에게 '존천리 거인욕'의 명제가 '존중화 양이적'
의 강렬한 실천적 지향을 담아내는 핵심 화두였던 점을 감안하면, '비례
부동'이라는 의종의 유필은 송시열에게 '존중화 양이적'의 문제 의식을
담은 말로 해석될 수 있었다. 즉 현실에 순응해 청나라에 굴종하는 것이
'인욕'과 '비례'라면, 북벌과 존주의 대의를 수호하며 기자에게서 전해
지는 조선의 중화적 전통을 지켜 나가는 것이 곧 '천리'와 '부동'으로 표
현될 수 있던 것이다.

송시열은 '비례부동'에 대한 의미 부여와 더불어, 1644년 북경 함
락 직후 스스로 목숨을 끊은 명 의종의 행동에서도 의리론의 징표를 찾
아보고자 했다. 의종의 자결이 그동안 말로만 전해지던 '나라가 망하면
임금이 죽는 의리'를 몸소 실천해, 오랑캐 치하에서 살기를 거부한 순절
의 의미를 지닌다고 칭송하며, 이것은 바로 '비례부동'의 이념을 현실에
서 구현한 행적이라 높이 평가했다.

> 우리 황제 폐하께서 남기신 글이 오직 여기에 있으니, 성학聖學의 고명함을
> 알 수 있을 것이다. 갑신년(1644년) 3월의 변고 당시, 나라가 망하면 임금
> 이 죽는다는 정도를 잃지 않음으로써 성인들의 가르침을 길이 밝히셨으니,
> 어찌 대단하지 않은가?
>
> ―《송자대전》권147,〈숭정황제어필발〉

송시열은 1644년 의종의 자결이 성인에게서 전해지는 올바른 가르
침을 실천한 것이라 설명하며, '의리의 마지막 실천자'로 추앙했다. 그

리고 민정중이 의종의 어필을 구해 중국에서 조선으로 가져온 행위는 의종이 남긴 '비례부동'의 가르침, 즉 중화 문화의 핵심 가치인 의리론의 정수가 명나라에서 조선으로 계승되었음을 상징적으로 보여 주는 사건이라 해석했다. 그러므로 의종의 유필을 봉안한 환장암은 명이 멸망한 뒤 단절된 중화 문화의 맥이 남아 조선으로 계승되었음을 상징하는 '조선중화주의'의 징표로서 의미를 지니게 되었다.

이런 인식은 이제 조선 문화에 대한 자부심으로 나타났다. 명이 멸망하고 오랑캐가 점령한 중원에서는 더 이상 중화의 자취를 찾아볼 수 없지만, 송시열은 오직 조선에서만 중화의 남은 흔적을 찾아볼 수 있다는 자부심을 다음과 같이 표현했다.

> 지금에 이르러 순舜임금과 우禹임금이 순수巡狩하던 나라와 공자·주자가 도를 강론하던 지역이 모두 옛날과 달라져 비린내가 가득하게 되었으니, 어찌하면 은하수의 물을 끌어다가 깨끗이 씻어 낼 수 있으리. 오직 우리나라만이 한쪽 구석에 치우쳐 있어서 홀로 예를 간직한 나라가 되었으니, 주나라 예법이 노나라에 있다고 할 만하다. 성인이 다시 태어나더라도 반드시 뗏목을 타고 동쪽으로 올 것이다.
>
> ─《송자대전》 권138, 〈황여고실서〉

요컨대 송시열의 환장암 건립은 '사대·모화주의'의 산물로 명 황제에 대한 맹목적 존숭의 차원에서 이루어진 것이 아니었다. 송시열은 '비례부동'으로 집약되는 유학의 가르침을 실천한 의종의 의리론이 조선에

만동묘. 임진왜란 때 우리나라를 도와 준 명나라 신종과 의종의 위패를 모신 사당.

전해졌음을 보임으로써, 조선이 예의로 상징되는 중화 문화의 유일한 계승자임을 밝히려 했고, 이 과정에서 조선중화주의가 태동한 것이다.

환장암에 깃든 조선중화주의의 이념은 송시열이 세상을 떠난 뒤에도 면면히 생명력을 유지하며 조선 말기까지 계승되었다. 송시열이 죽은 뒤 그의 수제자 권상하는 스승의 뜻을 계승해, 임진왜란 때 원군을 보내 준 신종과 마지막 황제 의종의 제사를 받드는 만동묘를 설립했다. 그리고 숙종은 1704년(숙종 30) 명나라가 멸망한 지 1주갑(60년)이 지난 해를 맞이해 창덕궁 후원에 대보단大報壇을 세우고 명나라 두 황제에 대한 제사를 국가에서 주관함으로써, 송시열이 제기한 조선중화주의의 이념을 국가적 차원에서 수용하고 중화의 정통적 계승자로서 조선왕조의 정체성을 재확인했다. 영조 역시 숙종대에 국가 이념으로 확립된 조선

대로사. 송시열의 뜻을 기리고 제사지내기 위해 지은 사당이다.

중화주의의 이념을 더욱 강화해 가며, 1749년(영조 25) 대보단을 증축하고 명나라 태조의 제사까지 거행하도록 했다.

영조의 뒤를 이어 왕위에 오른 정조 역시 송시열의 이념에 공감했다. 정조는 세손 시절부터 송시열의 저술을 통해 주자학을 접하며, 공자·주자·송시열로 이어지는 도통 인식을 지녔다. 이것을 보여 주는 자료로는 1774년(영조 50) 정조 자신이 직접 주자와 송시열의 주요 저작을 함께 엮어 만든 《양현전심록兩賢傳心錄》을 들 수 있다.

> 성인이 태어난 지 오래되어, 도학이 사라져도 아무도 구하지 않고 이단이 일어나도 아무도 물리치지 않았다. 삼강三綱이 문란하고 구법九法이 무너지니, 일월처럼 빛나는 《춘추》의 의리는 논할 곳이 없었다. 그러므로 천하의 예의를 지킨다는 자들 역시 자식이 되어서도 아버지를 아버지로 여기지 않고 신하가 되어서도 임금을 임금으로 여기지 않아서, 서로 이끌어 이적과 뒤섞이고 금수와 같은 지경에 이르렀다. 송나라 주자가 공자의 뒤를 이어 떨쳐 일어나 대일통의 의리를 두루 밝히니, 아, 공자의 가르침이 이때에 이르러서야 전해질 수 있었다. 주자가 세상을 떠나자 교화가 쇠퇴하고 도학이 어두워지니, 다시 옛날과 같아졌다. 그러나 천도天道가 순환하는 이치에 따라 국운이 밝아지는 시기에 이르자, 조선에서 우암 송 선생이 태어나자 인륜人倫이 밝아지고 천리天理가 확립되었다. 그가 주장한 것은 주자의 대의大義요 그가 강론한 것은 주자의 대도大道이니, 주자가 죽은 뒤에 주사가 다시 태어난 것이다.

— 《홍재전서》 권179, 〈군서표기〉

정조는 이 글을 통해 공자 이후 오랜 시간이 흘러 세도가 땅에 떨어지자 주자가 태어나 '존중화 양이적'의 대일통의 의리를 밝혔으며, 주자가 세상을 떠난 뒤 다시 세도가 어두워지자 송시열이 나타나 인륜을 밝히고 천리를 확립했다고 설명했다. 정조의 이런 논리는 공자의 대일통 사상과 주자의 의리론을 유학의 요체라 파악한 송시열의 주자학 이해를 계승한 것이며 송시열의 사상적 정통성을 밝힌 말이었다.

정조는 1776년 즉위 이후에도 송시열에 대한 추숭 사업을 지속적으로 전개하며 그가 남긴 이념을 계승하고자 했다. 그 대표적인 사업이 1778년(정조 2) 병자호란의 상처를 지닌 남한산성과 경기도 여주에 있는 효종의 무덤 영릉을 참배한 뒤 영릉 인근에 송시열의 사당 '대로사大老祠'를 건립하도록 명한 일이었다. 그리고 "천리를 밝혀 인심을 바로잡고, 머리를 풀어헤치고 옷깃을 왼쪽으로 여미는 오랑캐의 풍속을 면하게 해 이적과 금수의 지경에 이르지 않은 것은 오직 대로(송시열)의 공로다"라고 말해, 호란 이후 송시열의 이념이 지녔던 시대적 의미를 높이 평가했다. 또한 1796년(정조 20)에는 송시열이 제기한 존주대의와 조선중화주의의 이념을 총정리해 《존주휘편尊周彙編》을 편찬하며 다음과 같이 말했다.

제후의 나라로서 천자를 제사 지내는 것은 예문禮文에 없는 예이다. 효종께서 청나라에 복수해 치욕을 씻으려던 계획은 천추에 전할 만하지만, 뜻을 이루지 못하고 다시는 기약조차 할 수 없게 되었다. 이에 의리의 정을 표해 북원北苑에 대보단을 설치하고 하늘에 제사하는 예로 제사했으니, 한 귀퉁

이에 있는 우리나라만이 대일통의 의리를 지킨 것이다.

— 《홍재전서》 권184, 〈군서표기〉

    정조의 이 말은 송시열에서 시작해 숙종과 영조에 의해 국가 이념으로 자리 잡은 존주대의의 이념을 통해, 오직 조선만이 중화 문화의 적통을 계승한다는 자부심을 보여 주는 징표라 할 수 있다.
    그러나 19세기 후반에 접어들면서, 송시열의 이념은 더 이상 국가 이념으로서 주도적 기능을 수행할 수 없었다. 송시열의 사상을 상징하는 만동묘와 그 옆에 세워진 화양서원은 1865년(고종 2) 대원군의 서원 철폐령에 따라 모두 훼철되었다. 숙종대 이래 제기된 서원 첩설疊設의 폐단과 인근 백성들에 대한 침학이 철폐의 주된 이유였지만, 송시열이 주장한 조선중화주의의 이념이 시대의 변화에 따라 시의성時宜性을 상실해 간 점이 보다 더 근본적인 이유라 할 수 있다. 비록 이항로李恒老를 비롯한 위정척사 계열의 인물들이 송시열의 가르침에 따라 '존중화 양이적'의 가치를 수호하려고 노력했지만, 그런 움직임이 대세를 돌릴 수는 없었다. 그리고 1907년에 이르러 의병을 토벌하던 일본군에 의해 만동묘와 화양서원이 소실됨으로써, 호란의 정신적 상처를 극복하고 조선을 중화로 만들려던 송시열의 염원 역시 역사 속으로 사라지고 말았다.

4

정도전_한 혁명가가 세상을 바꾸는 방법

지배 질서와 전쟁을 벌이며 조선을 만들다

역성혁명의 걸림돌이던 정몽주가 제거된 상황에서 혁명파는 더 이상 시간을 끌 이유가 없었다. 결국 1392년 7월 17일 성노선은 조준·남은 등과 함께 이성계를 새 왕으로 추대했고, 이성계가 이것을 수락함으로써 475년 고려의 역사는 막을 내렸다. 이성계를 왕으로 추대해 새로운 나라를 세움으로써 역성혁명은 일단락되었지만 그것이 끝은 아니었다. 이제는 새 나라의 기초를 만들어 가야 하는 더 큰 과제가 남았는데, 이 과제를 수행하는 데 주도적인 역할을 한 인물이 바로 정도전이다.

강문식 : : 서울대학교 규장각한국학연구원 학예연구사

정도전
1342~1398

정도전의 조상들은 대대로 봉화 지역의 행정 실무를 담당하는 향리직을 세습했는데, 정도전의 아버지 정운경은 선대의 후광을 업고 출세하던 당시 개경의 권문세족하고는 다르게 오로지 자기 실력만으로 관리가 된 인물이다.

정도전은 당대 최고의 학자로 존경을 받던 이색의 문하에 들어가 수업했는데, 여기에는 이색의 부친 이곡과 정운경이 나이를 뛰어넘는 망년우로 교유한 것이 중요한 인연이 되었다. 정도전은 이색의 문하에서 여러 학자들과 동문수학하며 교유했다. 대표적 인물로는 정몽주·박의중·김구용·이숭인·이존오·윤소종 등 모두 고려 말을 대표하는 유학자로 성장한 사람들이다.

공민왕의 친명반원 정책을 지지하던 신흥 유신들은 원나라와 우호적인 관계를 맺으려던 이인임 등에 의해 숙청됐고, 정도전은 오랜 유배 생활의 가난한 삶 속에서도 순박한 인정을 간직하고 살아가는 농민들을 바라보면서 진정한 개혁은 농민들이 가난에서 벗어나 잘 살 수 있는 나라를 만드는 것이라고 생각하게 된다. 그러나 권문세족이 권력과 부를 독점하는 고려에서는 그런 개혁이 불가능하다고 판단해 '역성혁명'을 계획하게 된다.

알고 보면 너무나 특이한 나라, 조선

1392년 건국되어 519년 동안 지속된 나라. 조선은 이전에 한반도에 존재한 여러 나라들과 비교해 볼 때 여러 가지 면에서 특별한 나라였다.

    고려 시대까지 우리의 역사와 문화에 가장 많은 영향을 끼친 것은 불교 사상이었다. 불교는 일반인들의 일상뿐 아니라 정치 영역에서도 떼어 놓고 생각할 수 없을 정도로 생활 깊숙이 들어와 있었다. 그런데 조선은 그런 불교를 '이단'으로 지목하고 철저하게 배척했다. 조선 건국의 주역들은 개혁을 뒷받침할 사상으로 고려 말기에 원나라에서 '성리학'을 들여왔다. 실천, 인격 도야, 학문의 성취를 강조하는 성리학은 조선의 국시가 되었고, 성리학적 이념은 비록 시대에 따라 정도의 차이는 있지만 조선의 정치·경제·사회·문화 모든 분야에서 운영의 기본 원리가 되었다.

    조선의 국왕과 세자들은 무엇보다도 학문에 힘써야 했다. 국왕의

경연일기

조선 명종明宗~선조宣祖 연간의 17년간 율곡 이이가 경연經筵에서 강론한 내용을 적은 책으로 '석담일기石潭日記'라고도 한다. 율곡의 친필로 되어 있는 이 책은 저자가 임금에게 경적經籍 등을 진강進講한 내용을 수록한 것으로, 당시의 주요 사건과 인물들에 관해 소상히 기록하고 있다. 이 책은 율곡의 학통에 따라 수제자인 김장생·송시열·권상하의 차례로 전수되어 오다가 그 뒤 충북 제원군 한수면의 한수재 고가古家에 그 후손들에 의해 보존되어 왔다. 그러나 원본 중 제2권은 6·25전쟁 때 분실되었고, 제1권·3권은 1972년 홍수로 한수재 고가가 침수되면서 유실되는 등 완전히 산일散逸되었다. 그 내용은 《율곡전서栗谷全書》 권28~30에도 수록되어 전하고 있다.

의무는 성리학적 이념에 입각한 '왕도정치王道政治'를 실현하는 것이었다. 조선의 학자들은 국왕이 '왕도정치'를 실현하려면 먼저 마음을 바르게 해야 하는데, 마음을 바르게 하는 것은 학문을 통해 이룰 수 있다고 생각했다. 조선은 국왕이 신하들과 함께 학문을 토론하는 경연經筵 제도와 세자 교육을 위한 서연書筵 제도를 만들어 이것을 뒷받침했다. 경연은 하루에 세 번, 조강·주강·석강을 했으며, 한 사람이 교재의 원문을 음독하고 설명하면 왕이 질문하고 다른 참석자들이 보충 설명을 하는 방식으로 진행되었다. 경연에서는 학문을 토론하는 중간에 정치 현안이 논쟁 거리로 제기되기도 했다. 경연은 학문 토론장이었지만 정치 토론장 기능도 겸했다. 이런 경연 제도가 조선 시대에 처음 생긴 것은 아니다. 고려 시대 예종이 처음 도입했으나 그리 활발하지 못했고, 무신 정권 때 폐지되어 그 활동이 미미했지만, 조선 시대에는 체계적이고 지속적으로 운영되었다.

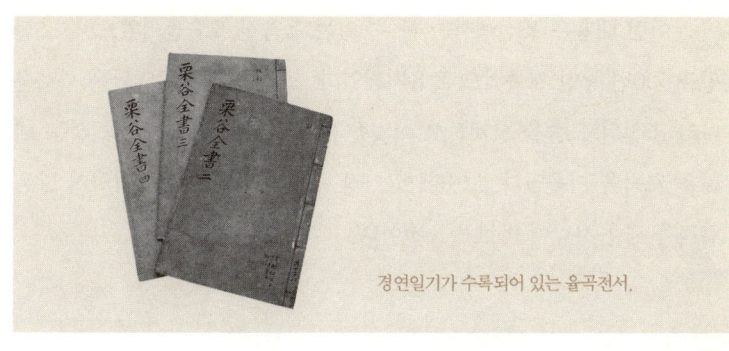
경연일기가 수록되어 있는 율곡전서.

조선의 국왕은 최고 권력자였지만 그렇다고 해서 모든 일을 자기 마음대로 할 수 있는 것은 아니었다. 신하들은 아무리 국왕의 뜻이라 해도 법과 원칙에 어긋나는 일이라면 반대했다. 특히 언론을 담당하던 사헌부와 사간원 관리들은 국왕의 잘못된 명령에 끝까지 반대하며 자신들의 뜻을 관철시켰다. 조선은 국왕의 독재가 제도적으로 불가능한 나라였다.

또 조선은 근대 이전의 나라 중 관리 선발에서 능력주의 원칙이 가장 철저하게 지켜진 나라였다. 고위 관료의 자제가 과거를 보지 않고 관직에 나갈 수 있는 문음門蔭 제도가 있기는 했지만, 고려시대에 5품 이상에 주던 것을 2품 이상으로 그 적용 범위를 대폭 축소했고, 문음만으로는 고위직에 오를 수 없었다. 그 결과 과거가 관직에 나가는 가장 중요한 관문이 되었고, 특히 고위직에 진출하려면 반드시 과거에 합격해야 했다. 또 능력주의 원칙이 확립되면서 인재를 양성하는 교육 시스템인 학교 제도가 체계적으로 발전해 나갔다.

이런 내용은 조선에서만 볼 수 있는 독특한 모습들이었으며, 조선 왕조 500년 동안 지속적으로 유지되었다. 조선을 세운 주역들은 새로운 나라 조선의 모습을 설계하고 이것을 법적·제도적으로 뒷받침하는 데 많은 노력을 기울였다. 그중에서 가장 주도적인 역할을 담당하며 많은 업적을 세운 사람이 바로 정도전이다.

혁명을 꿈꾸다

정도전의 본관은 경상북도 봉화로, 조상들은 대대로 봉화 지역의 행정 실무를 담당하는 향리직을 세습했다. 그러다가 정도전의 아버지 정운경이 1326년에 사마시司馬試, 1330년에 동진사同進士에 급제함으로써 봉화 정씨 가문에서 처음으로 중앙 정부의 정식 관리가 배출되었다. 즉 정도전의 집안은 봉화에서는 나름대로 토착 세력이었지만 개경에는 세력 기반이 전혀 없었다. 정도전의 아버지 정운경은 선대의 후광을 업고 출세하던 당시 개경의 권문세족하고는 다르게 오로지 자기 실력만으로 관리가 된 인물이라고 할 수 있다.

정운경이 과거를 통해 관리가 되었다는 점에서 학문이 상당한 경지에 올라 있었을 것으로 생각되지만, 전하는 기록이 없어서 구체적인 학문 경향은 알 수 없다. 다만 정운경이 고려 말의 대표적 성리학자 중 한 사람인 안축에게 칭찬을 받은 일과 복주(福州, 지금의 안동) 향교에서 공부하던 시절 복주의 사록(司錄, 고려시대에 지방의 유수부나 주현에 설치된 7품 관직)으로 있던 이곡李穀을 처음 만나 평생의 지기知己로 교유했던 일 등을 볼 때, 성리학에 조예가 있었을 것으로 짐작할 뿐이다.

정운경은 과거에 급제한 이후 복주의 판관(지방 장관 밑에서 민정을 보좌하던 벼슬아치), 성균사예成均司藝, 병부시랑兵部侍郎, 형부상서刑部尚書 등 여러 관직을 역임했다. 특히 지방 수령으로 있을 때 청렴하고 공정한 정사를 펼친 것이 후세의 평가를 받아 《고려사高麗史》의 〈양리전〉(백성을 잘 다스린 어진 수령들의 행적을 기록한 열전)에 기록되기도 했다.

정도전의 어머니는 단양 우씨로, 고려 말에 산원散員을 역임한 우연禹淵의 딸이다. 그런데 정도전은 외가 쪽으로 혈통상 문제가 있었다. 정도전의 외조부 우연은 김전金戩의 딸과 혼인해 정도전의 모친 우 씨를 낳았는데, 문제는 우씨의 어머니가 김전이 자신의 여종과 사통私通하여 낳은 딸이라는 것이었다. 즉 정도전의 외할머니는 노비이며, 따라서 외가 쪽으로 노비의 피를 이어받았다는 것이 정도전의 혈통을 둘러싼 문제의 핵심이다.

외가의 혈통 문제는 정도전의 출세에 장애 요인이 되었을까? 정도전의 혈통 문제가 처음 거론된 것은 공양왕대로, 1391년(공양왕 3) 9월 반혁명 세력이 정도전을 탄핵할 때 "가풍이 부정하고 파계가 밝지 못하다"(《고려사절요》 권35, 공양왕 3년 9월)라고 지적했다. 그리고 이후 혁명파와 반혁명파 간에 치열한 대립이 이어지면서, 정도전의 혈통 문제는 반혁명파가 정도전을 공격하는 중요한 무기가 되었다.

공양왕대 이전에도 정도전의 혈통 문제는 출세에 어느 정도 영향

이색. 정도전은 아버지 정운경과 이곡의 인연으로 이색의 문하에서 공부할 수 있었다.

을 끼친 것으로 보인다. 《태조실록》에는 고려 말 정도전이 관직에 임명될 때 고신告身이 지체된 일이 있었다는 기록이 있다(《태조실록》 권14, 태조 7년 8월). 고신은 왕이 관리에게 내려 주는 임명장으로, 대간臺諫에서 서경(서명)을 해야만 발급할 수 있었다. 따라서 위 기록에서 "고신이 지체되었나"라는 것은 대간에서 정도전의 혈통을 문제 삼으면서 서경을 빨리 해 주지 않았다는 뜻이다. 또 고려에서는 모계나 처계 쪽에 흠이 있으면 대간에 임명될 수 없었는데, 실제 정도전은 한 번도 대간에 임명된 적이 없었다. 혈통과 관련한 문제는 정도전이 넘어야만 하는 장애물이었음이 분명하며, 정도전은 그 장애를 극복하면서 혁명가로 성장해 나갔다.

정도전의 자는 종지宗之, 호는 삼봉三峰으로, 1342년(충혜왕 3)에 정운경과 어머니 단양 우씨 사이에서 3남 1녀 중 장남으로 출생했다. 고려 시대에는 아버지나 집안 어른들의 가르침을 통해 학문의 기초를 쌓는 것이 일반적이었으므로, 정도전도 부친에게 성리학의 기초를 배웠을 것이다. 특히 정운경은 자신의 아들들이 학문의 '도道'를 전하고[傳] 보존하고[存] 회복시키기를[復] 염원하면서 세 아들의 이름을 도전·도존·도복이라고 지었으므로, 자식들을 교육하는 데 많은 정성을 기울였을 것으로 생각된다.

정도전은 이후 당대 최고의 학자로 존경을 받던 이색李穡의 문하에 들어가 수업했는데, 여기에는 이색의 부친 이곡과 정운경이 나이를 뛰어넘는 망년우로 교유한 것이 중요한 인연이 되었다. 정도전은 이색의 문하에서 여러 학자들과 동문수학하며 교유했다. 대표적 인물로는 정몽주·박의중·김구용·이숭인·이존오·윤소종 등을 들 수 있는데, 이들은 모두 고려 말을 대표하는 유학자로 성장한 사람들이다. 이들 중 정도전이 가장 흠모하고 존경한 인물은 정몽주로, 1386년(우왕 12)에 정도전이 지은 〈포은봉사고서 圃隱奉使藁序〉에는 두 사람의 교유가 어떻게 시작되었는지 잘 나타나 있다.

도전이 16~17세 때에 (……) 하루는 민자복(閔子復, 민안인)이 나에게 말하기를 "내가 정 선생 달가(達可, 정몽주)를 뵈었더니 선생이 '사장詞章은 말예末藝이다. 이른바 심신의 학문이 있는데 그 말이 《대학》과 《중용》에 갖추어

져 있다'라고 말씀하셨다."(……) 그 말을 듣고 나도 두 책을 구하여 읽었
는데, 비록 잘 알지는 못했지만 못내 기뻤다. 때마침 빈흥과賓興科가 열렸
는데, 선생(정몽주)이 삼각산에서 내려와 연속 삼장三場을 장원하여 명성이
자자하므로 내가 급히 찾아가 뵈었다. 선생은 (나를) 평생의 친구처럼 대하
며 이야기하시고 가르침을 주시니, 날마다 전에 듣지 못한 바를 들었다.

― 《삼봉집》 권3, 〈포은봉사고서〉

정도전은 19세가 되던 1360년(공민왕 9) 성균시에 합격했으며, 이 무렵에 부인 최씨를 맞이했다. 이어 1362년에 진사시에 합격하고, 이듬해(1363년) 충주사록忠州司錄에 임명됨으로써 관직 생활을 시작했다. 그러나 1366년 1월에 부친 정운경이, 12월에는 모친 우씨가 연이어 사망하자, 정도전은 사직하고 고향 영주로 내려가 여묘살이를 하며 삼년상을 마쳤다.

정몽주는 정도전이 영주에서 삼년상을 치를 때 《맹자》 한 질을 정도전에게 보내 주었고, 정도전은 이것을 하루에 한 장 혹은 반장씩 정독하면서 연구했다고 한다. 이것을 보면 정몽주가 정도전의 학문적 성장에 많은 영향을 끼친 것을 엿볼 수 있다.

정도전이 삼년상을 마치고 다시 관직에 나간 때는 1371년(공민왕 20)이다. 그해 정도전은 성균박사成均博士에 임명되었는데, 여기에는 성균관 교관으로 있던 정몽주 등 여러 친구들의 도움이 컸다. 공민왕은 유학을 진흥하고자 1367년(공민왕 16) 성균관을 확대한 다음, 이색을 성균관 대사성으로, 정몽주·김구용·이숭인·박상충·박의중 등을 교관으로

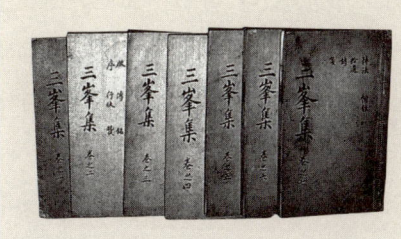

삼봉집. 정도전의 문집으로 1791년에 재간했고, 조선왕조의 건국이념과 정도전의 사상을 연구하는 데 귀중한 자료다.

임명해 유생 교육과 학문 연구에 전념하도록 했다. 앞서 본 것처럼 이색은 정도전의 스승이고 정몽주 등은 정도전과 동문수학한 친구들이었으므로, 이들은 정도전을 성균박사로 적극 추천했다. 성균관에서 젊은 시절 학문적 동지들과 다시 만난 정도전은 이들과 함께 연구와 토론에 전념하면서 고려 말을 대표하는 학자로 성장해 나갔다.

신돈의 실각 이후 공민왕은 '자제위子弟衛'를 설치해 측근 세력을 강화해 나가는 등 정치 개혁을 재개하려고 적극적으로 노력했다. 하지만 1374년 9월 공민왕은 자신이 키운 자제위 중 한 사람에게 뜻하지 않은 시해를 당하고 말았다. 공민왕 사후 우왕이 즉위하면서 조정의 권력은 우왕 옹립에 결정적 공을 세운 이인임·염흥방·임견미 등 권문세족이 장악했다.

이인임 등 권문세속은 여러 측면에서 정도전 등 신흥 유신들과 대립되는 세력이었다. 권문세족은 고려 초기 이래의 문벌 귀족과 무신 정권기 이후 성장한 무신 귀족, 그리고 원나라 간섭기 이후 원나라 세력을 등에 업고 성장한 부원세력 등으로 구성되었다. 이들은 대대로 고위 관직을 세습하면서 정치 권력을 장악했고, 권력을 이용해 토지를 불법적으로 침탈하고 농장을 확대하는 등 경제적 부도 독점했다. 또 외교에서는 친원적 성향이 강했다.

반면 신흥 유신들은 지방의 향리 출신이 많았으며, 가문의 배경이 아닌 자신의 능력(과거)을 통해 정계에 진출한 사람들이었다. 또 경제적으로는 중·소지주적 기반을 가진 이들이 많았고, 특히 공민왕대에 성균관을 중심으로 결집해 권문세족과 대립하면서 공민왕의 정치 개혁과 친명반원 노선을 지지했다.

권문세족과 신흥 유신은 이처럼 전혀 다른 성격의 정치 집단이었다. 공민왕대 신흥 유신의 성장이 본격화되면서 양측은 대립적인 관계에 놓였으며, 우왕이 즉위한 뒤 권문세족이 정권을 장악하고 공민왕대 개혁 정치를 후퇴시키면서 두 집단 사이의 대립과 갈등의 골은 더욱 깊어졌다. 그리고 1375년(우왕 1) 원나라 사신의 영접 문제는 권문세족과 신흥 유신의 갈등이 폭발하는 계기가 되었다.

이인임 등은 공민왕의 친명반원 정책에서 벗어나 원나라하고도 우호적인 관계를 맺으려 했고, 그 연장선에서 원나라의 사신을 맞아들이려 했다. 그러자 정도전 등 신흥 유신들은 원나라 사신의 영접을 강력히 반대하면서 공민왕이 추진하던 친명 정책을 지속할 것을 주장했다. 이후 신흥 유신들의 반대가 점점 거세지자 이인임 등은 이들의 반대 주장을 자신들에 대한 도전으로 간주하고 이들을 숙청했다. 그 결과 사신 영접을 반대한 사람들은 대부분 파직되거나 지방으로 유배되었으며, 정도전도 1375년 5월 전라도 나주 회진현에 속한 거평부곡居平部曲으로 유배되었다.

《삼봉집》에는 유배 기간 중 정도전의 삶과 생각을 잘 보여 주는 여러 글이 수록되어 있다. 먼저 〈답전부答田夫〉에서 정도전은 한 농부와 대화하는 형식을 빌려 자신은 오직 정도를 걷다가 권력자의 미움을 받아 유배되었을 뿐, 권력과 부를 탐해 아첨하거나 붕당을 지어 조정을 어지럽히는 죄를 범하지는 않았다는 점을 분명히 했다. 이것은 정도전이 자신의 유배는 부당하며 스스로 인정할 수 없다는 뜻을 피력한 것이다. 하지만 그는 〈심문천답心問天答〉에서 "너(마음)는 그 바른 것을 지켜서 나(하늘)의 정하는 때를 기다릴 지어다"(《삼봉집》 권6, 〈심문천답〉)라고 해, 비록 일시적으로는 선한 사람이 화를 입고 악한 사람이 복을 받는 듯하지만 끝까지 원칙을 지키며 불의와 타협하지 않는다면 결국 정당한 평가를 받을 것이라는 희망을 피력하기도 했다.

한편 정도전의 시련은 가난의 문제로 이어졌다. 역시 유배 기간 중에 지은 〈가난家難〉이라는 글에서 정도전은 아내의 말을 빌려서 자기 집안의 경제적 어려움이 극한 상황에 이르렀음을 토로한다.

당신은 평소에 부지런히 글만 읽으면서 아침에 밥이 끓는지 저녁에 죽이 끓는지 간섭하지 않았습니다. 그 때문에 집에는 경쇠를 걸어 놓은 것처럼 한 섬의 식량도 없었고, 아이들은 방에 가득하여 춥고 배고프다며 울어 댔습니다. 제가 끼니를 맡아 그때그때 어떻게 꾸려 나가면서도 당신이 독실하게 공부하시니 후일 입신양명하여 처자들이 우러러 의지하고 가문에 영광이 있을 것으로 기대했습니다. 그런데 끝내는 국법에 저촉되어 이름과 행적이 욕되어지고 몸은 남쪽 변방에 유배되어 독한 장기瘴氣나 마시며 형제들은 나가 쓰러져서 가문이 여지없이 망해 세상 사람들의 웃음거리가 되는 지경에 이르렀으니, 현인군자라는 것이 진실로 이런 것입니까?

― 《삼봉집》 권4, 〈가난〉

1377년 7월 정도전은 마침내 유배에서 풀려나 고향인 영주로 돌아갔고, 다시 4년이 지난 뒤에는 거주지를 마음대로 선택할 수 있게 되었다. 이때부터 정도전은 삼봉과 부평, 김포 등지를 전전하며 1384년 7월 다시 관직에 나갈 때까지 유랑 생활을 했다.

유배에서 풀려나기는 했지만 정도전의 외로움은 오히려 더 커졌을 것으로 생각된다. 이유는 분명하게 드러나지 않았지만 1375년에 함께 유배된 동지들이 하나 둘씩 관직에 복귀하는 중에도 정도전만은 계속 복직되지 못한 채 이곳저곳을 전전하며 유랑 생활을 했기 때문이다. 이 시기에 지은 〈이가移家〉라는 시에서 정도전이 "옛 친구들은 편지조차 끊어 버렸네故友絶來書"라며 옛 친구들에 대한 불만을 토로한 것은 옛 동지들과 점차 소원해져 가던 당시의 상황을 잘 보여 준다.

1375년부터 1384년까지 9년여 동안의 유배·유랑 시기는 정도전에게 좌절과 고난의 시간이었지만, 한편으로 새로운 삶의 가치를 발견한 시간이기도 했다. 정도전은 그 기간 동안 가난하고 순박한 농민들과 함께 생활하면서 그들의 삶을 직접 목격했는데, 유배 기간 중에 지은 〈소재동기消災洞記〉에는 그런 모습이 잘 나타나 있다. 이 글에서 정도전은 거평부곡의 농민들이 귀양 온 자신에게 술과 음식을 대접해 주고 초가집을 지어 준 일을 기록한 다음, 그들에 대한 감사의 마음을 이렇게 피력했다.

> 내가 찬찬하지 못하고 너무 고지식하여 세상의 버림을 받아 귀양살이로 멀리 와 있는데도 동네 사람들이 나를 이토록 후대해 주니, 나의 궁한 것을 불쌍히 여겨 거두어 주는 것일까? 아니면 이들이 먼 지방에 살아서 당시 의논을 듣지 못해 내가 죄인임을 모르는 것일까? 아무튼 모두들 지극히 후대해 주었다.
>
> ―《삼봉집》권4, 〈소재동기〉

농민들과 함께한 삶은 정도전에게 새로운 깨달음을 준 것으로 보인다. 가난한 삶 속에서도 순박한 인정을 간직하고 살아가는 농민들을 바라보면서 정도전은 진정한 개혁은 농민들이 가난에서 벗어나 잘 살 수 있는 나라를 만드는 것이라고 생각했다. 그러나 권문세족이 권력과 부를 독점하는 고려에는 그런 개혁을 펼 희망이 없으므로, 진정한 개혁을 이루려면 특단의 조치가 필요하다는 생각을 하게 됐다. 그것은 바로 '역성혁명'이었다.

1383년(우왕 9) 가을 정도전은 함경도를 여행하다가 함주(지금의 함흥)에 주둔하던 동북면도지휘사 이성계를 찾아갔다. 두 사람의 만남은 새로운 역사의 서막을 연 것이었다. 정도전이 이성계를 찾아간 것은 바로 백성들의 신망을 얻던 이성계를 혁명에 끌어들이기 위해서였다.

이성계는 1356년 공민왕이 쌍성총관부를 수복할 때 아버지 이자춘과 함께 공민왕을 도와 공을 세우고 고려에 출사한 이후 30여 년 동안 황산대첩을 비롯한 여러 전투에서 외적의 침입을 수차례 격퇴시키면서 고려 백성들의 새로운 영웅으로 떠오른 인물이었다. 또 여러 차례의 전공으로 벼슬이 점점 높아져서 정치적으로도 중요한 위치를 차지했으며, 무엇보다도 당시 고려에서 가장 강력한 군대를 지휘하던 장수였다. 그러면서도 이성계는 변방 출신의 신흥 무장이어서 오랜 세월 기득권을 누려온 권문세족과는 체질을 달리했다. 여러 측면에서 볼 때 이성계는 역성혁명의 파트너로서 가장 적합한 인물이었다.

이성계를 만난 정도전은 훈련이 잘 되고 기강이 확립된 이성계의 군대를 보고 매우 만족해하면서, 이성계에게 혁명에 대한 자신의 포부와 구상을 피력했다. 이성계 역시 권문세족의 전횡과 그것에 따른 국가적 혼란을 크게 우려했으므로, 정도전의 혁명 구상에 곧 의기투합했다. 이성계와 뜻을 같이한 정도전은 1384년 봄 김포로 돌아왔다가 그해 여름 다시 함주를 찾아 이성계를 만났다.

1384년(우왕 10) 7월, 43세의 정도전은 국가의 제사 업무를 담당하는 전의시典儀寺의 정4품직인 전의부령典儀副令에 임명되어 다시 벼슬길에 나아갔다. 1375년 거평부곡으로 유배된 지 9년 만의 재출사였다. 같은 해 가을 정도전은 성절사 정몽주의 서장관으로 명나라에 다녀왔으며, 이듬해(1385년) 4월 귀국해 성균좨주(종3품) 겸 지제교知製敎에 제수되었다. 또 1387년에는 남양부사를 역임하는 등 다양한 관직을 두루 경험하면서 중앙 정계에서 자신의 위치를 다져 나갔다.

위화도회군

1388년(우왕 14) 5월 요동정벌에 나선 우군도통사 이성계가 압록강 하류 위화도에서 군사를 회군한 사건이다. 우왕이 즉위한 뒤 고려의 외교가 친명親明에서 친원親元으로 바뀌어, 고려와 명나라 관계가 악화되었다. 1388년 3월 명나라가 쌍성총관부雙城摠管府 관하 지역을 영유하기 위해 철령위 설치를 통고하자, 고려에서 최영이 중심이 되어 명의 대對고려 전진기지인 요동정벌론이 제기되었다. 이에 우왕은 최영을 팔도도통사八道都統使로 삼아 평양에 나아가 독전하게 하고 조민수를 좌군도통사, 이성계를 우군도통사로 삼아 정벌군을 이끌고 출정하게 했다.

처음부터 요동정벌론에 반대한 이성계는 정벌군이 압록강 하류 위화도에 이르자 진군을 멈추고, 좌군도통사 조민수와 상의해 요동정벌은 불가능하다고 상서上書로써 회군을 청하였다. 그러나 평양에 있던 최영과 우왕이 이를 허락하지 않자, 이성계는 5월 20일 회군을 결행해 군대를 국내로 돌이켰다. 얼마 뒤 최영은 이성계에게 붙잡혀 고봉현으로 유배되었다가 죽음을 당했고, 우왕도 강화도로 쫓겨났다. 이것을 계기로 이성계는 정치적·군사적 권력을 한손에 잡아 조선을 창업하는 기반을 구축하게 되었다.

지배 질서와 전쟁을 벌이다

1388년(우왕 14)은 고려의 운명을 뒤바꿔 놓은 중요한 사건이 일어난 해였다. 요동을 정벌하려고 출병한 이성계가 5월 22일 압록강 위화도에서 말 머리를 돌려 개경으로 회군한 것이었다. 개경으로 돌아온 이성계는 보수 세력의 수장인 최영을 유배 보내고 이어 우왕을 폐위했다. 그리고 정도전을 성균관 대사성으로, 조준을 사헌부 대사헌으로 천거해 혁명을 위한 개혁을 주도해 나갔다.

1389년에는 창왕마저 폐위하고 공양왕을 옹립했다. 창왕 폐위는 정도전·조준·정몽주·설장수 등이 주도했는데, 폐위의 명분은 '폐가입진廢假立眞', 즉 거짓 왕을 몰아내고 '왕씨王氏'를 다시 왕으로 세워야 한다는 것이었다. 우왕의 어머니는 신돈의 종이었던 반야인데, 그 용모가 노국공주와 흡사했다고 한다. 그래서 노국공주 사후 공민왕이 실의에 빠져 있자 신돈이 반야를 공민왕에게 소개했고, 공민왕과 반야 사이에서 우왕이 태어났다. 그런데 정도전 등은 우왕이 공민왕의 소생이 아니라 신돈과 반야 사이에서 태어난 아들이며, 따라서 '왕씨'가 아니라 '신씨'이라고 주장했다.

우왕이 과연 누구의 아들인지를 밝힐 명백한 증거는 남아 있지 않다. 하지만 분명한 것은 혁명을 추진하려면 여러 개혁 요구에 잘 따라줄 왕이 필요했는데, 그런 점에서 보수 정치의 중심에 있었던 우왕과 그 아들 창왕은 적합한 인물이 아니었다. 실제로 정도전 등은 우왕 폐위 당시 창왕이 아닌 다른 인물을 왕으로 옹립하려 했지만, 조민수·이색 등이 창왕을 강력하게 지지했기 때문에 뜻을 펼 수 없었다. 결국 정도전 등은 '폐가입진'을 명분으로 창왕의 폐위를 강력히 주장해 관철시켰다. 그리고 우왕과 창왕 옹립을 주도한 조민수 등 권문세족에게도 거짓 왕씨를 왕으로 세운 책임을 물어 관직에서 물러나게 했다.

이처럼 이성계 일파는 위화도회군 이후 우왕과 창왕, 그리고 그들을 지지하던 보수 권문세족을 조정에서 몰아냄으로써 정치 권력을 확고히 장악해 나갔다. 그러나 이성계 일파가 권문세족과의 대결에서 확실한 우위를 점하려면 정치 권력을 장악하는 것만으로는 부족하고, 권문세족의 경제적 기반을 무너뜨려야 했다. 이성계 일파가 역성혁명을 위한 여러 개혁정책 중 사전개혁 私田改革을 가장 먼저 추진한 것은 바로 이것 때문이었다.

고려에서는 관료 복무의 대가로 토지를 지급했는데, 이것은 소유권을 준 것이 아니라 토지에서 세금을 거둘 수 있는 권리를 준 것이었다. 이런 토지를 수조지 收租地라고 하며, 수조지는 관리 복무가 끝나면 국가에 반납하는 것이 원칙이었다. 그런데 고려 말의 권문세족은 수조지를 반납하지 않고 불법적으로 세습·점유함으로써 사유지화해 나갔다. 그뿐만 아니라 완력을 비롯한 여러 방법을 동원해서 농민들의 토지를 강제로 침탈·점거해 농장으로 삼았다. 그 결과 권문세족의 경제적 부는 점점 확대되어 간 반면, 토지를 빼앗긴 농민들은 권문세족의 농장에 예속되어 가혹한 수탈에 시달렸다. 또 국가적으로는 세금을 걷을 수 있는 공전 公田이 감소됨으로써 나라의 재정이 고갈되었다.

이런 경제적 파탄 상황을 극복하려면 권문세족의 토지를 몰수해 재분배하는 사전개혁이 반드시 필요했다. 즉 사전개혁은 권문세족의 경제 기반을 와해시키고 민생과 국가 재정을 안정시키는, 두 마리 토끼를 잡을 수 있는 방법이었다. 이에 사헌부 대사헌 조준은 1388년 7월 상소를 올려서 권문세족이 불법적으로 점유한 수조지를 파악하고 이것을 몰수해 관료들에게 재분배하는 것을 골자로 하는 사전개혁의 필요성을 역설했다. 이후 이행·조인옥 등이 잇달아 상소를 올려 사전개혁을 주장함으로써 사전개혁은 가장 중요한 정치 현안으로 떠올랐다.

그런데 당시의 기록을 보면, 사전개혁을 주도한 것은 조준이었고, 정도전은 사전개혁과 관련해 별다른 역할을 한 것은 없었다. 이것은 사전개혁에 대한 정도전과 조준의 견해가 달랐기 때문이다. 즉 조준은 불법적으로 점유된 수조지를 몰수해 관료들에게 재분배함으로써 수조권을 정비하고 토지겸병의 폐해를 없애는 데 초점을 맞춘 반면, 정도전은 모든 토지를 국가에 귀속시킨 다음 인구 수에 따라 토지 소유권을 재분배함으로써 자영농을 양성해야 한다고 생각했다.

정도전의 개혁안은 확실히 조준의 개혁안에 비해 근본적이고 진일보한 해법이었다. 하지만 당시 현실에 비추어 보았을 때 지나치게 이상적이고 실현 가능성이 희박했기 때문에 혁명파 내부에서도 동의를 얻지 못했고, 그 결과 고려 말의 사전개혁은 조준의 주장대로 추진되었다. 그러나 비록 적극적인 역할을 한 것은 아니지만, 정도전은 도당에서 사전개혁을 논의할 때 윤소종과 함께 조준의 개혁 주장을 지지하는 등 나름의 지원 역할을 충실히 수행했다.

조준 등 혁명 세력은 보수 세력의 반대와 저항을 뚫고 사전개혁을 차근차근 추진해 나갔다. 그 결과 1390년 9월에는 공전과 사전의 토지문서를 개경 시가지 한복판에서 소각함으로써 권문세족의 경제적 기반을 와해시켰다. 그리고 1391년 5월, 권문세족에게 몰수한 수조지를 관리들에게 차등적으로 재분배하고 소작농민이 땅 주인에게 수확량의 절반을 바치는 병작반수제竝作半收制를 금지하는 것을 골자로 하는 과전법科田法을 공포함으로써 사전개혁을 일단락 지었다. 이로써 이성계 일파는 위화도회군을 통해 정치 권력을 장악한 것에 이어 경제권마저 장악함으로써 권문세족과의 전쟁에서 승리를 거두었다.

사전개혁 논의는 공민왕대 이후 학문적 동지로서 동고동락한 신흥

윤이·이초의 난

고려 공양왕 2년(1390)에 이성계 일파가 실권을 장악하자, 파평군 坡平君 윤이 尹彝와 중랑장 中郎將 이초 李初가 명나라에 몰래 들어가, 이성계가 장차 명나라를 치려 한다고 밀고한 사건으로 이것은 명나라의 세력을 끌어들여 이성계 일파를 제거하려던 음모였다. 이색·우현보·권근 등 많은 유신이 이 사건에 관계되었다고 하여 청주에 유배당하였다.

유신들이 정치적으로 갈라지는 계기가 되었다. 조준의 사전개혁안이 발의된 이후 1389년(창왕 1) 4월 왕명에 따라 도당에서 이 문제가 논의되었다. 이때 정도전·윤소종 등은 조준의 주장에 찬동해 사전개혁을 지지했다. 반면 이색은 전면적인 사전개혁에 반대하면서, 대신 소유권 분쟁의 해결과 지나치게 높은 수취율 완화 등의 개선론을 주장했고, 이림·유백유·권근·우현보 등이 이색의 입장에 동조했다(《고려사절요》권34, 창왕 1년 4월). 이후 사전개혁이 추진되는 과정에서 이색 계열과 조준·정도전 계열의 대립은 가열되었고, 결국 이색을 중심으로 한 온건개혁파와 조준·정도전을 중심으로 한 역성혁명파의 분기로 이어졌다.

1390년(공양왕 2)에 일어난 윤이 尹彝·이초 李初 사건은 온건개혁파와 역성혁명파의 대결 구도에 새로운 변화를 가져왔다. 윤이·이초 사건은 1390년 5월 윤이와 이초가 명나라 조정에 공양왕이 왕씨가 아니라 이성계의 인척이며 이성계가 장차 명나라를 침범하려 한다고 무고한 사건이다. 이성계 일파는 윤이·이초의 배후로 이색을 지목하면서 이것을 빌미로 혁명에 반대하는 세력을 제거하려고 했다. 그런데 이 과정에서 혁명 세력 내부의 분열이 일어났다. 정몽주가 이색의 처벌에 반대해 혁명 세력에서 이탈한 것이다.

사전개혁과 창왕 폐위 과정에서 혁명파에 동조한 정몽주는 사전개혁이 일단락되자 더 이상의 개혁에 반대하면서 왕권 회복과 고려왕조의 중흥을 주장했다. 그리고 이성계 세력이 윤이·이초 사건을 빌미로 반혁명 세력의 제거를 주장하며 역성혁명의 뜻을 분명히 하자 정몽주는 결국 혁명 세력과 결별하고 반이성계 세력의 중심에 섰다. 정몽주의 이탈은 역성혁명의 추진에 중대한 위기였다. 바로 이때 정도전은 척불 운동과 반혁명 세력의 척결을 주도함으로써 정국을 반전시켰다.

척불 운동은 공양왕의 구언교서求言敎書에 대한 상소를 통해 시작되었다. 즉 1391년 들어 가뭄이 계속되자 공양왕은 4월에 교서를 내려 재이災異를 그치게 할 방도를 올리도록 했다(《고려사》 권46, 공양왕 2년 4월). 그러자 성균관 대사성 김자수, 성균박사 김초, 성균생원 박초 등이 잇달아 상소를 올려 공양왕이 연복사에 불탑을 새로 건조하는 등 많은 불사佛事를 일으킨 것을 비판하면서, 연복사 탑 공사를 중지할 것과 강력하게 불교를 배척할 것을 요구했다. 이때의 척불 운동은 성균관원들이 주도적인 역할을 했는데, 그 배후에는 겸대사성兼大司成으로 성균관에 강력한 영향력을 행사하던 정도전이 있었다.

정도전은 여말선초 성리학자들 중에서도 가장 강경한 척불론자였다. 그는 여러 저술을 통해 자신의 척불 의지를 천명했는데, 대표적인 것으로 《심기리心氣理》와 《불씨잡변佛氏雜辨》을 들 수 있다. 특히 《불씨잡변》은 이론적·교리적 측면에서 불교를 조목조목 비판한 것으로, 척불의 내용이 사회적·경제적 측면을 넘어 이론적인 측면까지 심화·확대되었음을 보여 준다. 따라서 정도전의 척불 운동은 불교 배척을 통해 성리학 이념을 사회에 뿌리내리려는 성리학자로서의 이상과 책임이 담긴 것이라고 할 수 있다.

한편 정도전의 척불 운동에는 이념적 목적 외에 정치적으로도 중요한 목적이 담겨 있었다. 첫째로, 공양왕을 견제하려는 목적이 있었다. 공양왕은 정도전 등 혁명파에 의해 옹립되었는데도 혁명파의 정책에 비협조적이었다. 특히 이색·우현보 등에 대한 처벌 요구를 거부했고, 1390년에는 이성계가 반대하는데도 남경 천도를 강행하면서 우현보·이색·권근 등을 사면하고 정몽주를 수문하시중에 임명하는 등 혁명파를 견제하는 태도를 취했다. 따라서 공양왕의 호불 행위에 대한 비판에는 공양왕의 반혁명적 태도를 약화시키려는 의도가 있었다고 할 수 있다.

둘째로, 정도전은 척불 운동을 주도함으로써 성리학자들 사이에서 주도권을 장악하려고 했다. 이것은 성균생원 박초의 상소에 잘 나타나는데, 박초는 정도전을 이단 배척에 충실한 참된 유학자로 높이 평가했다. 여기에는 정도전을 불교계와 절연하지 않은 이색과 대비시킴으로써 정도전의 위상을 부각시키고 상대적으로 이색의 권위와 영향력을 약화시키려는 의도가 담겨 있었다. 이것은 곧 이색을 중심으로 한 반혁명 세력의 입지를 약화시키는 결과를 가져왔다.

이처럼 정도전은 척불 운동을 주도해 성리학자로서 자신의 위상을 강화하고 정치적으로도 반혁명 세력을 견제하는 성과를 거두면서 혁명파의 중심 인물로 부상했다. 이어서 정도전은 반혁명 세력의 핵심인 이색과 우현보를 죽일 것을 주장하는 글을 도당에 올렸다.

> 생각하건대 형벌 중에서 찬역簒逆보다 더 큰 것이 없습니다. 왕씨를 저지하고 아들 창昌을 세운 것이나 신우辛禑를 맞이하여 왕씨를 단절시키려고 한 행위는 찬역 중에서도 심한 것이며, 난적亂賊 중에서도 괴수입니다.
>
> — 《삼봉집》 권3, 〈상도당서〉

정도전은 이색 등이 우왕과 창왕을 왕으로 옹립한 것을 왕씨의 대를 끊고 신씨를 왕으로 세운 반역 행위로 비판하면서, 《춘추》에서 이들을 난적을 주토誅討한 법에 따라 처벌할 것을 요구했다. 이것으로 정도전은 반혁명 세력을 척결하려는 정쟁의 전면에 나섰다.

정도전은 혁명을 완수하고자 반혁명 세력 척결의 선봉에 섰지만, 인간적인 측면에서 볼 때 이것은 정도전에게 큰 고통이었다. 비록 정치적으로 적대적인 입장에 서 있기는 했지만, 이색·이숭인·정몽주 등 반혁명 세력의 핵심 인물들은 대부분 자신과 젊은 시절부터 동고동락한 스승과 동료들이었기 때문이다. 하지만 혁명의 대업을 완수하려면 사적인 친분 관계에 연연할 수 없다고 판단한 정도전은 인간적 고통과 세인들의 비난을 감수하면서 스승 이색의 처형을 주장했다. 그 결과 많은 친구들이 정도전에게 등을 돌렸고, 이후 혁명 세력과 반혁명 세력 사이에는 목숨을 건 투쟁이 이어졌다.

1391년 9월 반혁명 세력에 속하는 대사헌 김주와 형조의 관원들이 정도전을 강력히 탄핵했다. 그 결과 정도전은 봉화로 유배되었고, 그해

10월에는 나주로, 12월에는 다시 봉화로 이배되었다. 여기에서 주목할 것은 사헌부와 형조에서 정도전을 탄핵할 때 그의 외조모가 노비였다는 것을 제기한 점이다. 반혁명 세력에서 정도전 일파를 공격하려고 이전까지는 크게 문제되지 않던 정도전의 혈통상 약점까지 들춰냄으로써 이제 양측은 서로 돌이킬 수 없는 막다른 대결로 치달았다.

정도전은 이듬해(1392년) 봄 유배에서 풀려나 고향 영주로 돌아갔지만, 반혁명 세력은 공격의 고삐를 늦추지 않았다. 그해 4월 이성계가 해주에서 사냥을 하다 낙마해 부상을 당하는 사고가 생겼다. 그러자 정몽주는 이 기회를 이용해 정도전·조준·남은 등 이성계의 핵심 세력을 제거하려고 이들에 대한 탄핵을 주도했다. 그 결과 정도전은 영주 봉화에서 체포되어 보주(지금의 예천)의 옥에 갇혔고, 혁명파들은 최대의 위기를 맞이했다. 하지만 이성계의 아들 이방원이 병석에 누운 이성계를 개경으로 데려오면서 상황은 반전되었다. 그리고 마지막 보루였던 정몽주가 이방원이 보낸 자객에게 살해당함으로써 반혁명 세력은 힘을 잃었고, 정도전은 정계로 복귀했다.

새 나라 조선의 건국과 정도전의 최후

새 나라 역성혁명의 마지막 걸림돌이던 정몽주가 제거된 상황에서 혁명파는 더 이상 시간을 끌 이유가 없었다. 결국 1392년 7월 17일 정도전은 조준·남은 등과 함께 이성계를 새 왕으로 추대했고, 이성계가 이것을 수락함으로써 475년 고려의 역사는 막을 내렸다.

이성계를 왕으로 추대해 새로운 나라를 세움으로써 역성혁명은 일단락되었지만 그것이 끝은 아니었다. 이제는 새 나라의 기초를 만들어가야 하는 더 큰 과제가 남았는데, 이 과제를 수행하는 데 주도적인 역할을 한 인물이 바로 정도전이다.

개국 직후 정도전은 문하시랑찬성사門下侍郞贊成事, 동판도평의사사사同判都評議使司事, 판호조사判戶曹事, 판상서사사判尙瑞司事, 보문각대학사寶文閣大學士, 지경연예문춘추관사知經筵藝文春秋館事, 의흥친군위절제사義興親軍衛節制使 등의 요직을 모두 겸임했다. 주요 정책의 결정, 관료 인사, 재정 운영, 군사, 문한 등 실로 국가 경영의 핵심적인 실권을 한 손에 장악한 것이다. 이것을 통해 정도전이 개국 직후 국정 운영을 주도하는 위치에 있었음을 알 수 있다.

조선이 건국된 후 정도전은 자신의 학문과 경륜과 열정을 모두 쏟아 부으며 새로운 나라 조선의 기틀을 다지는 일에 매진했지만, 생전에 자신의 원대한 포부를 다 이루지는 못했다. 1398년(태조 7) 8월, 태조의 다섯째 아들 이방원이 주도한 이른바 '1차 왕자의 난'으로 말미암아 비극적인 최후를 맞이했기 때문이다. 《태조실록》에는 1차 왕자의 난 당시의 상황이 자세히 기록되어 있는데, 그 요지는 이렇다.

일찍이 정도전이 남은·심효생沈孝生 등과 함께 비밀히 모의하여 임금(태조)의 병이 위독함을 핑계로 왕자들을 궁으로 불러들여서 살해하기로 했다.

새 나라 조선의 왕으로 추대된 이성계.

그런데 이 모의에 참여했던 이무李茂가 이 일을 이방원에게 알렸고, 이에 이방원은 자신의 측근인 이숙번李叔蕃에게 무장을 준비하도록 했다. 8월 26일(기사) 밤, 왕이 위독하니 속히 입궁하라는 기별을 받고 이방원 등 여러 왕자가 궁에 도착했다. 그러나 궁 안에 등불이 켜 있지 않은 것을 수상히 여긴 이방원은 궁에 들어가지 않고 집으로 돌아와 이숙번 등과 함께 송현에 있던 남은의 첩의 집을 기습해 그곳에 모여 있던 정도전·남은 등을 참형했다.

— 《태조실록》 태조 7년 8월 26일 관련 기사 요약

즉 정도전이 남은·심효생 등과 함께 여러 왕자들을 궁으로 불러들여 죽이려고 모의했는데, 이방원이 먼저 알고 정도전·남은 등을 기습해 죽였다는 것이다. 그런데 《태조실록》의 기사를 보면, 이방원이 정도전을 기습할 당시 정도전은 자신에 대한 군사적 방비를 전혀 하지 않았다. 만일 정도전이 왕자들을 죽일 모의를 꾸몄다면, 병권을 장악한 정도전이 자신에 대한 방비를 허술히 했을 리가 없다. 이런 정황을 볼 때, 당시의 거사는 정도전이 왕자들을 죽이려 한 것에 대한 대응이라기보다는 이방원이 정도전을 죽이려고 미리 계획한 것으로 보는 것이 타당할 것 같다.

그렇다면 이방원은 왜 정도전을 살해했을까? 그 답은 정도전이 추진한 여러 정책들을 통해 확인할 수 있다. 두 사람은 함께 역성혁명을 성공시켜 조선을 건국한 주역들이었지만, 기본적으로 추구하는 정치 노선이 달랐다. 정도전은, 국왕은 상징적인 최고 권력자에 머물러야 하며 실제 국정 운영의 주도권은 재상이 가져야 한다는, 재상 중심의 정치 체제를 추구했다. 반대로 이방원은 국왕 중심의 정치 운영을 지지했다. 즉 국왕이 상징적인 권력을 갖는 데 그쳐서는 안 되며, 실질적인 권한을 가지고 국정을 직접 주도해 나가야 한다는 것이었다. 이렇게 근본적인 부분에서 노선이 다른 두 사람은 점차 대립적인 위치에 서게 되었다.

조선 건국 직후 이루어진 세자 책봉은 두 사람의 대립을 더욱 격화시켰다. 이성계는 개국 직후 후비 강씨 소생의 아들 방석을 세자로 책봉했다. 이에 이미 사망한 정비 한씨 소생의 아들들은 크게 반발했으며, 특히 정치적 야심이 강했던 이방원의 분노는 더욱 컸다. 반면 정도전은 비록 세자 책봉을 주도하지는 않았지만, 어린 방석이 세자가 되는 것이 재상중심주의를 추구하는 자신의 이상을 펼치기에 유리하다고 판단해 반대하지 않았고, 세자 책봉 이후에는 방석의 교육을 담당하며 국왕으로서의 자질을 갖추도록 도와주었다. 그 결과 세자 책봉 이후 정도전과 이방원의 관계는 크게 악화되었다.

두 사람의 사이를 완전히 갈라놓은 것은 사병 혁파였다고 할 수 있다. 정도전은 개국 직후부터 군제 개혁을 적극 추진했으며, 1396년 이후에는 요동 정벌을 명분으로 내세워 사병 혁파를 강력히 추진다. 그런데 정도전이 추진한 사병 혁파의 주 대상은 바로 이방원과 같은 왕실 종친들과 공신들이었다. 당시 이방원은 개국공신에도 책록되지 못했으며, 이성계와 정도전에게 계속 견제를 받았다. 이런 상황에서 사병 혁파가 강력히 추진되자 이방원은 자신의 마지막 보루인 무력 기반마저 상실할 위기에 몰렸다. 무력 기반의 상실은 곧 권력에서 완전히 밀려나는 것을 의미했기 때문에, 이방원 입장에서는 더는 물러설 수 없는 상황이었다. 결국 이방원은 위기에서 벗어나기 위해 '무력을 사용한 거사(왕자의 난)'라는 최후의 수단을 택할 수밖에 없었고, 정도전은 자신의 큰 뜻을 다 펼치지 못한 채 57세의 나이로 불꽃 같은 생을 마감했다.

새로운 제도와 재상 중심의 중앙집권화

정도전은 '조선왕조의 설계자'로서 수많은 업적을 남겼는데, 그중에서

경기도 평택에 있는 정도전 사당.

특히 중요한 것은 크게 세 가지로 정리된다. 첫째는 《조선경국전 朝鮮經國典》·《경제문감 經濟文鑑》·《경제문감별집 經濟文鑑別集》 등 여러 저술을 통해 새 나라 조선의 제도적인 틀을 만들어 간 것이고, 둘째는 새로운 수도 한성의 건설 사업을 총괄한 것, 셋째는 사병 혁파로 대표되는 군제 개혁을 추진한 것이다. 이 세 가지 내용은 정도전의 사상과 업적을 이해하는 데 중요한 정보를 제공한다.

먼저 정도전은 활발한 저술 활동을 통해 여말선초를 대표하는 학자로서의 면모를 유감없이 과시했다. 특히 새 나라 조선의 통치 규범과 국정 운영 체제에 관한 저술들을 많이 남겼는데, 여기에는 그가 생각한 새 국가의 이상적인 모습이 잘 나타나 있다. 현전하는 정도전의 저술들은 대부분 그의 문집인 《삼봉집》에 수록되어 있는데, 이중 조선의 체제 정비와 관련해 중요한 의미를 갖는 것으로는 《조선경국전》·《경제문감》·《경제문감별집》 등을 들 수 있다.

《조선경국전》은 정도전의 대표적인 정치 이론서로, 1394년(태조 3)에 편찬되었다. 정도전은 《주례》의 육전 체제를 근간으로 하면서 이것을 조선의 현실에 맞도록 변용해 《조선경국전》을 편찬했으며, 중국의 한·당·송·명의 제도들도 부분적으로 수용했다. 《경제문감》과 《경제문감별집》은 각각 1395년과 1397년에 편찬된 것으로, 두 책 모두 《조선경국전》의 보유편적 성격을 갖는다. 즉 《조선경국전》이 국정 전반을 종합적으로 정리한 것이라면, 《경제문감》과 《경제문감별집》은 그중에서 '치전'에 해당하는 재상과 국왕의 역할, 권력 구조의 문제, 위병·감사·수령의 직책 등에 대한 내용들을 보완한 것이다. 이렇게 볼 때 정도전 정치사상의 전모를 가장 잘 보여 주는 저술은 역시《조선경국전》이라고 할 수 있다.

《조선경국전》은 정보위 正寶位 · 국호 國號 · 정국본 正國本 · 세계 世系 · 교서 敎書 등 다섯 개 항목의 총론과 치전 治典 · 부전 賦典 · 예전 禮典 · 정전 政典 · 헌전 憲典 · 공전 工典 등 육전으로 구성되어 있다. 육전의 주요 내용을 간략히 정리하면 다음과 같다.

치전은 이전에 해당하며, 재상 중심의 정치 운영 원칙, 권력의 직능별 분산, 재상의 자질, 능력주의에 기초한 인재 등용, 군사 제도와 재정 운영의 기본 원칙, 공신에 대한 국가의 예우 등에 대한 내용이 수록되어 있다.

부전은 호전에 해당하며, 국가 재정 운영의 원칙을 설명했다. 국가 수입원의 확대를 위해 군현 제도와 호적 제도를 정비하고 농상 農桑 을 장려할 것, 사치를 방지하고 불필요한 지출을 억제해 재정을 안정시킬 것, 조세를 공정하게 부과할 것 등을 강조했다.

예전은 각종 의례, 교육, 인재 선발 등의 원칙을 설명한 것이다. 의례에서 토속적 · 불교적 제도를 폐지하고 유교적 제도로 대체할 것, 교육의 기회를 확대할 것, 능력 본위의 인재 등용 제도를 확립할 것 등을 강조했다.

정전은 병전에 해당하는 것으로, 병농일치 兵農一致 의 원칙을 비롯해 군대 운영과 관련된 광범한 내용이 수록되어 있다. '정전'이라는 명칭을 쓴 것은 군사 제도가 기본적으로 바르지 못한 인간을 바르게 하는 '정인'의 도덕성에 기초해야 한다는 입장에서 나온 것이다.

헌전은 형전에 해당하는 것으로 형법 제도와 관련된 내용이 수록되어 있다. 정도전이 구체적으로 수용한 형법은 명나라의 《대명률》이었는데, 이것은 뒤에 《경국대전》에서도 그대로 계승되었다.

공전은 국가에서 필요로 하는 각종 물품의 제조와 토목공사 등을 운영하는 원칙을 밝힌 것이다. 여기에서 정도전은 특히 정부가 사치와 재정 낭비를 억제해야 하며, 백성들의 노력을 지나치게 소모해 피곤하게 해서는 안 된다는 점을 강조했다.

이처럼 《조선경국전》에는 정도전이 생각한 이상적인 국가의 모습이 잘 나타나 있다. 그렇다면 정도전이 생각한 이상적 국가 운영의 형태는 과연 어떤 것이었을까? 그것은 크게 두 가지로 요약되는데, 첫째는 중앙집권적 관료 체제를 수립하는 것이고, 둘째는 관료 체제 운영의 주도권을 재상이 갖는 재상 중심의 권력 구조를 확립하는 것이다.

정도전은 백성에 대한 통치권을 일체 중앙 정부에 집중해 정부의 관리가 백성을 다스리게 하는 중앙집권적 관료 체제를 추구했다. 이런 입장은 고려 말 권문세족과 지방 호족의 토지와 농민에 대한 사적 지배가 초래한 문제점에 대한 반성에서 나온 것이라고 할 수 있다. 고려 말 권문세족과 지방 호족들은 권력과 부를 이용해 불법적으로 토지와 농민들을 침탈했다. 이것은 귀족들의 토지 겸병과 농장 경영 그리고 그에 따른 농민층의 몰락으로 이어졌고, 농민층의 몰락은 결국 국가 재정 기반의 붕괴를 초래했다.

정도전은 이런 고려 말의 폐단이 결국 중앙집권화가 미성숙했기 때문이라고 보고, 모든 권력을 중앙 정부에 집중시킴으로써 귀족과 호족의 사적 지배를 차단하고자 했다. 그리고 권력이 중앙에 집중되는 경우 나타날 수 있는 '관권 남용'의 문제점을 해결하고자 권력 상호 간의 견제와 감독 기능을 부여하도록 했다. 《조선경국전》이나 《경제문감》에서 정도전은 언관과 간관, 그리고 수령을 감독하는 감사의 중요성을 매우 강조했는데, 이것은 권력을 감독·견제함으로써 권력의 남용을 막으려는 의지가 반영된 것이다.

　다음으로 정도전은 중앙집권적 관료 체제 운영의 주도권을 재상이 갖도록 하는 재상 중심의 권력 구조를 추구했다. 즉 왕위는 세습되는 것이기 때문에 국왕이 항상 현자일 수는 없으므로 국왕은 상징적인 최고 권력자에 머물러야 하고, 국정 운영의 실질적인 최고 권력은 나라 안의 인재들 중에서도 가장 뛰어난 사람으로 임명한 재상에게 주어져야 한다는 것이 정도전의 생각이었다.

　정도전은 재상의 실권을 크게 두 가지로 나누어 정리했다. 첫째는 최고 정책 결정자로서 정화政化와 교령敎令을 결정하는 것이고, 둘째는 최고 정책 집행자로서 중앙과 지방의 모든 관료들을 통솔하면서 인사·군사·재정·작상·형벌 등의 권한을 행사하는 것이다. 그러나 이것이 재상의 독재적인 국정 운영을 의미하는 것은 아니다. 정도전은 재상이 통치의 큰 줄기를 장악해 국정을 지휘하고, 실제 세부적인 정책들은 재상의 지휘 아래 백관들이 분담해 집행해야 한다고 주장했다. 이것은 권력의 집중과 남용을 막고 국정 운영을 원활히 하려는 의도가 반영된 것이라고 할 수 있다.

　그렇다면 재상 중심의 통치 체제 안에서 국왕이 실제 행사할 수 있는 권한은 무엇일까? 정도전은 이것을 두 가지로 규정했다. 첫째는 나라 안의 어진 인재를 택해 재상으로 임명하는 것이고, 둘째는 재상과 정사를 협의·결정하는 것이다. 특히 재상과 정사를 협의할 때 국가의 모든 문제를 다 협의·결정하는 것이 아니라 큰 문제에 대해서만 협의할 권한을 가지며 작은 일은 재상이 독자적으로 처리해, 정사를 협의하고 처리하는 과정에서 주도권은 재상이 가져야 한다고 강조했다.

이처럼 정도전은 재상이 중심이 되는 중앙집권적 관료 체제를 이상적인 통치 형태로 생각하고 이것을 확립하려고 노력했다. 그리고 태조의 적극적인 후원 아래 정도전 자신이 실권을 가진 재상이 되어 새 나라 조선의 건국 사업을 주도해 나갔다.

수도 이전과 사병 혁파

조선이 개국하고 3년째인 1394년에 이르러 천도 문제가 본격적으로 논의되기 시작했다. 천도에 가장 적극적인 사람은 태조 이성계로, 개경의 지덕이 쇠했다는 풍수도참설을 근거로 내세우며 천도를 강력하게 주장했다. 반면 정도전은 국가의 흥망은 정치를 하는 사람에게 달린 것이지 땅의 성쇠에 있는 것이 아니며 지금은 새 수도의 건설보다는 민생 안정이 더 시급하니 천도는 천천히 할 것을 건의함으로써 사실상 천도에 반대하는 견해를 피력했다. 하지만 태조는 정도전 등이 반대하는데도 자신이 직접 무악·계룡산·한양 등지의 신도 후보지를 답사하는 등 강력한 천도 의지를 피력했다. 그 결과 1394년 8월 한양이 새 수도로 결정되어 그해 10월 한양 천도가 단행되었다.

한양이 새 수도로 결정된 뒤 1394년 9월 1일 수도 건설을 주관하는 임시 기관인 신도궁궐조성도감新都宮闕造成都監이 설치되고 정도전이 책임자로 임명되었다. 천도를 반대한 정도전을 신도 건설의 책임자로 임명한 것은 태조가 정도전을 얼마나 신임했는지 잘 보여 주는 일이다. 정도전은 신도를 건설하는 책임을 맡자 심덕부·김주 등과 함께 한양으로 가서 궁궐·종묘·사직·관아·도로 등의 터를 정하고 그 도면을 작성해 태조에게 바쳤다.

정도전의 한양 설계는 《주례》의 〈고공기考工記〉에 수록된 '국도조영(國都造營, 수도 건설의 기본 원칙)'을 근간으로 한다. '국도조영'의 핵심은 도시 중앙에 궁궐을 지은 다음, '좌묘우사 전조후시左廟右社前朝後市', 즉 궁의 왼쪽에 왕실 조상의 위패를 모신 종묘, 오른쪽에 토지와 곡식을 주관하는 신에게 제사를 올리는 사직, 앞쪽에 관청 건물, 뒤쪽에 시장을 배치하는 것이다. 그러나 이 원리는 넓은 평지에 수도를 건설한다는 전제 위에 만들어진 것이어서 산이 많고 평지가 좁은 우리나라에서는 그대로 적용하기 어려운 측면이 있었다.

그래서 정도전은 '국도조영'을 우리의 자연환경에 맞게 변형해 적용했다. 즉 백악산을 주산으로 하여 그 아래에 궁궐을 조성한 다음, '좌묘우사' 원칙에 따라 궁의 왼쪽에 종묘, 오른쪽에 사직을 배치했다. 또 궁의 정문에서 남쪽으로 뻗은 도로 좌우에는 각 관청 건물이 들어서는

'육조거리'를 조성해 '전조'의 원칙을 따랐다. 그러나 궁의 뒤편은 백악산이어서 '후시', 즉 궁의 뒤에 시장을 조성한다는 원칙은 적용하지 못했다. 시장 건설은 정도전 당대에는 이루어지지 못했고, 뒤에 태종대에 가서 시전거리(운종가)가 조성됨으로써 완성되었다.

　이런 설계를 바탕으로 1394년 12월부터 본격적인 공역을 시작해 이듬해 9월 종묘와 궁궐 등이 완공되었다. 궁궐이 완성되자 태조는 정도전에게 궁궐과 각 전각들의 이름을 짓도록 명했다. 이에 정도전은 궁궐 이름을 경복궁景福宮이라 명명했고, 궐내의 여러 전각에도 근정전勤政殿·사정전思政殿·강녕전康寧殿 등의 이름을 붙였다. 궁궐과 전각의 이름들은 모두《시경》과《서경》등 유교 경전에서 인용한 것으로, 왕실과 백성이 영원히 태평성대를 누리기를 기원하는 의미가 담겨 있다.

　종묘와 궁궐이 완성된 다음 달인 1395년 윤9월부터는 도성의 성곽 축조 공사가 시작되었다. 여기에서도 정도전은 직접 성벽을 쌓을 터를 정하는 등 주도적인 역할을 했다. 성곽의 경우에는《주례》에 따른 방형의 성곽을 만들지 않고 한성을 둘러싼 백악산·인왕산·남산·낙산을 연결하는 형태로 조성하였다. 이것은 이론적인 부분보다 실질적인 자연환경이나 방어의 문제를 우선 고려한 것으로, 도성의 성곽은 한양 건설에서 다른 어떤 부분보다도 우리나라 고유의 방식이 적용된 부분이라고 할 수 있다.

　성곽이 축조된 다음에는 네 개의 대문과 네 개의 소문을 만들어 도성을 드나들 수 있도록 했다. 정도전은 도성 문의 이름도 직접 지었는데, 오행의 원리에 따라 방위별로 오덕을 배치해 남대문은 숭례문, 동대문은 홍인지문, 서대문은 돈의문, 북문은 소지문으로 명명했고, 오덕 중 남은 '신信'의 덕목은 도성 중앙의 종각에 배치해 보신각이라 이름을 지었다. 이런 명명은 정도전이 성리학적 이념에 입각해 한양을 건설하고자 했음을 잘 보여 준다.

성곽 축조가 끝난 다음 정도전은 1396년 4월 한성부의 행정 구획을 정리하는 일과 각 구역의 이름을 정하는 사업을 담당했다. 한성부를 동·서·남·북·중앙 등의 오부로 나눈 다음, 오부를 다시 52개의 방으로 구획했다. 그리고 각 방의 이름을 직접 제정했는데, 정도전이 지은 방의 이름은 '인의예지신' 같은 유교의 덕목 및 덕과 선, 그리고 국가의 평안을 비는 뜻을 담은 글귀로 이루어져 있다. 여기에서도 성리학 이념에 입각해 도시를 건설하고자 했던 정도전의 의도가 잘 나타나 있다. 이렇게 행정 구획과 구역의 이름까지 확정함으로써 태조대에 정도전이 주도한 한성 건설은 일단락되었다.

마지막으로 정도전이 추진한 여러 건국 사업 중 그가 가장 심혈을 기울인 부분이 바로 군제 개혁이었다. 고려 말에는 지방군에 대한 통수권이 절제사節制使 개인에게 위임되어 있어서 국군으로서의 성격이 미약했고 절제사의 사병적인 성격이 더 강했다. 태조는 개국 직후 왕자·종친·공신들을 절제사로 임명해 지방군을 통솔하게 했지만, 여전히 일원적 지휘 체계는 성립되지 못했고 각 지휘관의 사병적 지휘권도 계속 유지되었다.

정도전은 군대를 중앙군과 지방군으로 이원화하되 통수권은 중앙에서 장악하며, 지방군은 교대로 상경해 수도를 숙위하도록 하는 부병제를 가장 이상적인 군사 제도로 생각했다. 그런데 부병제를 실시하려면 통수권이 반드시 일원화되어야 하며, 이것은 사병적 지휘권의 혁파가 전제되어야 가능한 일이었다. 정도전이 강력하게 군제 개혁을 추진한 목적은 바로 여기에 있었다.

정도전은 개국 이후 의흥친군위 절제사로 병권의 일부를 담당한 1393년(태조 2)부터 진법 훈련 등 각종 군사 훈련을 실시함으로써 각 절제사들이 거느리던 사병 성격의 군대를 자신이 직접 장악하고자 했다. 그리고 1394년 중앙군의 최고 책임자인 판의흥삼군부사에 임명되자 본격적인 군제 개혁을 추진했다. 정도전은 1394년 2월 29일 상소를 올려 여덟 개 조목의 병제 개혁안을 제시했는데, 그중에서 가장 중요한 것은 절제사의 지휘권 혁파를 주장한 여덟 번째 조목이었다.

> 장군으로 하여금 오원십장五員十將과 육십위정六十尉正을 맡게 하고 대장군 이상은 참예하지 못하게 하며, 각도 주군州郡의 군사도 병마사兵馬使 이하에게 명하여 이를 맡게 하고 절제사는 때때로 병마사의 부지런하고 태만한 것만 규찰糾察하게 한다면, 체통體統이 서로 유지되므로 군사가 비록 모이더라도 반란을 그치게 하지 못할 근심은 없을 것입니다.
>
> ─《태조실록》권5, 태조 3년 2월

정도전은 군대의 실질적 지휘권을 병마사 이하 장군들에게 주고, 절제사는 병마사를 감독하는 직무만 담당하도록 할 것을 주장했다. 이는 절제사의 지휘권을 유명무실하게 함으로써 절제사 휘하의 군대를 중앙에서 장악하려는 것이었다. 정도전은 이런 병제 개혁안을 현실화하는 후속 조치로 강력한 군사 훈련을 실시했으며, 훈련에 불참하거나 명령을 어긴 자를 엄격히 처벌하도록 했다. 군사 훈련의 강화에는 정예 군대를 육성하려는 목적도 있었지만, 한편으로는 군사 훈련을 중앙에서 주관함으로써 절제사와의 사병적 연결 고리를 약화시키고 국가의 공병으로 만들려는 목적이 담겨 있었다.

1396년에 명나라와의 외교 관계에서 발생한 표전문 사건 이후 정도전은 군사 훈련의 강도를 더욱 높였다. 명나라와의 외교에서 사용하는 표전문은 그 격식과 용어가 매우 까다로워서 같은 의미의 단어라 하더라도 어떤 것은 공손한 표현이지만 어떤 것은 무례한 표현이 되기도 해, 잘못 선택한 단어 하나가 외교 문제를 야기하기도 했다. 1396년 6월 명나라는 사신을 보내 조선이 명나라에 보낸 외교문서에 무례한 표현이 있음을 지적하면서, 그 문서를 지은 사람으로 정도전을 지목해 명나라로 압송할 것을 요구하였다. 그러나 이 문제는 정도전 대신 명에 파견된 권근이 명 황제를 설득함으로써 원만히 해결되었다.

그렇다면 표전문 사건이 일단락된 후 정도전이 군사 훈련을 더욱 강화한 까닭은 무엇일까? 여기에는 두 가지 견해가 있다. 첫째는 정도전이 이전부터 요동 정벌을 추진했는데 명나라가 이것을 미리 탐지하고 외교 문서를 빌미로 정도전을 제거하려 한 표전문 사건 때문이며, 이후 정도전이 더욱 적극적으로 요동 정벌을 추진했다는 것이다. 또 다른 하나는 정도전이 실제로 요동 정벌을 추진하고자 한 것은 아니며, 단지 사병 혁파를 반대하는 세력을 억제하려는 명분으로 요동 정벌을 이용했다는 것이다. 정도전의 요동 정벌 추진 문제는 그것과 관련된 자료가 부족해, 어느 쪽이 옳다고 확언할 수 없다. 다만 무엇보다 분명한 것은 표전문 사건 이후 군사 훈련과 사병 혁파가 더욱 강력하게 추진되었다는 점이다.

사병 혁파 추진과 그에 따른 군사 훈련의 강화는 1398년(태조 7)에 이르러 절정에 달했다. 이해 3월에 남은은 "개국 초에는 여러 공신들이 군대를 담당하는 것이 옳지만 지금은 즉위하신 지가 오래되었으므로 절제사를 없애고 관군으로 통합하는 것이 마땅합니다"(《태조실록》 권13, 태조 7년 3월)라고 하면서 절제사를 혁파할 것을 주장했다. 이것은 앞서 정도전이 1394년에 올렸던 병제개혁안과 맥을 같이하는 것으로서 정도전의 의견을 대변한 것으로 볼 수 있다. 이것은 곧 요동 정벌의 명분을 내세워 사병을 완전히 혁파하고 군대에 대한 통수권을 중앙으로 일원화하려는 의도에서 나온 것이었다.

남은의 절제사 혁파 주장 이후 군사 훈련은 태조의 명에 따라 더욱 엄격하게 실시되었으며, 특히 그해 윤5월 말부터 8월 초까지의 3개월여 동안은 군사 훈련의 강도가 최고조에 이르렀다. 그리고 군사 훈련에 불참하거나 〈진도〉 강습을 게을리 한 자는 누구를 막론하고 문책했는데, 이것은 사병 혁파에 반발하는 종친과 공신 세력을 압박하려는 것이었다. 그러나 이런 압박은 결국 앞에서 본 것처럼 정도전이 이방원에 의해 비극적인 최후를 맞는 원인이 되었다.

잠들지 않는 정신, 500년을 살다

앞서 정도전이 조선 개국 후 이룬 업적 중 중요한 것들을 세 분야로 나누어 정리해 보았다. 특히 이 세 분야는 정도전 사후에도 조선의 정치·사회 운영에 큰 영향을 끼친 부분이라는 점에서 중요한 역사적 의미를 갖는다. 비록 사찬私撰이기는 하지만 조선왕조 최초의 헌법 초안인 《조선경국전》은 이후 《경국대전》의 편찬에 큰 영향을 끼친 것으로 평가된다. 즉 《조선경국전》의 육전 체제는 《경국대전》 편찬 과정에서도 그대로 적용되었으며, 특히 《경국대전》에서 의정부의 역할이 "백관을 총괄하고 서정庶政을 고르게 하며, 음양을 다스리고 방국(邦國, 나라)을 경영한다" (《경국대전》 권1, 이전)라고 규정됨으로써, 정도전이 《조선경국전》에서 강조한 재상 중심주의 원칙이 적어도 이념적으로는 계승되었음을 확인할 수 있다.

정도전이 추진하다 끝내 이루지 못한 사병 혁파와 군제 개혁은 아이러니하게도 사병 혁파에 반발하며 그를 살해한 태종 이방원에 의해 완성되었다. 즉 태종도 집권한 뒤에는 사병의 존재가 자신에게 위협이 될 수 있으며, 또 군대 지휘권이 나라에 속해 있지 않고 개인에게 있으면 효과적으로 군대를 동원하고 국방력을 강화하기 어렵다고 판단한 것이다. 그래서 태종은 공신들의 반대를 억누르면서 가장 먼저 사병 혁파를 추진했으며, 그 결과 조선의 국방군 체계가 갖추어졌다. 이것은 정도전의 군제 개혁이 옳은 방향으로 추진되던 것임을 증명하는 것이라고 할 수 있다.

한편 정도전이 설계하고 건설한 수도 한성은 태종대에 시전市廛 행랑과 청계천 등의 정비 과정을 거치면서 수도로서의 면모를 더욱 확고히 갖추었다. 이후 한성은 조선왕조 500년 동안 조선의 수도로서 그 구실을 다했을 뿐만 아니라 오늘날까지도 대한민국의 수도로서 변함없는 모습을 보여 준다.

정도전은 새 나라 조선의 기틀을 확립하는 데 많은 공을 세웠지만, 반역의 죄목으로 죽임을 당한 불명예는 쉽게 회복되지 않았다. 정도전의 사상이 국가 차원에서 재평가된 것은 정조대에 이르러서였다. 정도전의 학문과 사상을 높이 평가한 정조는 1791년(정조 15) 규장각에 명해 《삼봉집》에 누락된 글들을 수집하고 체제도 정비해 새로 문집을 편찬하도록 했다. 현재 주로 이용되는 《삼봉집》이 바로 이때 간행된 것이다. 그리고 고종대에 들어 경복궁이 중건되는 과정에서 한성부를 설계한 정도전의 공이 인정되어, 1865년(고종 2) 대왕대비의 전교에 따라 정도전의 훈작이 회복되었고, 1870년에는 문헌文憲이라는 시호와 '유종공종儒宗功宗'이라는 편액이 하사되었다. 이로써 정도전은 사망한 지 거의 500년이 지난 뒤에야 비로소 역적의 누명을 벗고 명예를 회복하였다.

5

최승로_ 국가는 어떻게 만들어지는가?

'시무28조'로 고려의 나아갈 길을 밝히다

최승로는 성종대 고위 관직을 두루 역임하면서 성종의 정치를 보좌하며 정국을 주도했고, 이 과정에서 성종대 국가 체제의 정비 사업에 크게 기여했다. 한 시대를 디자인한 최승로가 지닌 고민과 지향점 등은 고려시대가 개국 이후 맞닥뜨린 현실과 시대적 과제를 비롯한 그것의 해결 방향을 이해하게 한다.

최종석∷성균관대학교 동아시아학술원 박사후연구원

최승로
927~989

최승로는 신라 말, 927년 신라 6두품 출신 최은함의 아들로 경주에서 출생했다. 아버지 최은함이 불교를 신봉했기 때문에 성장할 때 불교에서 많은 영향을 받았다. 또 다른 기록에 따르면, 최승로는 총명하고 학문을 즐겼으며 글짓기를 잘했다고 전해지는데 이것을 보면 불교와 친숙하면서 동시에 유학 공부에도 열중했을 것이란 걸 알 수 있다.

최승로는 당대 제일의 지식인 대열에 들었는데, 신라 6두품 지식인 중에는 최치원처럼 당에 건너간 유학생 출신이 많았지만, 최승로는 국내에서 학문을 닦은 순수 국내파였다. 최승로는 982년(성종 1)에 정광 행선관어사 상주국이라는 고위 직함으로 중앙 정계에서 주요 역할을 수행했다. 고려의 제6대왕 성종은 즉위 이후 국가 체제를 정비하려고 했는데, 그해 6월에 중앙 관원으로 5품 이상인 자에게 각각 상서를 올려 시정의 득실을 논하게 했다. 최승로는 시무 28조 등이 수록된 상서문을 올렸고, 성종은 이것에 크게 공감하고 그때에 시행하던 국가 체제 정비 사업에 반영했다. 최승로는 상서문을 올린 직후부터 어린 성종의 정치 보좌관으로 활약했다. 최승로는 성종대에 고위 관직을 두루 역임하면서 성종의 정치를 보좌하며 정국을 주도했고, 이 과정에서 성종대의 국가 체제 정비 사업에 크게 기여했다.

고려 사회를 디자인하다

고려시대는 다른 시대에 비해 사람들의 관심을 끌지 못하며, 알려진 내용도 별로 없다. 사람들은 대부분 고려시대라고 하면, 호족·문벌귀족·무인세력·권문세족·신진사대부 등의 시기별 지배층만을 떠올린다. 고려시대가 고대와 조선시대 사이에 있다 보니, 막연히 두 시대를 이어 주는 시기, 두 사회의 성격이 교차한 시기라고 이해할 뿐, 정작 고려 사회 자체가 어떤 성격의 것이었는지는 잘 알지 못한다.

그렇지만 고려시대는 사회 성격 측면에서 고대나 조선시대와 이질적이었다. 가령 고려시대 군·현·향·부곡 등의 지방 행정 단위는 행정적, 경제적 목적으로 국가에 의해 구획된 지역 범위가 아니었다. 그것은 정치적·군사적·문화적·사회적으로 결속된 지역공동체를 바탕으로 성립되고 있었다. 그리고 이것과 맞물려 지역공동체의 리더, 곧 향리층이 해당 지방 행정 단위(구체적으로 본관이 설정되는 지역 단위)를 자율적으로 지배했고, 이런 질서는 중앙 정부에 의해 공인되고 있었다. 이 밖에도 여러 정치·사회 질서의 측면에서 고려시대는 그 이전이나 이후 시기와 현격히 구분되었다.

이런 고려의 사회 질서는 신라 말기·고려 초기(나말여초)에 싹터 성종대에 그 틀이 성립되었다. 즉 성종대는 나말여초에 축적된 새로운 질서를 밑거름 삼아 이것을 수용하고 개혁해 나가면서 국가 체제를 정비해 고려 사회의 기본 틀을 조직한 시기였다. 바로 이 시기에 최승로는 정국을 주도했으며, 그의 이념과 개혁 방안은 시대적 과제에 적극적으로 부응하고 있었다. 더욱이 당시 국왕인 성종은 최승로와 정치적 이념을 상당 부분 공유하고 있던 까닭에, 최승로의 개혁 방안과 정치 이념을 대폭 수용하였다. 이런 이유에서 최승로가 고려 사회의 기본 틀을 짜는 데 크게 기여했다 할 수 있다.

최승로의 행적을 파악할 수 있는 기록은 많지 않다. 이 가운데 먼저《삼국유사》에서 전하는 출생에 관련한 일화를 소개한다.

신라 말 최은함崔殷含이 오랫동안 자식이 없어 중생사衆生寺를 찾아가 관세음보살 앞에 기도를 올렸더니 태기가 있어 최승로를 낳았다. 그가 태어난 지 석 달이 채 되지 않은 때, 후백제의 견훤이 경주를 습격하여 성 안은 크게 혼란하게 되었다. 최은함은 아이를 안고 절에 와서 말하기를, "이웃 나라 군사가 갑작스레 닥쳐 상황이 급박한데 어린것이 짐이 되어 둘이 다 화를 피할 수 없을 것입니다. 정말로 보살님이 주신 자식이라면 자비로운 힘으로 보호하여 길러 주시어 우리 부자가 다시 만나도록 해 주십시오" 하고,

중생사. 679년(신라 문무왕 19)에 창건된 절로 신라 말에 최은함이 이 보살상에 기도를 올린 뒤 아들 최승로를 얻었다고 한다.

중생사 마애불상.

눈물을 흘려 슬프게 울면서 재삼 부탁하고는 아이를 포대기에 싸서 부처 앉은 자리 아래 두고는 몇 번이나 뒤를 돌아보면서 갔다.

보름이 지나 적병이 물러간 후 돌아와서 아이를 보니, 살결은 갓 목욕한 것만 같고 얼굴과 몸뚱이는 한결 고왔으며 젖내가 아직도 입에 남아 있었다. 아이를 안고 돌아와 길렀더니 장성하자 총명함과 슬기로움이 남달랐다. 최승로는 벼슬이 정광(고려 초기의 고위 관계)에 이르렀다. 그는 낭중 최숙을 낳고, 최숙은 낭중 최제안을 낳았으니 이로부터 자손이 끊어지지 않았다. 최은함은 경순왕을 따라서 고려에 들어와 유력 세력이 되었다.

— 《삼국유사》 권3, 〈탑상〉 삼소관음 중생사

최승로는 신라 말기인 927년(경애왕 4) 6두품인 최은함의 아들로 경주에서 태어났다. 출생에 관련한 기록에서 알 수 있듯이, 최승로는 불교와 인연이 깊었다. 아버지가 불교를 신봉하고 있던 탓에 성장하면서 불교에 많은 영향을 받았을 것이다.

다른 기록에 따르면, 최승로는 총명하고 학문을 즐겼으며 글짓기를 잘했다고 한다. 이것을 보면 최승로가 불교와 친숙하면서 동시에 유학 공부에도 열중했을 것이란 걸 알 수 있다. 최승로는 어릴 때 이미 유학에 대한 소양이 있어, 열두 살 때 태조에게 불려 가《논어》를 읽었다고 한다. 이때 태조가 그를 가상히 여겨 원봉성(元鳳省, 태봉과 고려 초기의 관청으로 임금의 칙서에 관한 일을 맡아보던 관청)의 학생이 되게 하는 등의 특별한 은총을 내렸다.

원봉성 학생이 된 뒤부터 성종 원년까지의 행적은 남아 있지 않지만, 학문적 능력을 바탕으로 문장과 학문 계통의 관직 생활을 역임했을 것이고, 특히 광종대에는 학사 관직을 지닌 채 소극적이나마 정치에 참여했을 것으로 추측된다.

최승로는 982년(성종 1)에 정광 행선관어사 상주국이라는 고위 직함을 갖고 중앙 정계에서 주요한 역할을 수행했다. 당시 성종은 즉위 이후 국가 체제를 정비하려는 구상을 갖고 있었고, 이것을 체계적으로 추진하기 위해 그해 6월 중앙 관원으로 5품 이상인 자에게 각각 상서를 올려 시정의 득실을 논하게 했다. 최승로는 시무 28조 등이 수록된 상서문을 올렸고, 성종은 이것에 크게 공감하고 국가 체제의 정비 사업에 적극 반영했다. 최승로는 상서문을 올린 직후부터 어린 성종의 정치 보좌관으로 활약했다. 983년 문하시랑평장사로 승진했고, 이후 988년에는 문하수시중으로 청하후식읍칠백호에 봉해졌다. 그 뒤 여러 차례 은퇴를 간청했지만, 성종은 받아들이지 않았다. 그러던 중 989년(성종 8)에 사망했는데 태사太師에 추증되었고, 998년(목종 1)에 성종 묘정廟庭에 배향되었다.

최승로는 성종대 고위 관직을 두루 역임하면서 성종의 정치를 보좌하며 정국을 주도했고, 이 과정에서 성종대 국가 체제 정비 사업에 크게 기여했다. 한 시대를 디자인한 최승로가 지닌 고민과 지향점 등은 고려시대가 개국 이후 맞닥뜨린 현실과 시대적 과제를 비롯한 그것의 해결 방향을 이해하게 한다.

골품제를 극복하고 새로운 사회 질서를 만들다

나말여초 시기에 등장한 새로운 질서는 그것이 무엇을 부정하고 극복하려 했는지를 살펴보면 더 명확히 이해할 수 있다. 나말여초 시기는 골품제를 기반으로 한 사회 질서를 극복하려고 했다. 골품제는 왕경 6부의 지배 세력을 대상으로 하는 신분제로, 지방민은 촌주 같은 지방 세력과 일반 백성을 불문하고 골품 수여 대상에서 제외되었다. 골품제 사회에서는 수도 왕경의 6부 지배 세력이 지방민을 통치하고 있었고, 왕경 6부인은 진골, 6두품, 5두품, 4두품 같은 폐쇄적인 신분층으로 엄격하게 구분되고 있었다. 골품제 아래서는 예외적인 경우를 제외하고 부모의 골품이 자식에게 승계되었고, 골품 사이의 승강은 허용되지 않았다. 이런 폐쇄적 골품에 따라 관등과 관직의 승진에 제한이 가해졌고, 일상의 여러 측면까지 골품에 따른 제약이 있었다. 가령 6두품인 설계두는 친구들에게 "신라에서 사람을 등용하는 데 골품을 따지기 때문에 진실로 그 족속이 아니면, 비록 큰 재주와 뛰어난 공이 있어도 그 한계를 넘을 수가 없다. 나는 중국에 건너가 세상에서 보기 드문 지략을 드날려 특별한 공을 세워 스스로의 힘으로 영광스런 관직에 올라 의관을 차려입고 칼을 차고서 천자의 측근에 출입하면 만족하겠나"라는 자신의 포부를 밝힌 바 있다. 그는 결국 몰래 배를 타고 당나라로 가서 자신의 뜻을 관철했다. 진골 대등, 진골 여자, 6두품, 6두품 여자, 5두품, 5두품 여자, 4두품, 4두품 여자, 평인, 평인 여자로 나누어 해당 신분이 입어야 할 복장의 종류와 재료와 색깔마저도 세세하게 규정한 것 또한 대표적인 해당

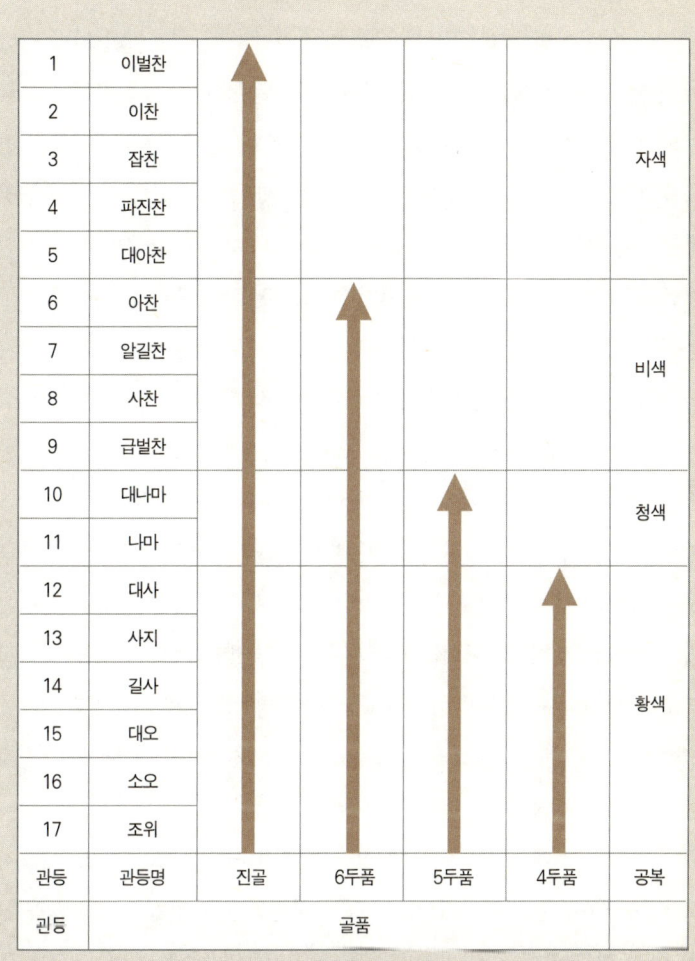

신라의 골품제와 관등표.

사례로 볼 수 있다.

　골품 사이의 폐쇄적 신분 구분과 마찬가지로, 왕경인과 지방민 간의 신분 구분도 신라의 성장 과정에서 비롯된 것이었다. 신라는 사로국이라는 경주 지역에 위치한 소국으로 출발했고, 당시 사로국은 6부의 연합체였다. 사로국은 3세기 이후로 주위의 여러 소국이나 읍락 집단을 정복하거나 복속시켜 영역을 확장해 갔다. 당시 복속된 소국이나 읍락 집단은 지방 행정 구획으로 편제되지 않고 간접 지배되었고, 사로국과 구분된 채 종속 집단으로 위치하고 있었으며, 6부 집단은 일종의 지배자 집단의 위상을 지닌 채 복속된 소국이나 읍락 집단의 지배에 간여하고 있었다.

　중앙집권적 국가 체제를 갖춘 6세기 이후로는, 원래의 6부 영역은 지방과 구분되어 왕경이라 불렸고, 정치체로서의 성격이 강한 구래의 6부는 왕경의 행정 구역으로 바뀌었다. 이때 복속국가와 읍락 집단은 신라의 지방으로 재편되어 직접 지배 지역이 되었고, 해당 백성들은 이전하고 다르게 피복속민이 아니라 신라의 지방민으로 전환되었다. 곧 중고기 들어 지방민은 왕경인과 다름없이 공민의 위상을 확보하게 된 것이다.

　하지만 지배자 집단이 복속집단을 통치하는 전래의 지배 구조 자체에는 근본적인 변화가 없었다. 당시 왕경인은 자신들을 지방민과 구별 짓는 신분 의식을 지니고 있었다. 왕경 6부의 지배 세력들은 지방의 지배 세력과 자신들을 확실하게 구분하려는 목적에서 인명 표기에서 계속 소속 부를 기재했고, 이런 신분 의식을 바탕으로 관등을 수여할 때

해인사 묘길상탑.

왕경 6부인과 지방민을 차별하고 있었다. 즉 왕경 6부인에게는 경위京位를, 지방의 지배 세력에게는 외위外位를 차별적으로 수여하고 있었다. 그리고 지방관이 모두 골품 소지자로 6부 출신인 데서 보듯, 왕경 6부의 지배 세력은 여전히 지방민을 통치하고 있었다 할 수 있다.

지방민에게 경위를 수여하는 조처 같은 변화의 움직임이 있었지만, 왕경인이 지방민을 통치하는 지배 구조의 틀은 근본적인 변화 없이 신라가 멸망할 때까지 지속되었다.

이런 폐쇄적인 기득권 사회에 일대 타격을 가한 사건은 889년의 농민항쟁이었다. 왕경 지배층 내부의 신분적 차이에서 오는 갈등보다는 왕경인이 지방민을 지배하는 사회 구조에서 비롯되는 모순이 커서인지, 지방민이 앞장서 골품제적 사회 질서를 부정하고 있었다. 당시의 농민

원종·애노의 난 元宗哀奴—亂

889년(진성여왕 3) 신라 사벌주(沙伐州, 지금의 상주)에서 일어난 농민항쟁. 신라는 하대 이후 진골귀족 간의 왕위쟁탈전이 계속되면서도 경주를 중심으로 사치·향락의 풍습이 만연하여 지방에 대한 착취가 더욱 가혹해졌고, 농민들은 점차 토지에서 이탈해 중앙의 지방에 대한 통제력도 약화되었다. 이런 때에 마침 흉년으로 기근이 일어나자 지방의 주군 州郡에서 조세를 바치지 않아 국고가 텅 비었고, 재정의 궁핍해졌다. 중앙정부에서는 관리를 파견해 조세를 독촉했지만 이미 중앙의 위령이 땅에 떨어지고 병제 兵制가 쇠퇴해지면서 토호 土豪가 발호하게 된 상황에서 이런 조치는 오히려 지방의 동요를 일으켰다. 곳곳에서 조세의 납부를 거절하고 농민봉기가 발생했는데, 원종·애노의 난은 최초의 것이다. 이 난이 발생하자 중앙정부는 나마 奈麻 영기 令奇를 파견하여 진압하게 하였으나, 농민군의 기세에 눌려 제대로 싸워 보지도 못하였다. 이 난은 신라 중앙정부가 더 이상 지방을 통제하기 어렵게 되었다는 사실을 의미한다.

항쟁 이후로 신라 사회는 걷잡을 수 없이 무너지기 시작했다. 당시 사건을 《삼국사기》는 다이렇게 전하고 있다.

> 나라 안의 여러 군현에서 세금을 보내 오지 않아, 국가의 창고가 텅 비어 나라의 씀씀이가 궁핍하게 됨에 따라 왕은 사자를 보내 세금을 낼 것을 독촉하였다. 이로 말미암아 도적들이 곳곳에서 벌떼처럼 일어났다. 이때 원종 元宗과 애노 哀奴 등은 사벌주(현재의 상주)를 근거로 하여 반란을 일으켰고, 왕은 닝기 令奇를 보내 그들을 붙잡게 하였다. 영기는 적의 근거지를 멀리서 바라보고는 두려워 앞으로 나아가지 못하였으나, 촌주인 우련 祐連은 힘껏 싸우다가 죽었다. 왕이 명령을 내려 영기의 목을 베고, 십여 세 된 우련의 아들이 촌주의 직을 잇게 하였다.
>
> —《삼국사기》 권11, 신라 본기 진성왕 3년

이전에도 경제적 어려움에 처한 농민들이 도적으로 탈바꿈했고, 도적들은 약탈에만 그치는 것이 아니라 여러 지역들을 횡행하면서 국가 질서를 문란케 했다. 하지만 이런 움직임은 조직적이지 못했고 지역적 기반이 약해 이내 진압되곤 했다. 그런데 889년에 이르러서는 전국에 걸쳐 지역민들이 자신들의 터전을 기반으로 항쟁하고 있었다. 중앙귀족의 지나친 사치와 권농 조치가 동반되지 않는 일방적이고 과도한 조세 수취는 농민들이 납세를 거부하게 했고, 변화 없이 계속적으로 세금 징수를 독촉한 결과 지역민들은 드디어 국가에 반기를 들었다. 사벌주 지역을 근거로 한 원종과 애노의 반란은 전국적인 민란들 중 하나에 불과했다.
　사벌주 지역에서 보듯 신라 정부의 반란 진압은 여의치 않았고, 그 결과 반란 지역들 중 다수가 지배 범위에서 벗어났으며, 시간이 경과할수록 지역 범위는 확대되었다. 종국에는 신라의 지배 권역이 경주 일원에 그치게 되었다. 골품제 질서는 신라 멸망 때까지 지속되었다 해도, 어디까지나 신라의 지배 권역 내에서 관철될 따름이었기 때문에, 신라의 지배 권역에서 이탈하는 지역이 확대되어 신라에 지방이 존재하지 않는 상태가 되었을 때, 골품제적 질서는 사실상 종말을 맞이했다 할 수 있다.

호족과 지역자위공동체

신라의 지방 지배 질서가 붕괴함에 따라 지방민에 대한 왕경인의 지배는 더 이상 관철될 수 없었다. 하지만 기성의 공권력이 사라지자 지역 사회는 극도의 혼란에 빠져들었다. 최치원은 당시 상황을 "전쟁과 흉년이라는 두 재앙이 닥쳐와 최악의 상황에 놓여 있었고 굶어 죽고 싸우다 죽은 시체가 들판에 즐비했다"라고 묘사했다. 당시 이런 기록은 드물지 않게 보이는데, 이것을 통해 대규모 도적 떼가 지역민의 재산과 생명을 위협했고, 지역 간 크고 작은 다툼과 침탈 또한 빈번히 일어난 것을 알 수 있다. 하지만 이렇게 극도로 무질서한 상황에 새로운 두 흐름이 형성되고 있었으니, 하나는 자위적 성격을 강하게 띤 지역공동체의 형성이었고, 다른 하나는 국가의 성립과 발전이었다.

나말여초 시기 지방 사회에서는 지역을 단위로 독립적으로 지배하고 자위하는 공동체가 형성되고 있었다. 신라 말기 이전에도 일정 지역을 단위로 하는 공동체는 존재했지만, 신라 정부에 의해 철저히 통제되었다. 당시 주·군·현과 향·부곡 등의 지방 행정 단위로 신라에 편제된 지역공동체는, 신라 정부에서 파견한 왕경인 출신 지방관에 의해 지배·통제되었다. 당시 신라 정부는 지역공동체 단위의 지역 범위 안에서 가장 주요한 촌(지역공동체를 이끄는 촌주와 같은 지방 세력이 거주하는 촌락이었을 것이다)과 접해 있는 높지 않은 산이나 구릉에 축조된 성에 지방관과 중앙 부대를 파견해 지역공동체를 행정적·군사적으로 통제했다. 신라 말기 이후 신라의 지방 지배 질서가 붕괴되면서 더 이상 신라 정부는 지방관을 파견할 수 없었고, 그간 지역공동체를 통제하는 거점 구실을 해온 성 또한 더 이상 그런 기능을 유지할 수 없었다. 대신 지역공동체는 스스로를 지켜 내면서 지배했고, 과거 자신들을 통제하는 거점 구실을 한 성을 장악하고 활용해 자위 거점으로 삼았다. 당시 도적들이 횡행하고 크고 작은 세력 사이에 전쟁이 빗발치는 상황에서, 지역공동체의 안위는 크게 위협받고 있었다. 이런 상황을 맞아 지역공동체는 자위적 성격을 강하게 띤 공동체(지역자위공동체)로 탈바꿈해야만 했다. 이런 변신이 여의치 않은 지역의 경우 공동체는 붕괴되고 민인들은 사방으로 흩어져 해당 지역은 폐허가 되곤 했다. 가령 지금의 성주 지역의 호족인 이총언과 관련한 기록에는 "신라 말에 벽진군碧珍郡을 이끌었는데, 당시 도적 떼들이 사방에서 일어났다. 이총언이 성을 굳게 지키니 백성들은 이에 힘입어 편안할 수 있었다"라고 해, 호족인 이총언이 중심이 되어 성을 거점으로 외부의 침입을 막아 낸 사실을 전하고 있다. 이것과 다르게 지금의 예산 지역의 경우 지역 방어가 이루어지지 않아, 유민 500여 호가 발생했다. 500여 호는 이 지역 가호의 대부분일 것으로 판단되기 때문에, 이 지역의 민인들은 대부분 고을을 떠나 다른 곳으로 흘러 들어갔을 것이다.

　이렇듯 당시 상황 속에서 전래의 지역공동체가 지역자위공동체로 재편된 것은 선택이 아니라 필수이고 생존이었다. 지역자위공동체는 과거에 지방관이 파견되던 성을 군사적 방패막이로 삼아 외부 세력의 침입에 대응했다. 이런 성은 산성이었기에 방어 측면에서 뛰어났을 뿐만 아니라, 지역공동체의 중심 촌락과 접해 있어 지정학적으로 매우 중요한 곳에 자리했다. 지역민들은 평소에는 생업에 종사하다 유사시에는 이런 성에 피난해 외침을 막아 냈다.

　지역공동체를 지역자위공동체로 전환하는 것을 주도하고 자위공동체를 이끈 세력은 호족 세력이었다. 호족 세력은 지역공동체를 군사적으로 결속하고 자위를 확보할 수 있도록 했고, 이것을 매개로 자연스럽게 해당 공동체의 지역 범위를 독자적으로 지배했다. 이들이 이전의 촌주 같은 지방 세력과 다른 것은 지역공동체를 이끌면서도 동시에 독자적으로 해당 지역을 지배한 점이었다. 촌주 같은 세력은 지역공동체를 주도하기는 했으나 왕경인 위주의 지배 구조 속에서 철저히 통제되었지만, 호족 세력은 신라의 지방 지배 질서가 붕괴되고 매우 혼란한 상황에서 지역공동체를 주도하는 데 그치는 것이 아니라 해당 지역을 독자적으로 지배할 수 있었다.

이렇듯 호족 세력은 자위적 성격이 강한 지역공동체를 이끌면서도 동시에 해당 지역을 지배했다. 어찌 보면 공존할 수 없는 지배 관계와 공동체 관계가 당시의 사회 상황 속에서 양립한 셈이다. 호족 세력과 일반 민인들 사이에는 신분적·계급적 차이가 분명 존재했지만, 이런 차이는 공동체적 결속을 해치지 않는 범위 내에서 관철되었다. 만약 이 틀을 넘어 계급적 이해관계가 일방적으로 관철될 때에는 공동체적 결속은 유지될 수 없었고, 이런 상황에서 외부의 끊임없는 침탈에 대처하기는 쉽지 않았다.

일반 민인들 처지에서는 자신늘의 재산과 생명을 지켜 줄 수 있는 호족 세력이 필요했고, 그리하여 호족 세력을 중심으로 한 군사적 결속에 적극 가담했다. 호족 세력 입장에서는 군사 자원이면서 동시에 재정적 토대로서 일반 민인들이 필요했다. 이런 상호 필요 속에 호족과 지역민 사이에 강한 공동체적 결속이 이루어졌고, 계급적 이해관계는 이 틀

속에서 관철되었다. 양자 중에서도 특히 공동체 주도자인 호족 세력이 지역자위공동체를 유지하고 강화하려고 끊임없이 노력했다.

이처럼 지역자위공동체 형성에 앞장선 세력이 호족으로 성장했다. 호족 세력은 과거 지방관이 파견되던 성을 군사적 거점으로 삼아 지역 방어를 도모했고, 자신들의 군사적 역량 외에 지역민들을 군사적으로 조직해 지역 단위의 자위력을 구축했다. 이런 자위공동체에 대한 역할과 기여로 말미암아 호족층은 지역민들에게 존경과 지지를 얻었고, 더 나아가 지역 방어를 책임지는 것을 매개로 자연스럽게 해당 지역공동체를 독자적으로 통치했다. 이런 과정을 거치면서 지방 사회 곳곳에서 호족층에 의해 주도되면서 스스로 방어하고 독자적으로 통치하는 독립적인 정치 단위가 형성·유지되었다. 그리고 이런 자위공동체는 그 권역이 대개 기존의 지방 행정 단위와 일치했다. 신라의 지방 행정 단위는 지역공동체를 근간으로 편제되어 있었기에, 지역공동체를 모태로 전환되었던 지역자위공동체도 그 지배 권역이 자연히 기존의 행정 단위와 일치할 수밖에 없었다. 하지만 나말여초라는 무정부 상태 속에서 지역 나름의 여러 사정으로 말미암아 독자적인 자위를 모색한 지역자위공동체들 또한 대거 출현했다. 이들 자위공동체는 대개 소규모로, 기존 군현의 외곽에 위치한 촌락들이 인근의 성을 매개로 독자적으로 자위체를 구축했고, 이런 과정을 통해 새로운 지역공동체가 발생했다. 가령 930년(태조 13) 고창군(지금의 안동) 전투에서 고려군이 후백제군을 격파한 것을 계기로 고려가 통일 전쟁에서 승기를 잡자, 지금의 울산 지역부터 강릉 지역에 이르는 동해 연안의 지역들이 대거 고려에 항복했다. 이때 항복한 지역 단위에는 일반 군현들뿐만 아니라 소규모 부락들이 포함되어 있었다. 부락은 촌 단위의 지역자위공동체로 일반 군현과 마찬가지로 성을 자위 거점으로 삼고 있었다. 이렇듯 나말여초 시기에는 기왕의 지역공동체가 지역자위공동체로 전환된 것 외에도 새로이 출현한 것이 보태져, 지역(자위)공동체의 수는 이전보다 대폭 늘어났다.

새로운 국가의 출현─후고구려와 후백제

지역자위공동체가 지방 사회 곳곳에서 성립되어 봉건적·지방분권적 질서가 자리를 잡아 가는 것과 동시에, 한편에서는 이것과 상반된 역사 흐름이 형성되어 갔다. 그것은 다름 아닌 신라를 대체하는 새로운 공권력의 출현이었다. 후고구려와 후백제의 건국이 바로 그것이었는데, 건국을 주도한 세력은 지역자위공동체를 구축한 자들하고는 그 성격이 사뭇 달랐다. 이들은 일개 지역 단위를 토대로 한 정치 단위를 형성하기보다는 다수의 지역공동체를 포괄하고 통제하는 정치 단위를 만들려고 했다. 그랬기 때문에 치음부디 특징 지역에 얽매이지 않았다. 조창기에는 특정 지역을 거점으로 하지 않은 채 무장력을 바탕으로 다수 지역을 석권하고, 그 이후에는 영역 확장을 지속하면서 동시에 중심 거점을 확보하고 조직력을 강화·정비했다. 국가는 이런 과정을 경과하면서 수립되었고, 이때를 전후해 문신 세력이 대거 가담해 국가 운영과 세력 확장에

궁예. 칠정사 명부전 벽화.

일조했다.

　후고구려를 세운 궁예는 신라 왕실 출신으로 알려져 있다. 경문왕의 서자였을 것으로 추정되는 그는 유모 밑에서 성장했다. 열 살이 되던 때에 자신의 출생 비밀을 알고 난 뒤 세달사로 들어갔다. 세달사에서 승려 생활을 하던 궁예는 진성여왕대에 혼란기를 맞자 뜻을 품고 환속하고는 죽주(지금의 안성시 죽산면)를 지배하고 있던 기훤에게 의탁했다가, 이후 북원(지금의 원주)의 양길 휘하로 옮겨갔다. 이곳에서 그는 군사적 역량을 발휘했지만, 자신의 역할에 만족하지 않았다. 그리하여 894년 자신을 따르는 일부 무리들과 함께 양길의 그늘에서 벗어나 명주로 탈

출했다. 그곳에서 많은 군사들을 모집한 뒤, 확보한 군사력을 바탕으로 명주에서 철원에 이르는 넓은 지역을 자신의 정치적 권역으로 확보했다. 이후에도 궁예는 철원 지역을 중심으로 그 서쪽과 남쪽 방면으로 영역을 확장했으며, 북원과 충주 일대를 장악하고 있던 양길 세력마저 제압했다. 그 결과 궁예 세력은 강원도·경기도·황해도는 물론이요, 충청북도의 대부분을 차지하게 되었다. 이에 궁예는 901년 고구려 부흥과 신라의 타도를 표방하며 왕위에 나아가 국호를 (후)고구려라 하고 자신을 왕이라 칭했다.

국가 건립을 위해 영역을 확보할 당시, 궁예 세력은 자위공동체를 부정하고 직접 지배하기보다는 지역공동체를 존속시키고 그것의 정치적 귀속을 받아들이는 방식을 택했다. 이런 방식을 통해 궁예는 폭넓은 지역에 걸쳐 정치적 영향력을 행사했고, 국가 건립의 대업도 성취할 수 있었다. 건국 이후에도 궁예 세력은 기본적으로 이런 방식으로 국가의 영역을 확장해 나갔다.

견훤 또한 궁예와 그리 다르지 않은 방식으로 국가를 세우고 왕으로 등극했다. 《삼국사기》는 이 점을 이렇게 전한다.

견훤은 장성하자 체격과 용모가 매우 뛰어났고, 뜻과 기개가 비범했다. 입대하여 서울에 들어갔고, 이후 서남 해안을 지키러 갔을 때에 창을 베고 자면서 적을 기다렸고, 그의 용기는 항상 병졸보다 앞섰으므로 그 공로로 비장神將이 되었다. 신라 진성여왕 6년에 왕의 측근 간신배들이 정권을 마음대로 휘둘러 기강이 문란하고 해이해졌고, 그 위에 기근까지 겹쳐 백성이

떠돌아다니고 뭇 도적이 벌떼처럼 일어났다. 이에 견훤은 왕위를 엿보는 마음을 품고 무리를 불러 모아 왕경의 서남쪽 주현州縣을 치자 이르는 곳마다 메아리처럼 호응했다. 한 달 사이에 무리가 5000명에 이르자 드디어 무진주(지금의 광주)를 습격해 스스로 왕이 되었으나 아직 감히 공공연히 왕을 칭하지 못하고 자신을 '신라서면도통지휘병마제치지절도독전무공등주군사행전주자사겸어사중승상주국한남군개국공식읍이천호新羅西面都統指揮兵馬制置持節都督全武公等州軍事行全州刺使兼御史中丞上柱國漢南郡開國公食邑二千戶'라고 칭했다. 이때 북원의 도적 양길良吉이 가장 강성하여 궁예가 스스로 투항해 그 부하가 되었는데, 견훤이 이 소식을 듣고, 멀리 양길에게 관직을 주어 비장으로 삼았다. 견훤이 서쪽으로 순행 완산주(지금의 전주)에 이르니 그 백성들이 환영하고 위로했다. 견훤이 인심을 얻은 것을 기뻐하여 좌우에게 말했다. (……) 드디어 후백제 왕을 자칭하고 관직을 마련하니, 이때가 신라 효공왕 4년(900)이었다.

— 《삼국사기》 권50, 열전 견훤

이처럼 궁예와 견훤은 다수의 지역자위공동체를 포괄하고 통제하는 정치 단위를 건립했다. 이것은 그 노력에 일조하는 많은 사람들이 있어 가능한 것이었다. 궁예와 견훤 휘하에는 그를 도와 국가의 건립과 성장을 함께 이루어 낸 많은 인물들이 운집해 있었다. 이들 중 무장 세력이 다수를 차지하며 핵심적 역할을 했고, 일부인 문신 세력은 국가 경영에 일조했다. 궁예 정권 아래서 왕건은 무장 세력이었고, 왕건을 추대해 고려 건국의 일등 공신이 된 신숭겸·복지겸·홍유·배현경 또한 궁예 정권과 고려에 걸쳐 무장 세력으로 활동하던 인물들이었다. 이들과 달리 최치원와 더불어 일대 삼최一代三崔로 당시 문명을 떨친 최언위와 최승우는 각각 고려와 후백제의 문신 세력이었다. 당시에는 국가를 새로이 건립하고 영역을 확보해 나갔으며 다른 국가와 쟁패하고 있던 탓에, 무장 세력의 비중이 절대적으로 클 수밖에 없었다.

한편 새로 출현한 국가는 신라하고는 전혀 다른 성격의 국가였다. 무엇보다도 신라의 골품제적 질서 속에서 배제되어 온 지방민들이 주축이 되어 국가를 건립한 점이 그랬다. 일부 왕경인이 국가 건립에 참여했지만, 새로운 국가에서 이들은 더 이상 왕경인일 수 없었다. 때문에 골품제적 질서가 새로운 국가에 들어설 여지는 없었다.

새로운 국가 형성의 흐름은 고려의 후삼국 통일로 귀결되었다. 궁예 정권에서 무장 공신으로 활약한 왕건은 918년에 권력을 잡아 고려를 건국했고, 그 뒤 935년에 신라의 항복을 받았으며, 이듬해 일리천에서 후백제와 일대 격전을 벌여 승리를 거두면서 후삼국을 통일하기에 이르렀다.

지역자위공동체, 어떻게 통제할 것인가

고려가 후삼국을 통일한 뒤 해결해야만 하는 문제는 크게 두 가지였다. 하나는 정치적으로 고려에 귀속되었다고는 하나 여전히 호족 세력에 의해 독자적으로 지배·방어되는 지역공동체를 어떻게 국가의 지방 지배 질서 속에 편입시키느냐 하는 것이었고, 다른 하나는 고려의 건국과 성장 그리고 후삼국 통일에 이르는 과정에서 크나큰 공로를 세운 공신 세력, 이중에서도 무장 공신 세력을 어떻게 국가의 관료 질서 내로 편입시켜 왕권의 안정을 도모하느냐 하는 점이었다.

첫 번째 과제는 결코 쉽게 해결되지 않았다. 최승로가 정계를 주도하던 성종대 이전까지는 이것과 관련해 별 다른 진척이 없었다. 고려의 후삼국 통일은 신라와 후백제를 복속하는 것일 뿐만 아니라, 독립적인 지역자위공동체를 국가의 틀 속에 포섭하는 작업의 마무리를 의미하기도 하기 때문에, 후삼국 통일 이후에 완전하게 독립적인 지역자위공동체는 존재할 수 없었다. 즉 그것은 고려의 지방 단위로 존재해야 했다. 그러면서도 국가의 지역공동체 통제가 제대로 이루어지지 않던 탓에, 지방 사회는 여전히 호족 세력이 주도한 지역자위공동체를 단위로 독자적으로 운영되고 있었다. 이에 고려는 태조 이래 지역자위공동체 통제를 위한 여러 가지 조치를 단행했다. 일부 지역에 중앙군과 무장을 파견해 지역자위공동체를 군사적으로 통제했고, 조세 수취를 위해 금유今有와 조장租藏을 내려 보냈다. 이들은 성종대 이래 파견된 지방관과 달리 상주하는 외관이 아니었기 때문에 한계를 지니고 있었다. 이 밖에도 호족층의 자제들을 인질 삼아 수도에 머물도록 했는데, 이것은 기인 제도로 호족층에 대한 통제뿐만 아니라 인질로 삼은 호족층의 자제들을 중앙 세력화하는 것도 목표로 하고 있었다.

아울러 "태조 18년에 신라왕 김부金傅가 항복해 와 신라국을 없애고 경주로 삼고, 김부를 경주의 사심事審으로 삼아 부호장副戶長 이하의 관직 등의 일을 주관하게 했다. 이에 여러 공신 또한 이것을 좇아 각기 해당 고을의 사심事審이 되었다"라는 기록에서 볼 수 있듯이, 중앙의 공신 세력을 각자 출신 고을의 사심관으로 삼아, 이들에게 해당 지역자위공동체에 대한 통제 임무를 부여했다.

정종대에는 지역자위공동체의 독자적 군사조직을 광군光軍에 포섭해 국가의 통제 아래에 두려 했다. 후진後晉에 유학하던 중 거란의 포로가 되었던 최광윤崔光胤이 거란의 고려 침략 계획을 감지한 뒤 이것을 고려 조정에 알려오자, 위기 의식 속에서 고려 정부는 전국에 걸쳐 광군 30만을 조직하고 광군사를 두어 관할하게 했다. 형식상 광군사는 광군에 포섭된 지역공동체 단위의 독자적 군사력을 통제할 수 있었을 것이다. 하지만 광군 설치는 호족층이 해당 지역민을 군사적으로 조직화해 자위체를 결성·유지해 온 기성 질서를 해체하지 않은 채, 호족층을 리더로 하는 지역공동체의 독자적인 군사 조직을 광군 조직으로 국가 차원에서 흡수·편제하는 방식으로 이루어지고 있어, 광군사를 통한 지역자위공동체 통제는 실효를 거두기 어려웠다.

고려 초기의 이런 조치는 지역자위공동체에 대한 통제에 일정 정도 효과를 발휘하고 있었시만, 상주하는 지방관이 파견되지 못한 데서 알 수 있듯이, 그런 통제는 큰 한계를 노정하고 있었다 하겠다.

무장 공신 세력, 어떻게 다룰 것인가

첫 번째 과제하고는 다르게, 이 문제는 격렬한 과정을 거치면서 해결의 실마리를 찾아갔다. 무장 공신 세력에 관한 문제는 왕권의 위상, 왕위 다툼 등과 직결되고 있어, 중앙 정치 무대에서 정치적 갈등을 거치면서 가닥을 잡아가고 있었다.

태조는 무장 공신 세력을 후대하고, 그들과의 결속을 강화하려고 노력했다. 결혼 정책에서 이런 결속 의지가 잘 드러난다. 태조는 29명이나 되는 후비를 두었는데, 그중 다수가 유력한 무장 공신 세력의 딸이었다. 특히 왕규와 김행파의 두 딸과 거푸 결혼하거나, 박수문·박수경 형제의 딸들과 혼인한 사례는 태조가 유력한 무장 공신 세력과 혼인을 맺어 이들과 굳건한 결속을 도모하려 했다는 것을 잘 보여 준다.

또한 태조는 무장 공신 세력이 지닌 기득권을 인정하는 정치 운영을 도모했다. 이 점은 "태조는 포로로 노비가 된 자를 풀어 줘 양민으로 삼고자 했으나 공신의 반발을 염려해 각자의 뜻에 따라 결정할 것을 허락했다"는 사실에서 엿볼 수 있다. 이들 노비는 무장 공신 세력의 경제 기반일 뿐만 아니라 군사 기반이었을 것이다. 따라서 이들의 방면은 공신 세력에게 적잖은 타격을 주어 왕권 강화에 도움이 되었을 것이지만, 태조는 이보다는 무장 공신의 기득권을 침해하지 않는 데 무게를 두었다. 태조는 왕위에 등극한 이래 지방 호족 세력이나 무장 공신 세력과 결속을 강화하는 데 힘썼고, 이것을 토대로 통일의 대업을 성취할 수 있었기 때문에, 통일 이후 무리하게 그동안의 방식을 변경하지 않으려

했을 것이다. 또한 무장 공신 세력의 정치적·군사적 힘이 상당한 상황에서 이들의 반발을 초래할 정책을 취하기에는 정치적 위험 부담이 컸을 것이다.

역분전役分田 분급도 같은 맥락에서 이루어졌다. 이 제도는 940년(태조 23)에 후삼국 통일에 공을 세운 조신朝臣·군사 등에게 관계官階의 높고 낮음에 관계없이 인품과 공로를 기준으로 토지를 분급한 것으로, 이와 같이 토지가 기득권과 공로를 중시하면서 분급되었을 때에는 자연히 무장 공신들에게 가장 큰 혜택이 돌아갈 수밖에 없었을 것이다. 가령 평산 출신 무장 공신 세력인 박수경의 경우 200결이나 되는 큰 규모의 토지를 분급받았다.

무장 공신 세력이 왕권 안정에 걸림돌이 되고 국왕과 갈등하기 시작한 것은 혜종대 이후부터였다. 태조가 무장 공신 세력의 딸과 혼인한 데서 파생된 결과는, 이들의 외손이 왕위 계승 후보자가 된 점이었다. 무장 공신 세력은 자신의 외손을 왕위에 앉히려 힘썼고, 이 과정에서 왕에게 직·간접적으로 도전하곤 했다.

혜종은 태조가 재위 26년 만에 세상을 떠나자 그 뒤를 이어 왕위에 올랐다. 혜종은 태조의 장남으로 태조 사후 국왕이 되었지만, 그 과정이 순탄치 않았다. 혜종의 어머니는 태조의 제2비인 장화왕후 오씨로, 태조가 궁예 휘하에서 나주를 정벌하고 주둔했을 때 우발적으로 부인으로 맞이한 여인이었다. 태조가 빨래하는 오씨를 보고 반해 하룻밤을 같이 보냈는데, 이때 태조는 그녀가 미미한 신분이라는 것을 알고 임신을 막으려고 다른 곳에 사정을 했으나 임신이 되어 훗날 혜종이 되는 아들을 낳은 것이다. 이렇듯 나주 오씨의 집안은 세력이라고 할 만한 힘을 가지고 있지 못했다. 그리하여 혜종은 태조와 유력 무장 공신인 박술희의 도움으로 태자가 될 수 있었고, 태조 사후 박술희와 그 외 몇몇 무장 공신들의 후원으로 국왕의 권좌에 오를 수 있었다.

혜종은 즉위한 뒤 충주 유씨 세력의 도전을 받았고, 이후 외손을 국왕으로 세우고자 하는 광주廣州 출신 무장 공신 왕규에게서 여러 차례 위협을 받기도 했다. 왕규의 반역 행위는 번번이 실패했지만, 혜종은 왕규의 짓인 줄 알면서도 처벌하지 못했다. 이처럼 혜종의 왕권은 미약했고, 무장 공신 세력은 공공연히 왕권에 도전할 정도로 강성했다. 이것은 고려 사회에 큰 문제일 수밖에 없었다.

이런 와중에 혜종이 죽고 이복동생인 정종이 왕위에 올랐다. 혜종의 임종을 전후해 박술희와 왕규는 살해 당했다. 박술희는 왕규에 의해 제거되었다고 기록되고 있다. 정종은 서경의 왕식렴 군대를 끌어들여 왕위에 올랐고 곧이어 왕규를 제거했다. 이처럼 정종은 왕규를 비롯한 여러 공신 세력을 제거하고 제압함으로써 국왕이 될 수 있었다.

정종은 공신 세력을 누르고 왕권을 강화하려고 서경 천도를 추진했다. 서경 천도의 추진은 풍수 도참설의 영향에서 비롯된 측면도 있지만, 그것보다는 개경에 뿌리박은 무장 공신들의 세력 기반을 위축시키려는 의도에서 이루어졌을 것이다. 하지만 서경 천도는 정종의 이른 죽음으로 결실을 거두지 못했다.

정종이 죽고 친동생인 광종이 왕위에 올랐다. 광종은 무장 공신 세력을 제압하고 왕권 강화의 초석을 다진 왕으로 유명한데, 즉위 초에는

노비안검법

고려 초기 광종 때에 양인이었다가 노비가 된 사람을 조사해 다시 양인이 될 수 있도록 조처한 법이다. 후삼국을 통일한 뒤 고려는 호족 세력을 억압하는 정책을 실시했지만 큰 성과를 거두지 못하다가, 광종 때에 이르러 과거제 시행, 사색공복제四色公服制 제정 등과 함께 왕권강화책의 일환으로 노비안검법을 실시했다. 그때 호족은 전쟁 포로가 되었거나 빚을 갚지 못했거나, 아니면 그 밖의 강제적인 방법으로 양인에서 노비가 된 사람들을 많이 소유했는데, 노비의 수는 호족이 소유한 토지와 함께 경제적·군사적 기반이 되었고, 이것은 왕권을 위협하는 것이므로 제한해야 할 필요가 있었다. 그래서 918년(태조 1) 태조는 노비가 된 양인 중 1,200명을 방면시켰고, 그 뒤에도 이런 노력을 계속했다.

왕권 강화와 관련된 정책을 시행하지 않았다. 오히려 즉위한 직후에 대광 박수경으로 하여금 국초에 공로를 세운 자를 정하게 한 뒤 등급에 따라 각각 25석, 20석, 15석, 12석을 하사하게 했다. 이런 방식으로 광종은 즉위 초기에 국정 안정을 도모하고, 물밑에서 왕권의 정치적 기반을 다졌다. 그런 다음 즉위 7년 뒤부터 왕권을 강화하고 공신 세력을 약화시키려는 작업을 본격화 했다.

먼저 광종 7년에 노비안검법을 실시했다. 노비안검법은 본래 양인이었다가 노비가 된 사람을 조사해 양인으로 삼게 한 법으로, 전쟁 포로 등으로 많은 노비를 소유한 부장 공신 세력에게 큰 타격을 주었다. 그리고 광종 9년 5월에는 한림학사 쌍기를 지공거에 임명해 과거제를 실시했다. 과거제 시행은 중국 귀화인인 쌍기의 건의에 따른 것으로, 공신 세력과 이질적인 새로운 관료층 형성에 기여하고 있었다. 과거 출신자는 자신들의 능력과 국왕에 대한 충성을 통해 관직 세계에서 살아남으

> **쌍기**
> 중국 후주에서 고려에 귀화한 쌍철의 아들 쌍기는 956년(광종 7) 후주의 시대리평사 試大理評事에 재임할 때 사신 설문우 薛文遇를 따라 고려에 와서 신병 때문에 체류하다 귀화해, 원보 한림학사 元補翰林學士가 되었다. 958년 당나라의 관리 임용 제도를 따라 과거제도를 창설하게 하고 수차 지공거 知貢擧가 되었다. 이것은 한국 과거제도의 효시가 되었다.

려고 노력했을 것이다. 그리고 같은 맥락에서 광종 11년에 관리들의 공복 公服을 정했다. 이것은 왕을 중심으로 한 관료들의 서열을 체계적으로 정비하려는 것으로, 국왕을 중심으로 한 관료 체제 강화를 목표로 했다. 무장 공신 세력은 그간 공로와 무력 기반 그리고 일종의 관품인 관계 官階를 통해, 관직의 고하와 유무에 별다른 구애를 받지 않으면서, 달리 말해 관료 체제에 의해 별달리 제약되지 않으면서 국정에 참여해 주요한 역할을 담당해 왔지만, 광종대는 관료 체제를 강화해 기존의 관행에 제동을 걸고자 한 것이다.

    제도 개혁만으로는 왕권 강화와 무장 공신 세력에 대한 제약에 한계가 있어서인지, 아니면 제도 개혁을 뒷받침하려 한 것인지 명확하지는 않지만, 960년(광종 11)부터 공신 세력에 대한 무자비한 숙청이 시작되었다. 이런 내용은 다음 기록에서 잘 드러난다.

> 평농서사 評農書史 권신 權信이 대상 大相 준홍 俊弘과 좌승 佐丞 왕동 王同 등이 반역을 도모했다고 무고하니, 이들을 쫓아냈다. 이로부터 참소하는 간신이

세력을 잡아 충성스럽고 어진 이들을 모함하고, 종은 그 주인을 고소하며 자식은 그 부모를 참소하니, 감옥이 늘 꽉 차 따로 임시 감옥을 두었고, 죄 없이 죽임을 당한 자가 이어졌다. 왕의 시기가 날이 갈수록 심해지니 종족 宗族들 중에서도 무사하지 못한 이들이 많았으며, 비록 하나뿐인 아들까지도 의심하여 멀리하고 가까이 오지 못하게 하니, 사람마다 두려워하여 감히 두 사람이 짝 지어 이야기하는 이가 없었다.

— 《고려사》 권2, 광종 11년

960년에는 공신 세력에 대한 숙청 외에도 군사 관련한 관부의 개혁도 이루어졌다. 이것은 국왕 시위군 강화와 국왕의 병권 장악과 관련된 조치로, 왕권 강화의 군사적 기반을 강화하는 것뿐만 아니라 무장 공신 세력을 숙청할 물리력을 확보하는 것과 관련되어 있었을 것이다.

광종은 재위 26년에 사망했고, 그 뒤를 이어 광종의 맏아들인 경종이 왕위에 올랐다. 경종은 광종대의 정치를 부정하려 했다. 즉위하자 사면령을 내려, 광종대에 억울하게 피해 입은 자들을 뽑아 쓰고 관직을 회복시켜 주었으며, 민생 회복 차원에서 미납된 곡물을 면제해 주었고, 조세를 감면해 주고, 임시 감옥을 헐어 버리고 비방하는 글들을 불태웠다. 이것을 계기로 광종대에 된입빈있던 무장 공신 세력이 다시금 등장할 수 있었다.

또 경종은 광종대에 무고를 당해 억울하게 죽은 자의 자손에게 복수하는 것을 허락했는데, 이것 때문에 대규모의 살육전이 전개되었다. 이 과정에서 광종대에 개혁을 추진한 세력이 큰 타격을 입었다. 그리고 이 와중에 당시 최고 관직자인 왕선이 원수를 갚는다는 핑계로 임금의 명령을 거짓으로 꾸며 태조의 아들인 천안부원군까지 죽음에 이르게 하자, 경종은 왕선을 지방으로 내쫓고 복수법을 금지시켰다. 경종대는 공신과 기득권 세력을 우대하는 차원에서, 경종 원년에 시행된 전시과에서 관품 이외에 인품을 기준으로 토지를 분급하는 등 이들에게 유리한 방향으로 제도를 운영했다. 또한 경종 2년 3월에는 개국공신과 귀순한 성주城主에게 전시田柴와는 별개인 훈전勳田을 지급했다. 훈전 지급은 국가에 공로가 있던 세력에 별도의 경제적 혜택을 준 특전으로 이해할 수 있다.

경종대에 공신과 기득권 세력을 우대했지만, 그것은 결코 과거로의 회귀를 의미하지 않았다. 광종대에 강화된 관료 체제는 경종대에도 지속되었고, 광종대에 진출한 신진 관료층 또한 이 시기에 나름대로 자리를 잡았다. 그 결과 시정전시과 운영에는 이런 내용이 반영되어 관품이 인품과 더불어 지급 기준의 한 축을 담당했다. 경종 또한 좌·우집정 겸내사령左右執政兼內史令 제도의 실시나 친시(親試, 임금이 직접 시험 성적을 살피고 급제자를 정하는 일) 시행 등을 통해 왕권을 강화했다.

무장 공신 세력에 대한 접근 방식은 왕별로 큰 차이가 났지만, 시간이 경과할수록 무장 공신 세력이 후삼국 시대에 누리던 위상과 권력은 퇴색되었다. 특히 광종대 왕권과 관료 체제 강화를 위한 제도 개혁과 공신 세력에 대한 대대적 숙청은 공신 세력 약화의 전기로 작용하고 있었다. 경종대 공신 세력이 다시 대두했어도 예전과 같지 않았고, 무엇보다 그때까지 살아남은 자들은 소수에 불과했고 그들마저도 강화된 관료 체제와 신진 세력의 진출 같은 새로운 정치 환경에 적응해야 했다.

과거사를 평가하다

최승로가 성종대 올린 상서문 중에는 태조부터 경종에 이르는 다섯 왕의 정치를 평가한 부분이 있다. 여기에는 고려 초기 정치 현실에 대한 최승로의 견해와 최승로가 지향하는 정치관이 담겨 있다. 최승로는 고려 초기 정치를 어떻게 바라보고 평가하고 있었을까.

최승로는 태조를 두고 무엇보다 후삼국 통일을 높이 평가했다. 발해를 무너뜨린 무도한 거란과 통교하지 않은 것을 미래를 내다본 계책으로 보았고, 발해 유민을 포용한 점을 긍정했다. 후백제에 의해 위기에 빠진 신라를 구원한 점과 인재를 적절히 써 여진족을 회유한 사실, 신라 경순왕의 귀순과 명주에서 홍례부에 이르는 110여 성의 항복 과정에서 나타난 겸양, 무력은 부득이할 경우에만 쓰는 인자함, 적대 관계에 있던 견훤을 예로써 대접한 사실 등을 높이 평가했다. 아울러 통일을 이룬 뒤 부지런히 정사에 임하고 외교 관계를 사대와 교린으로 풀어 나갔으며, 공검했고 권선징악의 도를 알며 제왕으로서의 체통이 있다고 보았다. 그리고 사람을 쓰는 데 능했고 불교와 유교를 존숭했다고도 평했다. 다만 초창기인 까닭에 종묘와 사직, 예악과 문물 등이 제대로 갖추어지지 않았음을 아쉬워했다. 최승로의 관점에서 태조는 유교적 정치 이념을 충실히 따르는 군주였고, 최승로는 태조의 이런 면을 높이 평가했다.

혜종에 대해서는 태자 시절 스승을 존경하고 손님을 잘 접대했으며, 즉위한 뒤에는 정종과 광종에 대한 무고에 현혹되지 않고 오히려 은총과 대우를 후하게 했다고 평했다. 그러나 이후 의심이 많아져 좌우에 항상 호위병을 대동했고, 장군과 사졸들에 대한 논공행상이 공정하지 못했으며, 주변이 소인배들로 채워졌다고 비판했다.

정종에 대해서는 왕위를 넘보는 왕규 등을 제압해 왕실을 보존케 한 점과 즉위 초기에 정사에 힘쓴 점을 치적으로 평가했다. 하지만 도참설을 지나치게 믿어 서경 천도를 계획했고, 타인의 의견을 듣지 않고 고집스레 천도를 위해 많은 사람들을 부역에 동원해 민심이 이반된 점을 안타깝게 여겼다.

광종에 대해서는 공신 세력에 대한 본격적인 압박이 가해지기 이전까지는 정치가 잘 이루어졌다고 보았다. 하지만 쌍기가 등용된 이후부터는 재주 없는 문사들이 국왕의 신임 속에 지나치게 중용되고, 그 결과 구덕舊德이 쇠퇴되었다고 평가했다. 불교를 혹신해 불교 행사에 많은 재력을 탕진했으며, 재정을 낭비하고 토목 공사를 자주 벌였다고 비판했다. 또한 말년에는 무고한 사람들을 많이 죽여 공신 세력과 그 인척들 중 많은 사람이 살해당했고, 심지어 외아들인 경종까지도 광종의 의심으로 말미암아 목숨을 보전하지 못할 뻔한 일을 언급했다.

마지막으로 경종에 대해서는 왕위에 오르고 나서 참소와 중상의 문서를 불사르고 죄 없는 죄수를 석방했지만 정치의 법도를 알지 못해 권신에게 정사를 맡기어 종친까지 해를 입었고, 이후로 정치가 문란해지고 정사를 게을리 해 좌우에는 소인배만이 있었다고 평했다. 경종이 행한 일로 칭찬받아야 할 사항은 병환을 당하자 성종을 다음 왕위 승계자로 분명히 해 분란의 소지를 없앤 점을 지목했다.

이렇듯 최승로는 역대 임금들의 정치의 잘잘못을 전반적으로 유교적 정치 이념의 잣대를 기준으로 가리고, 왕실의 보전과 안정, 훈구 공신 세력에 대한 우대 같은 다소 보수적인 시각으로 역대 임금들을 평가했다. 각 왕대의 정적을 평한 뒤 나오는 다음의 총평은 최승로의 정치적 입장을 잘 대변해 준다.

> 임금께서 만약 태조의 정치를 잘 따르신다면 당나라 현종이 태종을 추모했던 고사와 무엇이 다르겠습니까. 임금께서 사조(四朝, 혜종·정종·광종·경종)에 있었던 일을 취합한다면, 혜종은 혈육을 보전시킨 공이 있으니 우애의 의리가 있다고 할 만하며, 정종은 반란의 징조를 미리 알아서 집안에서 일어나는 난을 평정해 종사를 다시 편안케 하고 왕위를 전해 주어 지금에 이르게 했으니 지모가 밝다고 이를 수 있으며, 광종 8년의 정치는 중국의 하·은·주 시대에 견줄 수 있으며, 또 조정의 의례와 제도가 꽤 볼 만한 것이 있었으니 이른바 잘함과 잘못함이 반반이라 말할 수 있고, 경종은 광종대의 원통한 죄수 수천 명을 놓아 주고 여러 해 쌓였던 참소 문서를 불태웠으니 이른바 너그럽고 어짊의 지극함이라 이를 수 있고, 무릇 사조가 정치를 행한 자취는 자못 대략 이와 같습니다. 임금께서는 마땅히 그 선한 것을 취하여 이를 행하고 좋지 못한 것을 보면 그것을 경계하며, 긴급하지 않은 일은 그만두고 도움이 안 되는 노력은 폐지하시어, 오직 임금은 편안하고 백성은 기뻐하도록 하셔야 합니다. 시종일관하며, 날마다 하루하루를 삼가며 비록 쉴 수 있어도 쉬지 말며, 비록 귀하여 군주가 되었더라도 스스로 존대하지 말며, 재덕을 풍부하게 가졌더라도 스스로 교만하거나 뽐내지 말고, 오직 자기를 공손히 하는 마음을 돈독히 하며 백성을 걱정하는 생각을

끊지 않는다면, 복은 구하지 않더라도 스스로 이르고 재앙은 기도하지 않더라도 스스로 소멸될 것이니, 임금의 수명이 어찌 만년이나 되지 않겠으며, 왕업이 어찌 백세에 그칠 뿐이겠습니까.

— 《동문선》 권52, 〈주의〉 상시무서

국가 개혁 프로그램 — '시무 28조'

이전 다섯 왕대의 정치를 평가한 글에서 최승로의 정치 이념을 엿볼 수 있었는데, 여기서 살펴볼 시무 28조에서는 그의 개혁 방안을 읽을 수 있다. 시무 28조 가운데 현재 확인되는 것은 22조뿐이고, 나머지 6조는 유실되어 아쉽게도 그 내용을 알 수 없다. 22조의 내용을 간략히 소개한다.

1조   서북 변경의 요지를 가려 국경을 정하고, 그 지방에서 활 잘 쏘고 말 잘 타는 사람을 골라 국방을 맡기도록 건의

2조   공덕재 등의 불사가 야기하는 폐단에 대한 시정 건의

3조   태조대의 법에 따라 일부 시위군만 남기도 나머지는 돌려보낼 것을 건의

4조   임금의 사소한 보시 행위를 폐지하여 임금의 체통을 지키고, 권선징악을 통한 정치를 건의

5조   사신뿐 아니라 무역으로 인해 사신의 중국 왕래가 빈번하니, 사신

	편에 무역을 겸하고, 그 밖의 매매는 일체 금지할 것을 건의
6조	불보의 돈과 곡식을 엄중하게 관리하여 백성들의 괴로움을 제거할 것을 건의
7조	주요 지역에 대한 외관 파견을 건의
8조	굴산의 승려 여철에 대한 지나친 환대를 비판
9조	공복 제도의 정비를 통해 관료 질서 확립을 건의
10조	승려들이 객관, 역사에 유숙하여 백성들에게 해를 끼치는 것을 금지할 것을 건의
11조	풍속이 다른 데서 비롯된 차이를 반드시 중국과 같게 할 필요는 없다는 점을 건의
12조	섬 주민들에 대해 공물과 요역을 균등히 할 것을 건의
13조	연등회, 팔관회와 우인의 조성으로 인한 백성들의 노력 동원을 덜어 주고자 하는 것을 건의
14조	군주는 신하를 예우해 주어야 한다고 주장
15조	궁중의 노비와 말을 감축할 것을 건의
16조	절을 앞 다투어 짓고 이 과정에서 백성들이 노역에 동원되어 고통스러워함을 지적
17조	신분에 걸맞지 않게 큰 집을 지었을 경우 그것을 헐어버릴 것을 건의
18조	금은동철을 사용한 불상 제작과 사경의 금지를 건의
19조	삼한공신과 세가의 자손들에 대한 관직 제수를 건의
20조	불교는 수신을 위한 것이고 유교는 나라를 다스리는 근원이니, 국

	가를 통치하는 데 있어서 유교 이념에 입각할 것을 건의
21조	번잡한 제사를 감하여 백성의 고통을 덜고, 군왕은 공손하고 자기를 반성하는 마음을 가져야 한다고 지적
22조	양천지법의 확립을 통한 엄격한 사회 신분 제도의 유지를 주장

최승로는 시무 28조를 통해 다방면에 걸친 개혁 방안을 제기하고 있는데, 이것을 몇 갈래로 나누어 상세히 살펴볼 필요가 있다. 먼저 후삼국 통일 이후 줄곧 제기된 과제인, 호족층 주도의 지역자위공동체를 어떻게 통제할 것인가와 관련해 그가 제시한 방안을 살펴보자.

> 임금이 백성을 다스릴 때 집집마다 가서 날마다 살펴볼 수는 없습니다. 그러므로 수령을 나누어 보내어 백성의 이해를 살피게 하는 것입니다. 우리 태조께서는 통일을 한 후로 지방관을 두고자 하였으나, 왕조의 초창기인지라 일이 번거로워 그러할 겨를이 없었습니다. 이제 가만히 보건대, 향호鄕豪가 매양 공무를 빙자하여 백성을 침해하고 횡포하게구니 백성이 목숨을 견디어 내지 못합니다. 청컨대 외관을 두기 바랍니다. 비록 일시에 다 보내지 못한다 할지라도 먼저 10여 주현을 아울러 하나의 관청을 설치하고 그곳에 각각 2·3관원을 두어서 백성을 어루만지시기를 바랍니다.
>
> — 《고려사》 권93, 열전 최승로

이것은 시무 28조 중 7조로, 지방관 파견을 건의하는 내용이다. 향호, 즉 호족층이 백성들을 침탈하는 것을 막으려면 지방관을 파견해야 한다는 것이다. 하지만 지방관을 파견해 호족층을 통제해야 한다는 최승로의 주장을, 조선시대 지방관이 해당 부임지를 통치한 것과 동일한 것으로 이해하면 곤란하다. 지방관 파견의 필요성을 주장하기 위해 호족층의 백성 침탈을 부각하였지만, 당시 지방 사회에서 호족층은 지역민인들과 결속해 지역자위공동체를 주도했다. 후삼국 통일 이후 자위의 필요성이 상대적으로 약화되면서 지역을 단위로 한 공동체적 결속이 느슨해질 소지가 있었고, 지역에 따라서는 호족층이 해당 지역민을 수탈하는 경우가 발생하곤 했을 테지만, 이것을 일반적인 현상으로 보기는 어렵다. 당시 최승로의 지방관 파견 주장은 호족층이 지역공동체를 자율적으로 지배하고 방어하는 것을 인정하는 토대 위에서, 이들이 공동체적 틀을 벗어나 자신들의 계급적 이해를 좇아 지방 민인들을 수탈하거나 그렇게 할 가능성을 막는 것을 목표로 했다고 판단된다.

최승로는 10여 주현을 묶어 하나의 관청을 설치하고, 그곳에 두세 관원을 두자고 주장했다. 이것은 현종대 이래 시행된 주현·속현 제도와 크게 다르지 않은 것으로, 지방관이 파견된 지역, 곧 주현의 경우라도 지방관이 해당 지역을 직접 지배하는 것을 의미하지는 않았을 것이다. 주현·속현 제도의 운영을 보면, 지방관이 파견된 지역에서도 향리층(호족층의 후신)이 해당 지역을 지배했고, 지방관은 주현의 향리층과 속현의 향리층을 상위에서 통제하는 역할을 수행했다. 이것과 유사하게 최승로의 방안도 10여 주현을 묶어 그중 한 지역에 지방관을 파견하고, 이들에게 10여 주현 각각을 자율적으로 지배하는 호족 세력을 상위에서 통제하는 임무를 부여한 것으로 보인다.

최승로의 지방관 파견 주장은 당시 성종에 의해 받아들여져, 성종 2년에 12주에 주목이라는 외관이 파견되었다. 이렇듯 최승로의 건의에 따라 지방에 상주하는 지방관이 처음으로 보내졌다. 그리고 당시 파견된 지방관은 다수의 군현들과 해당 지배 세력을 상위에서 감독·통제하는 역할을 담당했을 것이다. 요컨대 최승로는 지역자위공동체 통제라는 과제를, 호족층의 해당 지역공동체에 대한 지배를 인정하는 속에서 호족층이 지역민을 자의적으로 수탈할 가능성을 지방관을 통해 제어하는 것으로 해결하려 했고, 이런 그의 방안이 국가 정책으로 채택되었다 할 수 있다. 17조 또한 그런 맥락에서 이해할 수 있다.

《예기》에 이르기를 "천자는 마루의 높이가 9척이요, 제후는 마루의 높이가 7척이다"라고 했으니, 나름대로 정해진 제도가 있는 것입니다. 근래에는 사람들이 지위의 고하를 막론하고 재력만 있으면 모두 집 짓는 일을 먼저 하고 있습니다. 이로 말미암아 여러 주·부·군·현과 정亭·역驛·진津·도渡의 세력 있는 자들이 다투어 큰 집을 지어 제도를 넘게 되니, 비단 한 집의 힘을 다할 뿐 아니라 실로 백성을 괴롭히게 되어 그 폐해가 매우 많습니다. 바라건대 예관에게 명하여 지위 고하에 따라 집의 규모를 정해서 중앙과 지방으로 하여금 준수하게 하고, 그중 이미 지어진 것으로 제도를 넘는 것은 헐도록 하여 후대 사람에게 경계하게 하십시오.

호족들이 앞 다투어 큰 집을 짓느라 지역민들을 괴롭히는 폐단을 막고자 한 것에서 보듯, 최승로는 호족들이 지역공동체의 주도자를 넘어 수탈자가 되는 것을 제어하고자 했다. 더 나아가 호족들에게 유교적 명분 의식과 신분 질서 의식을 고취해, 그들이 자기 제어를 할 수 있기를 기대했다.

한편 시무 28조에는 직접적으로 보이지 않지만, 성종대에 시행된 지역공동체에 대한 조처들을 통해 그가 호족층의 해당 지역공동체에 대한 지배를 좀 더 공적인 틀로 포섭하고자 했음을 유추할 수 있다. 983년(성종 2)에는 지방관 파견과 더불어 향리직을 개편하고, 지방 관청에 공해전을 지급했다. 나말여초 시기에 호족들은 자체적으로 통치 기구를 두어 지역공동체를 독자적으로 지배했다. 그리하여 부서와 직함들은 제각각이었을 뿐만 아니라, 그 명칭의 위상이 중앙 정부와 맞먹곤 했다. 가령 대등大等이라는 직함과 병부兵部라는 관부는 당시 여러 지역에서 사용되었는데, 이것들은 신라 때는 진골이어야만 될 수 있는 직함과 신라·고려시대에는 군사에 관한 사무를 관장하던 중앙 관청이었다. 이에 고려 국가는 성종 2년 통일적인 부서와 직함을 마련해 지역 사회가 이것을 따르게 했다. 이런 조치를 통해 호족층의 지방 지배를 통제하면서 동시에 공적인 틀로 수용했다. 또한 병부를 사병으로 개편하는 데서 보듯, 직함과 관부의 위상을 격하해 중앙 정부와 구분·차별되도록 했다. 성종 2년에 지방 관청에 공해전을 분급할 때, 호족 세력의 통치 기구에도 공해전을 분급한 사실 또한 주목할 만하다. 이것은 호족 세력의 통치 기구를 국가의 지방 통치 기구로 공인한 것을 의미할 것이다. 곧 당시 국가는 호족 세력의 해당 지역에 대한 지배를 공적으로 인정·포섭하던 것이다. 이렇듯 향리직 개편과 공해전 분급은 호족들의 통치 기구를 일원화하고 공인하면서 중앙 정부와 차별화하는 조처로, 최승로의 지역자위공동체를 통제하는 방안과 맥이 닿아 있었다.

무장 공신 세력을 어떤 식으로 통제해 국정을 안정시킬 것이냐 하는 과제는 최승로가 시무 28조를 작성할 당시에 이미 해결될 조짐이 있었다. 즉 소수의 공신 세력만이 남아 있었고, 관료 체제 또한 강화되어 있었다. 이런 사회적 조건 속에서 최승로는 광종대의 개혁 정치를 비판하고 태조대의 정치를 모범으로 해 이 문제를 해결하려고 했다. 3조와 15조가 바로 그런 내용을 담고 있다.

> 우리 조정의 경호하는 군졸은 태조 때에는 다만 궁성을 지키는 데 충당될 뿐이어서 그 수가 많지 않았습니다. 그런데 광종이 참소를 믿고 장수와 재상을 죽이고 벌주고는 스스로 의혹이 생겨 군인의 수를 더욱 늘려 지방에서 풍채 있는 자를 뽑아 경호하게 했습니다. 경종 때에 그 수를 조금 줄였으나 지금에 이르러서도 여전히 많습니다. 바라건대 태조의 법을 따라 날래고 용맹스러운 자만 남겨 두고 나머지는 모두 돌려보내면 사람들의 원망이 없어지고 나라에는 저축이 있게 될 것입니다.

> 태조께서는 궁 안에 소속된 노비가 궁 안에서 정해진 역役을 수행할 때를 제외하고는 교외에 나가 살면서 농사 짓고 세금을 바치게 했으며, 마구간의 말은 현재 타는 것 외에는 궁 밖의 마구간에 나누어 보내 사육하여 국가의 비용을 절감했습니다. 광종이 불교 행사를 많이 일으켜 사역이 날로 많아져, 밖에 있는 노비를 불러다 사역에 충당시키거나 왕실 재정으로는 공

급이 부족하여 국가 창고의 곡식을 아울러 소모했는데, 지금에 이르러서도 폐단이 제거되지 않았습니다. 또한 궁 안의 마구간에서 기르는 말의 수가 많아 키우는 비용이 매우 많이 들어 백성들이 그 해를 입고 있습니다. 만약 국경의 환란이라도 있게 되면 군량이 원활하게 공급되지 못할 것입니다. 원컨대 임금께서는 한결같이 태조의 제도에 따라 궁중의 노비와 마구간 말의 수를 적절하게 정하고 나머지는 모두 밖에 나누어 보내십시오.

시위군과 궁 안의 노비와 말의 수를 줄일 것을 건의하는 이 조항에는, 한결같이 광종대의 정치를 비판하고 태조대로 돌아갈 것을 주장하는 내용이 담겨 있다. 광종대 왕권 강화를 위해 왕권 직속의 군대와 재정 등을 확충한 조치에 대해 비판적 입장을 취하고 있는 것이다. 그는 왕권이 전제화되는 것을 강하게 경계했다. 그가 태조대의 정치를 모범으로 삼은 점도 이 점과 깊이 관련된다.

그가 태조대 정치를 모범으로 여긴 점은 시대적 맥락 속에서 이해할 필요가 있다. 태조대에는 무장 공신 세력이 막강했기에 국왕은 이들과 강한 결속을 유지해야만 국정을 안정시킬 수 있었는데, 최승로가 이런 정치 상황으로의 회귀를 꿈꾼 것은 아니다. 또 현실적으로 그럴 수도 없었다. 그는 국왕이 일방적으로 국정을 운영하는 것이 아니라 신하들과 더불어 정치하는 것을 바람직하게 여겼고, 이 점을 태조대의 정치에서 찾고자 한 것이다. 또한 그는 국왕이 신하들과 더불어 국정 운영을 하려면 임금이 다음과 같은 유교적 덕목을 지녀야 한다고 주장했다.

만일 임금께서 겸손하고 늘 공경하고 두려워하는 마음을 지니고 신하를 예절로 대우하면, 누가 마음과 힘을 다하여 나와서는 좋은 계책을 말씀드리고 물러가서는 임금을 바로잡아 도울 것을 생각하지 않겠습니까. 이것이 이른바 임금은 신하를 예절로써 부리며 신하는 임금을 충성으로써 섬긴다는 것입니다. 바라건대 임금께서는 날마다 하루하루를 근신하여 스스로 교만하지 말고 아랫사람을 접할 때에는 공손히 하고, 만약 죄지은 자가 있다면 경중을 모두 법대로 하면 태평의 위업을 곧 이룰 수 있을 것입니다. (14조)

최승로는 국왕이 물리적인 힘으로 신하들을 제압하는 것이 아니라, 도덕과 예의로 신하들의 자발적인 충성을 끌어내 이들과 더불어 국정을 운영할 것을 건의하고 있었다. 그리고 이런 차원에서 삼한공신(태조 때 후삼국 통일에 공이 있는 사람에게 준 공신호)과 세가(여러 대를 계속해 나라의 중요한 자리를 맡아 오거나 특권을 누려 온 집안)의 자손들에 대한 관직 제수를 건의했다. 곧 그들의 공로와 기득권을 보장해 주려는 것이다.

삼한공신의 자손은 포상 받아 채용된다 하면서도 아직 벼슬을 받지 않은 자가 있어, 천한 무리 사이에 섞여 신진 세력에게 업신여김을 당하니, 원망과 탄식이 이 때문에 일어납니다. 또한 광종 말년에 조정의 신하를 죽이고 내쫓아 세가의 자손이 가문을 계승하지 못했습니다. 청컨대 이들을 사면하고 그 공신의 등차에 따라 그 자손을 채용하시고, 또한 역분전을 받은 사람과 통일 후에 벼슬에 오른 자 역시 헤아려서 관계와 관직을 준다면, 억울함이 퍼져서 재해가 생기지 않을 것입니다. (19조)

그는 공신 세력이 매우 약화된 상황에서 이들을 유교적 정치 이념을 통해 우대하고 포섭하고자 하였다. 또한 유교적 덕목을 지닌 국왕이 신하들과 함께 유교적 정치를 행해, 공신 세력과 신진 세력의 구분 없이 신하들의 자발적 충성을 이끌어 내고자 하였다. 최승로는 이런 정치 운영을 바탕으로 고려 초기에 대두된 또 하나의 과제를 해결하고자 했다 할 수 있다.

유교적인 정치 이념에 입각한 국정 운영을 지향해서인지, 시무 28조 중 불교를 비판하는 조항이 유독 많았다(2·4·6·8·10·16·18·20조). 이때 유의해야 할 것은 그의 불교 비판이 불교(행사)에서 파생한 폐단이지 불교 자체를 대상으로 하지 않은 점이다. 그는 불법을 믿는 것이 나쁘지 않고 불교를 받들어 행하는 것이 몸을 닦는 근본(20조)이라고 생각했으며, 태조가 불교를 존숭하고 유학을 중시한 점을 긍정적으로 평가했다. 그가 문제시한 것은 불교 행사를 거행하면서 국가 재정을 축내고 백성들을 괴롭히는 점이었다. 다음 조항은 이런 점을 구체적으로 이해하는 데 도움이 된다.

> 임금께서 공덕재를 베풀고자 몸소 차를 맷돌에 갈기도 하고 친히 보리도 찧는다고 하는데, 신이 생각하건대 이는 귀하신 몸을 피곤하게 할 따름입니다. 이 폐단은 광종에게서 시작되었으니, 남을 헐뜯는 말을 믿고 죄 없는 사람을 많이 죽이고는, 불교의 인과응보설에 현혹되어 죄업을 없애고자 하여 백성의 기름과 피를 짜내어 불교 행사를 많이 일으켰습니다. (……) 지금 임금께서는 왕위에 있으면서 하신 일이 광종대의 불사와 같지 않으나,

다만 이런 몇 가지 일은 오직 귀하신 몸만 괴롭힐 뿐이고 이로움을 얻는 바가 없으니, 원컨대 군왕의 체통을 바르게 하여 무익한 일은 하지 마옵소서.(2조)

곧 그는 유교 이념에 입각한 국가 운영의 관점에서 불교의 폐단을 지적했다.

최승로가 불교에 대해 비판적인 또 다른 이유는, 불교 행사의 거행이 현실적 복리를 가져다주지 못할 것이라 생각했기 때문이다. 바로 위의 2조에서 볼 수 있듯이, 그는 공덕재(功德齋, 미래의 성불을 위해 행하는 불교 의식)가 죄업을 없애고자 하는 데 무익하다고 보았다. 불교 행사가 아니라 유교 정치의 실천을 통해 복을 얻을 수 있다고 믿었다. 이와 관련해 다음 조항은 참고가 될 것이다.

임금께서 미음·술·콩자반·두붓국으로 길 가는 사람에게 보시하니, 신이 생각하건대 죄업을 없애고 널리 보시해 인연을 맺는 광종의 뜻을 임금께서 본받고자 하시나, 이는 이른바 적은 은혜로 두루 미치지 못함입니다. 만일 상벌을 밝게 하여 악한 것을 징계하고 착한 것을 권장하면 충분히 복을 불러들일 것입니다. 이와 같은 작은 일은 임금의 정치하는 체통이 아니니, 청컨대 이를 그만두시기 바랍니다.(4조)

유교적 합리주의를 가지고 구복적 신앙 활동을 비판적으로 본 것은, 다음에서 보듯 불교에 한정되지 않았다.

제사 비용은 백성의 고혈과 그들의 노동력에서 나오는 것이니, 신이 생각하건대 만일 백성을 쉬게 하여 환심을 얻는다면 그 복은 반드시 기원을 통해 얻은 복보다 많을 것입니다. 원하건대 임금께서는 별도로 복을 빌거나 제사하는 일을 중지하시고 늘 몸을 공손히 하고 스스로 책망하는 마음을 보존하여 하늘에까지 이르게 하면 재해가 절로 물러나고 복이 저절로 올 것입니다.(21조)

이런 유교적 합리주의는 당시뿐만 아니라 그 뒤에도 쉽게 찾아볼 수 없는 철저한 것이었다. 그가 이런 것을 견지한 배경에는 유교 문화를 바탕으로 하는 중화 문화에 지나치게 경도된 점이 놓여 있었다. 그리하여 태조의 치적을 평하며 사대를 제일로 꼽았고, 송나라의 성종 책봉을 경하하는 〈봉하성상수태위책명초습왕봉奉賀聖上受太尉冊命初襲王封〉이라는 시를 남기기도 했다.

한황께서 동녘을 권고하시는 뜻이 깊어 漢皇東注意偏深
우리 임금 사대 정성을 갸륵히 여기셨네 美我君王事大心
팔도 조서가 하늘에서 내려와 八道詔書天上降
구소(하늘이 가장 높은 곳)의 사신이 해 가에 임하였네 九霄星騎日邊臨
대궐에 뜬 서기는 구름같이 엉기었고 雲蒸紫殿浮佳瑞
붉은 뜰에 윤음 선포되네 雷動琴庭布德音
미신이 다행히 반열에 참여하여 多幸微臣在朝列
끝없는 기쁨으로 서툰 시를 바치옵네 不勝歡慶貢巴吟

최승로가 정치를 주도하던 성종대 전반에는, 명분이 중시되어 종전의 천자국 제도들이 자발적으로 제후국에 걸맞은 것으로 바뀌곤 했다. 당시 이런 현상의 대두는 위 시에서 보이는 최승로의 중화 중심의 인식과 무관하지 않았을 것이다. 이런 인식을 지니고 있었기에, 구복적인 신앙 활동과 철저히 거리를 둘 수 있었을 것이다.

중화 문화에 경도되어 있던 까닭에, 최승로는 자연히 토속 문화에 대해서 비판적 태도를 보였다. 이 점은 다음 조항에서 잘 보인다.

> 우리나라에서는 봄에는 연등회를 베풀고 겨울에는 팔관회를 열어 널리 사람들을 징발하여 노역이 매우 번거로우니, 원컨대 이를 줄여서 백성을 편안하게 하소서. 또 갖가지 우인(偶人, 사람의 형체와 같이 만든 물건)을 만들면서 비용이 매우 많이 들어감에도 한 번 쓴 후 곧 헐어 버리니, 이는 매우 부당합니다. 또한 우인은 상례喪禮가 아니면 쓰지 않아, 중국 사신이 일찍이 이것을 보고 상서롭지 못하다 하면서 얼굴을 가리고 지나쳤으니, 원컨대 지금부터 우인을 쓰는 것을 허락하지 마소서.(13조)

본 조항은 백성의 부담을 덜어 주고 비용을 절감하는 차원에서 건의한 측면이 있지만, 중국 사신의 시선을 의식하는 데서 볼 수 있듯이, 전통 제전인 팔관회와 연등회에 대한 비판적 견해를 반영하고 있다. 성종대 팔관회와 연등회가 폐지된 것은 이것을 방증해 준다.

마지막으로 시무책과 관련해 그가 엄격한 신분 질서를 확립하고자 한 점을 음미할 필요가 있다. 골품제적 신분 질서는 나말여초 시기에 와해되었다. 그렇다고 해서 이 시기가 신분 질서의 공백기는 아니었다. 지방 사회에서, 중앙 정부 내에서, 그리고 국가 전체 차원에서 새로운 신분 질서는 형성되고 있었다. 당시 성립되던 신분 질서는 신라의 것과 비교할 때, 왕경인과 지방민을 구분하지 않았고 폐쇄성과 특권의 측면에서 약화되어 있었지만, 여전히 기득권과 특권을 강하게 존중했다. 그러면서도 혼란기와 왕조의 초창기 동안 이와 역행하는 흐름도 나타났다. 가령 신분이 미천하더라도 통일 전쟁에서 공훈을 세워 높은 지위에 오른다든지, 광종대 왕권 강화 과정에서 훈구 공신 세력이 숙청되고 신진 세력이 대거 기용된 것이 대표적 사례라 할 수 있다. 이런 사회 상황에서 최승로가 추구한 것은 나말여초에 형성된 신분 질서를 확립·강화해 더 이상의 신분 질서상의 혼탁을 방지하는 것이었다. 그리고 이것을 바탕으로 명분과 위계가 바로서는 유교 정치를 시행하고자 했다.

—

신라사회의 밑바탕에 흐르던 골품제적 질서는 나말여초 시기를 거치면서 붕괴되었고, 이것과 이질적인 새로운 사회 질서가 대두했다. 고려 사회의 질서는 나말여초 시기에 새롭게 등장한 질서를 밑거름으로 하면서도 이것을 개편·정비하면서 성립된 것이었다. 성종대는 바로 나말여초 시기의 질서가 본격적으로 정비되면서 고려 사회의 질서가 형성된 시기였다. 당시 최승로는 정국을 주도하면서 시무 28조로 대표되는 새로운 국가 운영 방안을 갖고 시대적 과제들을 해결하고자 했으며, 성종은 그의 방안을 대폭 수용하였다. 이런 측면에서 최승로는 고려 사회의 질서를 만드는 데 크나큰 기여를 하였다고 평할 수 있다. 성종대 형성된 고려 질서 가운데 중화 문화에 경도된 채 기존 질서를 개혁·정비한 지점 등은 현종대 수정되었지만, 대부분 이후 시기까지 고려 질서의 골간을 이룬 채 지속되었다. 이런 점에서 최승로는 고려시대의 디자이너라 평할 수 있다.

이책 속의 사람들

가와쿠보川久保常吉 120
가이군지甲斐軍治 123
견훤 242, 243
경제 146
경종(고려) 252, 253, 255
고종(조선) 77, 89, 95~99, 104
공민왕(고려) 190
공양왕(고려) 201
광종(고려) 250, 255
광해군(조선) 141
궁예 241, 243
권근 199, 201
권동수 120, 121
권상하 173

권시 137, 144
권오직 50
기훤 241
김구 58
김구용 188
김단야 26
김류 139, 142
김병기 78
김병태 77
김삼룡 25, 32
김상헌 136, 144, 147
김성삼 32
김오성 68
김윤식 103

김일성　33, 35, 36, 39
김자수　200
김자점　139, 143, 155
김장생　135, 137
김전　185
김주　202
김집　135, 144
김철수　29, 53
김초　200
남은　202, 204, 205
다마, 스기타니杉谷玉　119
도야마頭山滿　121
도텐, 미야자키宮崎滔天　121
레닌, 블라디미르Vladimir Il'ich Lenin　36
루스벨트, 프랭클린Franklin D. Roosevelt　61, 62, 64
매클레이, 로버트Robert S. Maclay　86
맥아더, 더글라스Douglas Macarthur　42, 44
묄렌도르프, 파울 게오르크Paul George von Möllendorff　87, 101
무제　146
문제　146
민영목　105
민영익　96, 103, 104
민태호　89, 105

박규수　84
박낙종　50
박상충　188
박상희　53
박수경　247, 248
박수문　247
박술휘　249
박영교　106
박영효　78, 80, 83~85, 89, 101, 104~107, 120
박용선　51
박의중　188
박정희　53
박제경　114
박초　200, 201
방석　206
배현경　243
복지겸　243
샤브시나　31, 32, 66, 73
샤브신A. I. Shabshin　31, 33
서광범　96, 101, 104~107
성종(고려)　229
설장수　196
송갑조　134
송근수　97
송시영　136

송시희 136
송준길 137, 144
슈띄꼬프 57
스탈린, 이오시프 Iosif Vissarion Stalin 31, 64
신기선 96
신숭겸 243
신채호 131
심기원 142
심상훈 97, 99
심지연 68
심효생 204
쌍기 251, 255
여운형 47, 55
양길 241, 243
염흥방 189
영조(조선) 175
오감 114
왕규 249
우연 185
우왕(고려) 189, 195
우현보 199, 201
유백유 199
유재현 105
유혁로 85, 120
윤선거 137

윤섬 136
윤소종 187, 199
윤영관 114
윤웅렬 89
윤이 199
윤일 53
윤치호 78, 113, 116
윤태준 80, 103
윤희보 51
이강구 55
이경방 121
이경여 141
이계 139, 141
이곡 185
이관술 24, 25, 28, 32, 50
이규완 85
이도재 96
이동휘 36
이림 199
이무 205
이방원 203, 205
이범진 90
이색 187, 196, 201, 202
이성계 193
이세린 51
이숙번 205

이숭인　187, 188, 202
이승만　41, 58
이승엽　30
이영　30
이우적　51
이유태　144
이인임　189, 190
이일직　120, 121
이재원　106, 118
이재유　24
이정윤　53
이조연　105
이존오　187
이초　199
이총언　237
이춘　67
이행　197
이현상　32
이형장　142
이홍장　82, 94, 122
인조(조선)　135, 137, 139
임견미　189
임경업　143
장은규　118
정난교　85
정명수　141

정몽주　187, 188, 196, 202
정백　30, 53
정운경　184
정인보　131
정조(조선)　175, 176
정종(고려)　249, 255
정종진　85
정희영　29, 34, 51
조민수　196
조영하　105
조인옥　197
조준　195, 196~199, 203
지운영　86, 119
창왕(고려)　196
철종(조선)　77
최광윤　246
최명길　141, 143
최승우　244
최언위　244
최영　195
최은함　226
최익한　30
쿠니오, 미우라　132
타이라, 시데하라　130
태조(고려)　228, 245, 254
하지, 존 John R. Hodge　42, 44, 46, 48

한규직　105
함석헌　22
허헌　55
혜종(고려)　248, 254
홍영식　96, 97, 101, 105, 106
홍유　243
홍종우　120, 121, 122
황태성　51, 52
황현　96, 125
효종(조선)　135, 144, 146

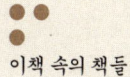
이책 속의 책들

1 박헌영 _ 왜 공산주의는 안 되는가?
구대열, 《한국국제관계사 연구2》 역사비평사, 1995
기광서, 〈소련의 조공에 대한 입장〉, 《역사비평》 65호, 역사비평사, 2003
김구, 《백범일지: 도진순 주해》, 돌베개, 2002
김남식, 《남로당 연구》 1~3, 돌베개, 1984~1988
김무용, 〈해방후 조선공산당의 신전술 채택과 당면과제〉, 《역사연구》 5호, 1997
리차드 로빈슨, 《미국의 배반》 과학과 사상, 1988
부르스 커밍스, 《한국전쟁의 기원 1》 청사, 1986
에릭 홉스봄, 《극단의 시대: 20세기의 역사》 까치, 1997
이정박헌영전집출판위원회 편, 《이정박헌영 전집》(1~9권), 역사비평사, 2004
이주천, 《루즈벨트의 친소정책, 1933~1945》, 신서원, 1998
존 루이스 개디스, 《새로 쓰는 냉전의 역사》, 사회평론, 2004
필립 암스트롱 외, 《1945년 이후의 자본주의》, 동아출판사, 1996
Dennis J. Dunn, *Caught between Roosevelt and Stalin: America's Ambassadors*

to Moscow, Univ Press of Kentucky, 1998

2 김옥균 _ 조선의 근대는 어디로 가야 하는가?

고균기념회, 《김옥균전》上, 1944
고균김옥균정전편찬위원회, 《고균김옥균정전》, 1984
금병동, 《김옥균과 일본》, 1991
박은숙, 《갑신정변 연구》, 역사비평사, 2005
_____ 역, 《추안급국안 중 갑신정변 관련자 심문·진술기록》, 아세아문화사, 2009
북한 사회과학원 역사연구소, 《김옥균》, 역사비평사, 1964(1990년 재간행)
비판신문사, 《이규완옹백년사》, 1954
신용하, 《초기 개화사상과 갑신정변연구》, 지식산업사, 2000
아세아문화사, 《김옥균전집》, 한국학문헌연구소, 1979
야마베 겐타로, 《일본의 한국병합》, 1966
이광린, 《개화당연구》, 일조각, 1997(초판 1973)
이광린, 《한국개화사상연구》, 일조각, 1992(초판 1979)

3 송시열 _ 조선이 세상의 중심입니다

《송자대전》, 《숙종실록》, 《숙종실록보궐정오》, 《양현전심록》, 《인조실록》, 《현종개수실록》, 《현종실록》, 《홍재전서》, 《효종실록》.

京城帝國大學法文學會, 《朝鮮支那文化の研究》, 刀江書院, 1929
那波利貞, 《中華思想》, 岩波書店, 1936
幣原坦, 《韓國政爭志》, 三省堂書店, 1907
우경섭, 〈宋時烈의 世道政治思想 研究〉, 서울대학교 박사학위논문, 2005

정옥자,《조선후기 조선중화사상연구》, 일지사, 1998

4 정도전_ 한 혁명가가 세상을 바꾸는 방법
《고려사》,《고려사절요》,《도은집》,《목은집》,《삼봉집》,《양촌집》,《주례》,《태조실록》,
《포은집》

문철영,《고려 유학사상의 새로운 모색》, 경세원, 2005
삼봉정도전선생기념사업회 편,《정치가 정도전의 재조명》, 경세원, 2004
_____,《성리학자 정도전의 국제적 위상》, 정도전, 2008
최상용·박홍규,《정치가 정도전》, 까치, 2007
한영우,《(개정판) 정도전 사상의 연구》, 서울대학교 출판부, 1983
_____,《왕조의 설계자 정도전》, 지식산업사, 1999
_____,《조선전기 사회경제연구》, 을유문화사, 1981

5 최승로_ 국가는 어떻게 만들어지는가?
《고려사》,《고려사절요》,《동문선》,《삼국사기》,《삼국유사》

김갑동,《고려전기 정치사》, 일지사, 2005
노명호,《고려국가와 집단의식》, 서울대학교 출판문화원, 2009
_____,〈고려시대의 다원적 천하관과 海東天子〉,《한국사연구》105, 1999
윤경진,〈고려 군현제의 구조와 운영〉, 서울대 국사학과 박사학위논문, 2000
이기백 외,《최승로 상서문연구》, 일조각, 1993
전덕재,《한국고대사회의 왕경인과 지방민》, 태학사, 2002
채웅석,《고려시대의 국가와 지방사회》, 서울대학교출판부, 2000

최종석, 〈고려시대 '治所城' 연구〉, 서울대 국사학과 박사학위논문, 2007
____, 〈고려초기의 관계 官階 수여양상과 광종대 문산계 文散階 도입의 배경〉, 《역사와 현실》67, 한국역사연구회, 2008

인터넷 자료

국사편찬위원회 한국사데이터베이스 : http://db.history.go.kr/
국사편찬위원회 한국역사정보통합시스템 : http://www.koreanhistory.or.kr/